Contraste insuffisant des couvertures
supérieure et inférieure

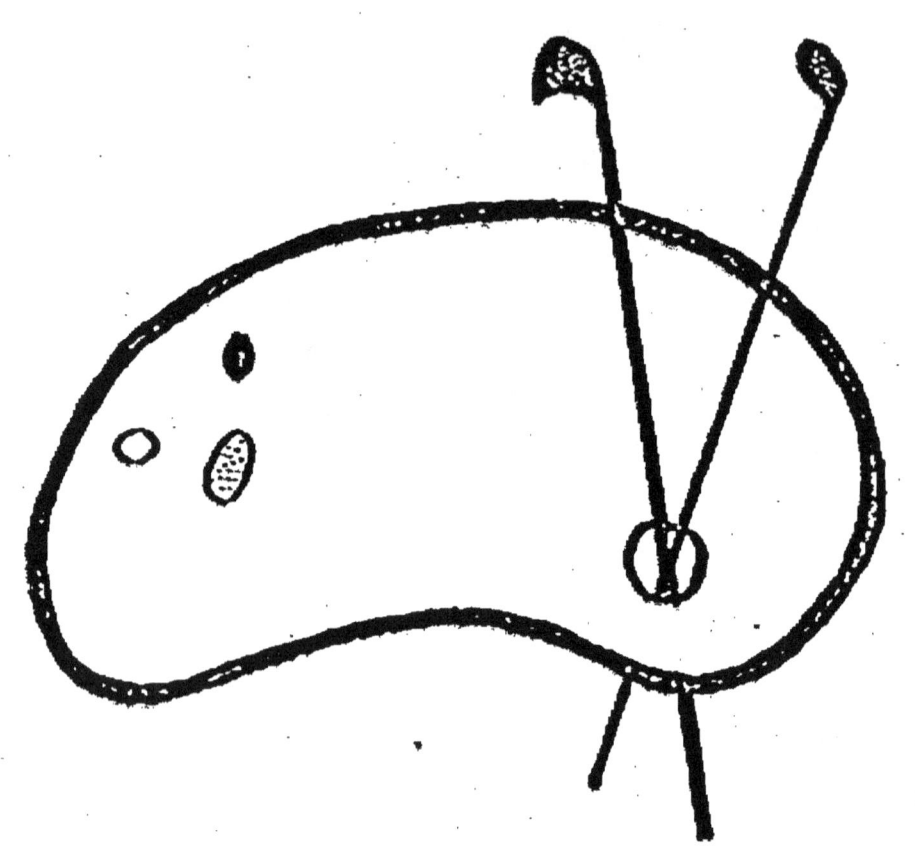

DEBUT D'UNE SERIE DE DOCUMENTS EN COULEUR

HISTOIRE DE SAVOIE

DES ORIGINES A 1860

CHRONOLOGIE

DES PRINCIPAUX FAITS DE L'HISTOIRE DE SAVOIE

JUSQU'A NOS JOURS

Par A. PERRIN

CHAMBÉRY
LIBRAIRIE-LITHOGRAPHIE A. PERRIN
1900

Ouvrages du même auteur :

Les Moines, l'Abbaye de la Bazoche et les Compagnies de tir en Savoie; in-8° avec planches... 4 fr.

Histoire de la Vallée et du Prieuré de Chamonix, avec planches et carte; in-8°............ 5 »

Catalogue du Médailler de Savoie du Musée de Chambéry; in-8° illustré................ 8 »

Catalogue du Médailler de Savoie du Musée d'Annecy; in-8° illustré.................. 4 »

Les Hospitaliers de la Commanderie de Saint-Antoine de Chambéry; in-8° avec plan...... 2 50

Les Caproni fabricants de papier à la Serraz et à Dicomme; in-4° avec 16 planches......... 1 50

Le Trésor de la chapelle du château des Échelles; in-4°............................... 2 »

Histoire du château et de la Commanderie des Échelles; in-4°........................ 3 »

Harangues en patois savoyard imprimées en 1685; in-8°............................... 1 »

Ouvrages sur la Savoie et d'auteurs savoyards

En vente à la Librairie A. PERRIN, à CHAMBÉRY

(Envoi du Catalogue (1900) contre 0 fr. 50 en timbres-poste.)

Cartes de Savoie des États-majors français au $1/40.000$, $1/80.000$, $1/200.000$, $1/320.000$, — et italien au $1/75.000$, $1/100.000$; — de la lithographie Perrin : au $1/40.000$ d'Aix, Annecy, Chambéry, Chamonix; au $1/150.000$, $1/250.000$, $1/450.000$, des deux Savoie.

CARTE MURALE DES DEUX SAVOIE

Vues, Cartes et Portraits anciens

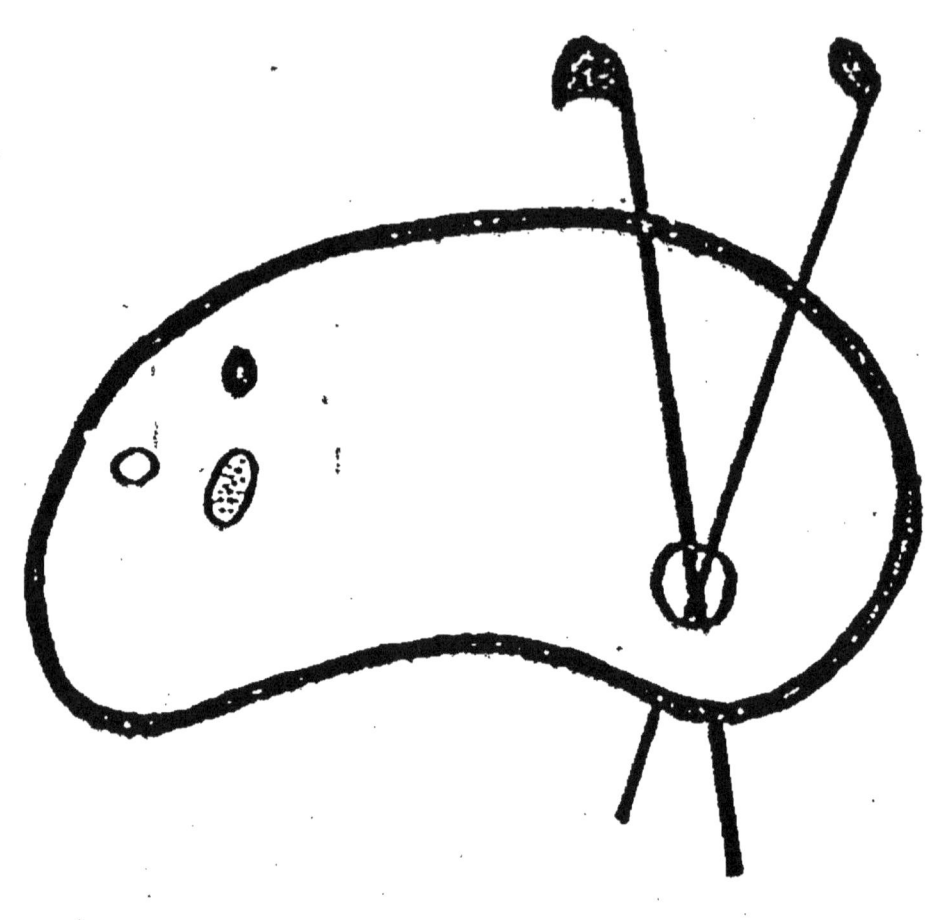

FIN D'UNE SERIE DE DOCUMENTS EN COULEUR

HISTOIRE
DE SAVOIE

HISTOIRE DE SAVOIE
DES ORIGINES A 1860

CHRONOLOGIE
DES PRINCIPAUX FAITS DE L'HISTOIRE DE SAVOIE
JUSQU'A NOS JOURS

Par A. PERRIN

CHAMBÉRY
LIBRAIRIE-LITHOGRAPHIE A. PERRIN
1900

INTRODUCTION

En composant cette HISTOIRE DE SAVOIE, nous nous sommes proposé de faire un ouvrage qui fût tout ensemble assez abrégé pour trouver place dans les études de la jeunesse et assez complète pour satisfaire le lecteur qu'intéresse notre beau pays. Il fallait, pour réaliser ce double but, retracer dans une narration concise et rapide les annales de notre vie nationale, rappeler les événements essentiels, montrer l'enchaînement des faits, mentionner les noms dignes de mémoire et mettre dans ce résumé l'exactitude et la précision qu'exigent les travaux scientifiques. Nous nous y sommes consciencieusement appliqué.

La Savoie avait depuis plusieurs siècles une individualité historique quand elle vint se fondre dans la grande nation française, vers laquelle l'entrainaient sa langue, son tempérament, ses mœurs. Nous avons voulu faire connaître ce passé, rappeler les épreuves et les gloires de notre pays, les alternatives de grandeur et de misère qu'il a subies ; montrer ce qu'ont été nos aïeux, la place qu'ils ont tenue dans le monde, les hommes d'élite qui se sont signalés par l'intelligence et par l'activité ; exposer la conduite de notre petit Etat subalpin dans les crises de l'Europe occidentale, où sa position même lui attribuait un rôle actif et l'exposait à de grandes vicissitudes.

Il existe de nombreuses histoires de Savoie, leurs titres figurent dans la bibliographie des ouvrages que nous avons consultés, mais la plupart ne sont plus dans le commerce. Dans presque toutes, d'ailleurs, les temps antérieurs à l'établissement de la Maison de Savoie sont trop brièvement exposés et les origines de ses princes présentées d'une façon erronée, reproduisant les suppositions fantaisistes de leurs premiers historiographes. De nombreux documents, et plus particulièrement ceux publiés par M. le baron Carutti di Cantogno, sur les princes de Savoie du xe siècle à la première moitié du xiiie, nous ont permis de rétablir la vérité à cet égard. Pour la suite, nous avons consulté les principaux historiens sans nous étendre à commenter les événements dont le simple récit présente un assez grand intérêt pour le lecteur, arrêtant notre étude à l'annexion de 1860.

Cette histoire est divisée en cinq parties. Dans la première, avant d'aborder les époques historiques, nous remontons aux premières populations qui ont occupé notre pays. Les temps historiques commencent, pour nous, à l'invasion des Gaulois dont les tribus allobroges pénétrèrent en Savoie; soumises ensuite, après une lutte longue et sanglante, par les Romains, dont la domination prit fin à l'invasion burgonde (1er royaume de Bourgogne) suivie de celle des Francs. Au démembrement des États de la monarchie des Carlovingiens, se forma un second royaume de Bourgogne dans lequel la Savoie fut comprise et dont les provinces à la mort de Rodolphe III furent partagées entre les grands feudataires.

La deuxième partie renferme l'histoire de Savoie, sous les comtes et les ducs, l'origine et le développement de leur domination, leurs luttes avec les seigneurs devenus, comme eux, possesseurs de leurs fiefs.

La période des comtes (1025 à 1416) a vu se succéder dix-sept souverains, dont les plus remarquables furent le comte Vert et Pierre le petit Charlemagne. Celle des ducs (1416-1720) est mêlée de grandeur et de misère, commençant par le règne glorieux d'Amédée VIII, créé duc par l'empereur Sigismond; après lui, une succession de princes faibles, de minorités orageuses vient ruiner en partie son œuvre par une suite de luttes et de guerres dans lesquelles la Savoie eut beaucoup à souffrir. Avec Emmanuel-Philibert, l'état se relève et le pouvoir personnel efface peu à peu les charges de la féodalité; quatorze souverains régnèrent dans cet intervalle.

La troisième partie, des rois de Sardaigne (1720-1860), dont les premiers règnes furent heureux et amenèrent le développement du pays, la diminution des charges féodales, la réduction de la taillabilité. La révolution française vint chasser ces princes et, pendant vingt-trois ans, la Savoie et le Piémont font partie de la république et de l'empire. Après leur retour, les rois, — faisant table rase de tout progrès, — reviennent au despotisme et à tous les abus de l'ancien régime et font naître des révolutions. Charles-Albert accorde des réformes, Victor-Emmanuel, après lui, réalise de grands progrès dans les libertés, les lois, l'instruction et le commerce. Les guerres pour l'indépendance de l'Italie, terminées au profit des rois de Sardaigne, grâce à l'intervention de la France, les amenèrent à céder la terre qui fut le berceau de leur Maison et la Savoie entre dans la grande patrie française.

La quatrième partie est consacrée à Genève, au Genevois et au Faucigny. Les efforts de la Maison de Savoie pour s'emparer de Genève, ses luttes avec les évêques et la Maison de Genève à laquelle son influence se substitue. Leur longue rivalité présente une suite de combats et d'incursions, interrompus par des trêves très brèves et par des traités, dont les clauses inobservées amènent de nouvelles prises d'armes toujours sans résultat. Savoie et Genève se créent un parti dans Genève et de cette participation du peuple genevois à ces luttes naît et se développe en lui le sentiment patriotique et les aspirations à la liberté. Ces citoyens, dépendant de l'évêque, s'associent contre lui d'abord avec les comtes de Genevois, puis avec les princes de Savoie devenus prépondérants. Le parti municipal genevois devenu le plus fort, après avoir conquis une organisation et des libertés communales, arrive à rejeter la domination de l'évêque et celle de la Maison de Savoie, à conquérir son indépendance en transformant leur cité par l'adoption de la réforme.

Cinquième partie. — Nous avons placé à la suite une chronologie des principaux événements de l'histoire de Savoie, des origines à nos jours, complétée par un grand nombre de dates et de faits intéressants qui n'ont pu trouver place dans un récit abrégé.

26 Mai 1900.

PREMIÈRE PARTIE

PREMIERS HABITANTS DE LA SAVOIE

Age de la Pierre.

A la fin des grands bouleversements géologiques, qui donnèrent à la Savoie sa configuration actuelle par le soulèvement de la chaîne des Alpes, terminés par la longue période tertiaire, les eaux pluviales dénudant lentement les sommets et les croupes des montagnes ont comblé les fonds et nivelé les vallées et les plaines. Une période de grand refroidissement suivit et amena une extension considérable des glaciers des Alpes qui du Mont-Blanc se répandirent sur toute la Savoie et jusqu'au-delà de Lyon, recouvrant toute la région des chaînes jurassiques d'argiles et de boues glaciaires. Aussi le plateau central de la France, où l'homme apparut au commencement de l'époque quaternaire, était-il habité depuis longtemps lorsque la première créature humaine occupa le sol de la Savoie.

A mesure que les glaces fondirent sous l'action d'une température plus chaude, le Rhône prit son cours et, le long de ses berges dégagées, le chasseur remonta poursuivant le renne dans sa retraite vers les glaciers. Des ossements de renne, dont une partie a été utilisée comme outil ou ornement, ont été recueillis en grande quantité, mêlés aux objets de l'industrie humaine, dans les grottes du Salève et sur divers emplacements à la base de la montagne. Successivement les autres parties de la Savoie furent occupées par de petits groupes d'hommes qui ont laissé des vestiges de leur passage sur les points où ils se sont établis pendant quelque temps, comme à Saint-Saturnin, au plateau de Saint-Michel (Curienne) et jusque dans les hautes vallées de la Maurienne.

Ces premiers explorateurs de la Savoie ne connaissaient point les métaux et leur emploi ; leurs outils et leurs armes étaient en pierre, en silex, en os et en cornes de cerf. Leurs haches en pierres dures, polies (serpentine, diorite), emmanchées à de simples branches d'arbres ou à des bois de cerf ; leurs grattoirs pour préparer les peaux, leurs couteaux, leurs poinçons, leurs scies et leurs pointes de flèches en silex patiemment éclatés ; leurs marteaux des cailloux arrondis ; leurs poteries d'une pâte grossière, grise ou jaune, faites à la main sans l'aide du tour, pétries d'une terre cuite dans le foyer et mêlée de pierrailles pour l'empêcher de se fendre sous l'action du feu. On a retrouvé les pierres plates entre lesquelles ils broyaient le blé, et du pain carbonisé qui avait été cuit sur des plaques de pierre chauffées. Ces hommes n'étaient plus à l'état complètement sauvage ; ils se livraient à l'agriculture et avaient domestiqué certains animaux : le chien, la chèvre, le mouton. Ils appartenaient à la seconde période de l'âge de la pierre appelée Néolithique.

Nous ne savons que par les travaux des géologues, qui nous ont fait connaître les révolutions terrestres de notre pays, ce qu'était la Savoie à cette époque primitive et nous ne connaissons que par les débris de leur industrie ses premiers habitants sans que la tradition nous ait conservé la moindre notion sur leur origine, leur race et leurs mœurs.

Age du Bronze.

Longtemps après les hommes de l'âge de la pierre, remontant le cours du Rhône sur leurs frêles embarcations, taillées dans des troncs d'arbres, arrivèrent les peuplades de l'âge du bronze dont les établissements, placés sur l'eau à une faible distance des rives, ont été retrouvés dans les lacs d'Annecy, du Bourget et du Léman, de même que dans ceux de la Suisse et de l'Italie. La découverte de ces habitations élevées sur pilotis et l'étude des vestiges recueillis à leur base ne remonte qu'à 1854 en Suisse et dans l'Europe centrale et à 1856 en Savoie où la première exploration organisée par la Société Florimontane eut lieu sur le lac d'Annecy.

Les importantes collections formées dès lors permirent de se former une idée assez complète de la vie, de l'industrie et des mœurs de ces populations établies au-dessus des eaux de nos lacs et de se représenter à peu près leur état social.

L'industrie des habitants des palafittes était très développée, ils fondaient et moulaient le bronze et pratiquaient l'élevage du bétail et la culture de quelques plantes, graminées et légumineuses. Leurs habitations, construites en branchages revêtus de terre glaise pétrie et ornée de dessins réguliers, s'élevaient sur des planchers que portaient des pilotis enfoncés dans la vase, à quelque distance du rivage auquel elles étaient reliées par des ponts mobiles ou au moyen de canots, ce qui assurait les femmes et les enfants contre toute incursion de l'homme ou des animaux lorsque les hommes s'éloignaient pour la chasse. Le foyer était établi sur des dalles au centre de la cabane percée à la partie supérieure d'une ouverture pour le passage de la fumée.

Leurs armes, outils et ornements étaient en bronze, composé de cuivre et d'étain, artistement travaillés et enjolivés de traits, de dents de loup et de cercles disposés avec goût. Tous ces objets étaient fondus par eux dans des moules en pierre ou en grès, dont on a retrouvé un grand nombre sur l'emplacement de la plupart des stations. Par la trempe et le martelage ils donnaient une plus grande dureté aux tranchants de leurs armes et de leurs outils. Les poignées des épées et des couteaux sont très courtes et indiquent une race dont la main était très petite. Leurs outils sont très variés : haches, couteaux, marteaux, faucilles, hameçons, aiguilles, poinçons, ainsi que les objets d'ornement : bracelets, creux ou pleins, couverts de jolis dessins gravés, agrafes, pendeloques, épingles, bagues, anneaux, etc.

Leur poterie est d'une pâte plus fine que celle de l'âge précédent, les grandes dimensions de leurs vases et leur régularité indiquent l'emploi du tour à potier. Les formes en sont plus élégantes et plus variées et les surfaces revêtues d'une ornementation symétrique de dessins, de lignes ou de creux très élégants. Les grands sont en terre pétrie avec de la pierraille, les petits en terre très fine, noircie par un procédé particulier ; la plupart de ces derniers ont une base très petite ; leur équilibre instable exigeait l'emploi de torches en terre cuite pour les supporter. Les premiers ont pour tout ornement des anses et des ourles placées au-dessous du col ; les seconds sont recouverts de dessins réguliers, au trait, en relief, en creux ou à compartiments ; parfois en couleur, blanche, rouge ou noire, ou obtenus à l'aide de bandelettes d'étain très minces fixées à l'aide de résine fondue, donnant un reflet éclatant sur le fond noir de la poterie.

Les habitants des palafittes cultivaient deux espèces de blé, l'épeautre, l'orge, le millet, les pois, les fèves, le lin dont on a retrouvé des tiges, de la filasse, des paquets filés, des fragments de tissus, d'étoffe et de filets. Ils récoltaient des pommes sauvages, coupées en quartiers et desséchées pour les conserver, et de grandes quantités de glands de chêne qui paraissent avoir été employés pour obtenir une liqueur fermentée.

A l'aide des ossements recueillis on a pu déterminer les animaux domestiqués par eux : le chien, un cochon de petite espèce, la chèvre, le mouton à cornes droites, le bœuf, et parmi les animaux sauvages : l'ours, le sanglier des marais, le cheval et divers cervidés. Les peuplades de cette époque étaient en grand progrès sur celles de l'âge précédent. Par leurs relations commerciales fort éloignées, elles recevaient l'étain, l'un des éléments de la composition du bronze dont le nom sert aujourd'hui à désigner l'époque où elles ont vécu. Ce métal remplaça avec grand avantage pour leurs armes, leurs outils, etc., les pierres et les silex employés par leurs devanciers, mais dont l'usage se continua pour quelques outils. Elles durent d'abord recevoir les objets en bronze tout fabriqués, par voie d'échange, puis arrivèrent peu à peu à les façonner elles-mêmes, ainsi que les moules finement travaillés qui servaient à les produire.

On présume que les populations de l'âge du bronze habitèrent pendant une longue période les rives de nos lacs ; le très grand nombre d'objets de leur industrie, les restes des repas, et les ossements d'animaux réunis dans nos Musées en sont une preuve convaincante. Elles ne disparurent qu'à l'arrivée d'une race d'envahisseurs plus forte et munie d'armes plus puissantes. Des bords des lacs une partie de ces tribus s'était successivement établie dans les vallées, mais leurs constructions primitives, placées sur les plateaux ou dans des positions faciles à défendre, ont disparu par suite des travaux de culture, ne laissant de traces que sur quelques points isolés où des objets en bronze ont été découverts à diverses époques.

Age du Fer.

La disparition des peuplades, lacustres ou terrestres, de l'âge du bronze doit remonter à plusieurs siècles avant l'ère chrétienne, lors de l'invasion des Ibères, venus du midi de l'Europe, dont certains noms de localités semblent avoir gardé la marque d'origine. Ce peuple connaissait le fer, dont l'emploi alla se généralisant en se rapprochant des temps historiques. L'arrivée de ces guerriers, plus grands et plus forts que les hommes de l'âge du bronze, munis d'armes en fer aux poignées plus allongées, amena l'asservissement des paisibles habitants de nos lacs et la destruction de leurs cabanes dont l'incendie peut seul expliquer le nombre considérable d'objets recueillis autour des pilotis.

Leurs armes, leurs outils sont de plus grande dimension et fabriqués selon des procédés perfectionnés ; le bronze est encore utilisé, surtout pour les ornements que l'on retrouve mêlés aux objets en fer dans les tombeaux comme dans les stations lacustres de cet âge. La poterie faite au tour est plus régulière et plus gracieuse de forme et de dimension et moins chargée de dessins et de traits.

Les Gaulois. — Les Allobroges.

Les Gaulois (Galli des Latins et Galates des Grecs), dénomination qui apparaît dans la première moitié du IIIe siècle de notre ère, ne sont connus historiquement, comme établis en France, que depuis César, vers le milieu du premier siècle avant Jésus-Christ. Leur histoire antérieure nous est peu connue, parce qu'ils ignoraient l'écriture et que les chants des Bardes qui seuls transmettaient le souvenir des faits glorieux de la nation ont été perdus.

Les premières notions positives sur les Allobroges et les autres tribus Gauloises qui vinrent supplanter les Ibères dans la région des Alpes de Savoie remontent aux traditions des écrivains grecs et romains. Le delta Allobroge est indiqué par eux comme une des étapes d'Hercule, c'est-à-dire une station de la route commerciale ouverte par les Phéniciens pour réunir l'Espagne à l'Italie en traversant la Gaule Celtique, de laquelle la Savoie faisait partie, et les Alpes. Ces hardis trafiquants, du XIIe au XIIIe siècle avant Jésus-

Christ, ouvrirent des voies de communication et établirent des stations pour faciliter leur commerce ainsi que la recherche et l'exploitation des mines.

Nous ne mentionnerons qu'à titre de curiosité les origines fabuleuses attribuées aux Allobroges par nos vieux chroniqueurs. L'un a supposé l'existence d'un roi *Lemanus* qui aurait bâti Genève en 1030 avant notre ère et dont le successeur aurait partagé ses États entre ses trois fils: *Sequanus, Helvetius* et *Allobrox*; l'autre fait dériver le nom d'Allobroge d'un roi *Allobrox* venu de Palestine en l'an du monde 3274; un troisième, renchérissant sur ses devanciers, a prétendu que la Savoie avait été peuplée par un fils de Noé 152 ans après le déluge.

Les peuples Gaulois qui ont habité la Savoie avant la conquête romaine sont les Allobroges, les Ceutrons, les Médulles, les Graiocèles, les Adenates, etc. Les Allobroges formaient la tribu la plus considérable; elle occupait tout l'ouest de la Savoie et du Dauphiné jusqu'au Rhône, de Genève au nord, au confluent de l'Isère au sud.

Les mœurs et les usages des Allobroges nous sont connus par les écrivains grecs: Strabon nous dit que tous les peuples appartenant à cette race sont fous de guerre, irritables, prompts à tirer l'épée, du reste simples et point méchants, ayant la passion de la parure. Apollodore les cite comme les plus illustres et les plus riches, remarquables par le courage, le mépris de la mort et la croyance à l'immortalité de l'âme. Ils attribuaient une part considérable d'influence aux femmes dans la famille et dans l'État. Le même auteur constate que les terres arables et les vallées sont bien cultivées et que les Alpes nourrissent des chevaux, des bœufs et des moutons et renferment des mines de fer et de cuivre ; que les habitants des parties plus élevées, non cultivées, vivent d'échanges dont les principaux éléments sont la poix, la résine, le fromage et le miel.

De même que les Gaulois les Allobroges se divisaient en trois classes : les chevaliers et les Druides qui comptaient seuls et avaient toute l'influence, et le menu peuple qui était presque en état de complète servitude et n'intervenait qu'à l'élection du chef de la cité. Les Druides eurent longtemps seuls le pouvoir et le partagèrent ensuite avec les anciens et les guerriers les plus renommés. Le chef, élu en assemblée générale, commandait l'armée et sa gestion était soumise au contrôle des Druides et des notables. Chaque cité était indépendante et se confédérait avec les autres pour lutter contre l'ennemi commun. Mais leurs querelles intestines furent une cause d'affaiblissement qui rendit plus facile la conquête par les Romains.

Les Allobroges devenus sédentaires, après leur établissement en Savoie, s'adonnèrent à l'agriculture ; ils connaissaient la charrue, cultivaient le froment et le seigle. On sait que Jules César les obligea à fournir, aux Helvètes vaincus, le blé nécessaire pour leur nourriture et pour l'ensemencement de leurs terres. Leurs habitations étaient construites en bois et couvertes de chaume ; groupées sur des éminences, au bord des rivières et des lacs, dans des positions faciles à défendre. Une curieuse remarque a été faite : c'est que sur les rives des lacs, presque partout où a existé une station lacustre, on retrouve sur la rive la plus rapprochée des traces d'habitations ou de villages, gaulois, romains et modernes.

Les Allobroges parlaient la langue Celtique dont le bas Breton actuel est un dérivé ; cet idiome gaulois, commun aux deux versants des Alpes du 1er siècle avant Jésus-Christ jusqu'à César, a laissé de nombreuses traces dans les noms de lieu et le patois.

D'après Amédée Thierry, les historiens romains qui ont écrit sur les origines de la population italique reconnaissent deux immigrations principales des Gaulois dans la région septentrionale de la Péninsule. La première conquête, antérieure à la période historique, aurait amené les vieux Gaulois, *Veteres Galli*, ancêtres des Ombres qui vécurent pendant longtemps sur les deux versants de l'Apennin et qui, chassés au xie siècle (avant J.-C.) par les Etrusques, retournèrent dans leur pays et se fixèrent en partie dans quelques vallées des Alpes.

Un second exode des Gaulois en Italie commença en 587 sous la conduite de Bélovèze, chef Biturige, et se continua pendant soixante-dix ans par le départ successif de quatre autres bandes. Le flot des envahisseurs couvrit tout le nord et le centre de la Péninsule qui fut longtemps troublée par leur violence. Les Gaulois, dit Polybe, habitaient des bourgs sans muraille, dormaient sur l'herbe ou la paille et ne savaient que combattre ou un peu labourer. Vivant surtout de chair, ils n'estimaient que les troupeaux et l'or, richesses les moins onéreuses pour des guerriers nomades. Le territoire qu'ils occupaient entre l'Adriatique et la Méditerranée jusqu'à l'Apennin formait la Gaule Cisalpine. En 390, ces peuplades conquérantes, refoulant devant elles les Etrusques, dirigèrent contre Rome une expédition redoutable : la ville fut assiégée et ne se délivra qu'en payant une lourde rançon. Deux siècles après (193) les Gaulois Cisalpins, appelant à leur aide leurs frères de la Celtique, menacèrent de nouveau la puissance romaine qui ne fut délivrée qu'après trente ans de guerre.

La participation des Allobroges aux dernières luttes des Gaulois d'Italie contre Rome est confirmée par Cicéron dans sa défense de Fonteius accusé de les avoir spoliés.

Devenue maîtresse de toute l'Italie, Rome résolut de s'agrandir au dehors et jalouse de la puissance de la République de Carthage, qui possédait des colonies en Sicile, elle lui fit une guerre qui dura vingt-deux ans et se termina (241 avant J.-C.) par un traité humiliant pour les Carthaginois. Ceux-ci résolurent de prendre leur revanche. Annibal, jeune général à qui son père avait fait jurer de n'être jamais l'ami des Romains, quitta l'Espagne où il commandait leurs armées (218 avant J.-C.), franchit les Pyrénées, traversa les Gaules pour porter la guerre en Italie, passa le Rhône, remonta le long de la rive gauche de ce fleuve et se dirigea sur l'Allobrogie pour franchir les Alpes. Il y trouva la nation divisée par la rivalité de deux frères qui se disputaient la royauté ; pris pour arbitre par les deux partis, il rétablit l'aîné Brancus et mit fin à une querelle qui aurait pu ensanglanter le pays. Brancus, en reconnaissance du service que le général Carthaginois lui avait rendu, lui fournit des provisions, de nombreux auxiliaires et des conseils pour sa marche jusqu'au sommet des Alpes. En s'en rapprochant, il rencontra des peuplades qui voulurent s'opposer au passage de ces envahisseurs et firent une vive résistance, employant pour le combattre tous les moyens en leur pouvoir. Dès qu'il fut engagé dans les hautes vallées ils firent pleuvoir sur l'armée Carthaginoise d'énormes blocs de pierre, tandis que l'élite des leurs s'efforçait de lui en fermer le passage. Celle-ci n'aurait pu échapper à une entière destruction sans l'habileté et l'énergie de son chef qui parvint, à la suite de combats incessants, à lui ouvrir un passage.

Le chemin suivi par Annibal n'est pas connu, les descriptions données par les auteurs n'étant pas assez précises, faute d'avoir indiqué les localités qu'il a traversées ; aussi sa détermination est-elle encore aujourd'hui un sujet de discussion entre les érudits. Les uns le font passer par le Col du Mont-Genèvre ou par celui d'Argentières, d'autres penchent pour le Grand-Saint-Bernard, quelques-uns le font passer par le Col de la Seigne, le Petit-Saint-Bernard ou le Mont-Cenis.

Annibal fut le premier à montrer la route des Alpes aux conquérants qui, trop souvent pour notre pays, suivirent son exemple. Arrivé en Italie, il entraîna les Gaulois Cisalpins et alla battre les Romains sur le Tessin et sur la Trébie ; les suites de cette guerre sont sans intérêt pour notre pays.

La Savoie faisait partie de la Gaule Celtique, ou bracata, des braies, vêtement court que portaient ses guerriers ; les peuplades établies entre le Rhône et les Alpes étaient surnommées Gœsates, de leur adresse particulière à se servir de leur javelot (nommé Gœsum), leur arme préférée. Les Allobroges et les Ceutrons étaient les groupes les plus importants des tribus qui occupaient le territoire de la Savoie ; sous le nom générique d'Allobroges étaient compris les petits peuples faisant partie de la même Confédération Gallique.

Le territoire des Allobroges s'étendait depuis la Morge (Saint-Gingolph) en descendant le Léman et le Rhône jusqu'à sa jonction avec l'Isère, de là remontant cette rivière jusqu'ad Publicanos (Albertville). De cette station des Centrons il suivait le cours de l'Arly, puis les crêtes des montagnes de Thônes, de celles d'Annecy à Cluses et de Cluses au bas-Valais par les montagnes de Chevrant, Sixt, Samoëns, Morzine, le long du Giffre, par celles de Châtel, se dirigeant à l'est vers la rive gauche du Rhône par les crêtes qui séparent la vallée d'Abondance du Valais.

Ils occupaient une partie de l'Isère, la Savoie propre (Arrondissement de Chambéry), une partie de la Haute-Savoie (Arrondissement d'Albertville), le Genevois, le Faucigny et le Chablais. Leur capitale était Vienne. Les Ceutrons (*alias* Centrons) occupaient les vallées de Beaufort, Flumet, Megève, Saint-Gervais, Sallanches, Magland, Chamonix, Vallorcine, le Val Montjoie, soit la Tarentaise, une partie de la Haute-Savoie et le Faucigny. Leur capitale, d'abord à Aime, fut transportée plus tard à Darentasia (Moûtiers), d'où est venu le nom de Tarentaise.

L'emplacement des autres peuplades est déterminé d'une manière moins certaine : Les Graiocèles étaient resserrés dans la Haute-Maurienne, à l'est du Mont-Cenis et dans le Val de Suze, et compris dans le royaume de Cottius, ainsi que les Médulles, les Adamates et les Bramovices (1), entre les Centrons et les Caturiges (Hautes-Alpes). Les Médulles occupaient le territoire compris d'Aiguebelle à Saint-Michel; les Adamates étaient entre cette dernière localité et Modane; les Bramovices, aux alentours de Bramans; les Acitavones, aux confins de la Tarentaise, vers la Vanoise.

L'organisation politique des Allobroges était un système fédératif; le chef était un roi, élu par les guerriers, assisté par une Assemblée des anciens et des sages, qui répondait de ses actes devant la confédération du peuple, la nation, suivant les principes politiques des Gaulois, étant au-dessus du chef qui pouvait être remplacé lorsqu'il manquait à ses devoirs. La nation était divisée par cantons et par tribus, grandes familles, régies par la loi de famille, la terre appartenant aux familles plus qu'aux individus, bien que chacun eût son lot. Les héritages étaient partagés par parts égales entre les enfants mâles, le cadet comme plus faible gardait la maison paternelle; les filles avaient part aux biens mobiliers, mais pas à la terre qui appartenait à celui-là seul qui portait l'épée. La loi était protectrice des faibles, des femmes et des enfants.

Les Allobroges, de même que les Gaulois, primitivement avaient adoré les astres qu'ils croyaient

---

(1) En Savoie, la limite du royaume de Cottius franchissait la Levanna, gagnait la chaîne de montagnes séparant la Maurienne de la Tarentaise, séparant les Médulles des Centrons et traversant la vallée entre Saint-Jean et Saint-Michel, remontait au Thabor d'où elle atteignait Chorges en tournant le ⸺ ⸺voux.

placés au ciel pour éclairer leurs pérégrinations ; puis, devenus sédentaires, avaient fait des arbres leurs idoles préférées ; l'arbre qui était le témoin de leur propriété, auprès duquel ils vivaient, y ayant adossé leur cabane, sous lequel leurs troupeaux venaient dormir à l'ombre. Puis, les Druides apparurent avec une religion plus élevée ; les sombres forêts et le gui sacré, cueilli sur le chêne, au renouvellement de l'année, avec une faucille d'or, distribué ensuite comme talisman et remède contre les maladies, furent consacrés au culte en souvenir de l'ancienne religion.

Leurs divinités étaient Ieus, dieu de la guerre, dont les Romains ont fait Hésus ; Ogmius, dieu de l'éloquence ; Teutatès, dieu du commerce et de l'industrie. Ils n'avaient ni temples, ni autels ; les hautes forêts en tenaient lieu ; c'est sous leur abri qu'ils offraient des sacrifices à leurs divinités, punissant de mort les profanes surpris dans l'enceinte consacrée. Ils croyaient à l'immortalité de l'âme et à une vie meilleure au-delà du tombeau. L'esprit de superstition de ces peuples barbares obligea leurs prêtres à rendre des oracles ; les Druides se divisèrent dès lors en trois classes : les uns voués à l'étude, les autres chargés de consulter le chêne sacré, et enfin les Bardes, chantres des épopées nationales, excitant le courage des guerriers par leurs vers patriotiques. Plus tard, ils s'adjoignirent des Druidesses, vivant en communauté, retirées dans les lieux sacrés où elles se livraient à des pratiques superstitieuses qui les faisaient passer pour des êtres surnaturels.

Un culte plus particulièrement localisé sur les deux versants des Alpes fut celui des Matrones, au nombre de trois, représentant la triade celtique (déesses-mères), qui figurent sur un certain nombre d'inscriptions.

Elles furent sans doute l'origine de la croyance aux fées, dont la tradition s'est conservée en Savoie comme habitant les grottes et les rochers isolés dans les bois. Le culte des Druides devint ensuite sanguinaire : le sang des animaux coula sur les autels, blocs de pierre informes ; puis celui de l'homme. Des sacrificateurs furent chargés d'égorger les criminels et les prisonniers de guerre et parfois aussi des victimes volontaires se consacrant à la divinité.

Les Romains.
Conquête de la Gaule et de l'Allobrogie.

Les Allobroges jouissaient de la plus complète indépendance et d'une paix qui n'était troublée que par quelques querelles avec les peuplades voisines. Mais au milieu du second siècle avant notre ère ils se virent obligés de prendre les armes, de concert avec les autres peuples de la Gaule, pour défendre le sol national envahi par les Romains. Ceux-ci furent appelés en 154 par les habitants de Marseille qui réclamaient leur aide contre les Ligures et les autres possesseurs des territoires baignés par la mer. Le Sénat envoya une armée commandée par N. Fulvius Flacus, puis par C. Sextius Calvinus qui soumit toute la région. Teutonal, roi du peuple vaincu, traqué par l'ennemi, se réfugia chez les Allobroges, alors en guerre avec les Eduens. Cette décision fut habilement exploitée par les Massaliotes ; en flattant la nation Eduenne, en faisant miroiter à ses yeux les avantages d'une alliance puissante, ils l'attirèrent dans l'orbite de la politique romaine. Dès qu'il se fut assuré cet appui, le consul Domitius Enobarbus somma les Allobroges de lui livrer Teutonal, leur signifiant qu'il vengerait toute atteinte portée à ses amis les Eduens. Comme il fallait s'y attendre, le défi fut relevé et bientôt les Allobroges, ayant fait un pacte avec Bituitus, roi des Arvernes, se préparent à la guerre et se décident à porter les premiers coups. Ils franchissent l'Isère, descendent, en côtoyant le Rhône, vers la Provence, où le consul s'est retranché. La bataille se donna à Vindalium, dans le Comtat-Venaissin (122) ; elle coûta aux Allobroges 20,000 morts et 3,000 captifs. L'ennemi, de son côté, subit de très grandes pertes qui l'empêchèrent de poursuivre les vaincus.

L'année suivante, le consul Q. Fabius Maximus ayant amené à Domitius un renfort de deux légions qui portèrent l'armée à un effectif de 40,000 Romains, sans compter les contingents fournis par leurs alliés, la campagne se rouvrit. Les deux généraux pénétrèrent sur le territoire Allobroge. Tandis qu'ils s'avançaient, livrant chaque jour des combats meurtriers, dont l'un faillit coûter la vie à Fabius, Bituitus accourut, à la tête des troupes Arvernes, au secours de ses alliés. Craignant d'avoir la retraite coupée, les Romains se hâtèrent de retourner vers le Rhône où la rencontre des armées eut lieu. De part et d'autre on combattit à outrance ; la victoire était indécise, quand Fabius fit charger les éléphants dont la pesante masse jeta le trouble dans les rangs ennemis. Les Gaulois se précipitèrent en désordre vers le fleuve et s'écrasèrent sur le pont de bateaux qui rompit. Cette déroute les mit à la merci du vainqueur qui en fit un horrible carnage. Bituitus voyant son armée de 100,000 hommes anéantie se réfugia chez les Allobroges où il tenta de réorganiser la résistance. Ses efforts furent vains. Il dut se rendre et les Romains établirent leur joug sur les peuples que la fortune des armes leur livrait. Autant ils se montrèrent cléments envers les Arvernes dont le territoire fut respecté, autant ils déployèrent de rigueurs contre les Allobroges ; ils annexèrent leur sol à la Province qui s'étendit des Cévennes au Rhône et dont Narbonne fut la capitale, les déclarant ses sujets et les accablant de lourdes charges. Ils leur laissèrent cependant une certaine liberté, respectant leurs usages et leur conservant leur forme de gouvernement, frappés du courage qu'ils avaient déployé dans la lutte. Les Ceutrons et les habitants des hautes vallées gardèrent néanmoins une indépendance presque complète, le vainqueur ne jugeant pas nécessaire de les réduire après avoir porté à la Confédération un coup qu'il pouvait croire décisif. Cette victoire causa un grand enthousiasme à Rome ; on décerna les honneurs du triomphe à Q. Fabius Maximus qui fut honoré du titre d'Allobrogique ; un arc lui fut érigé à l'endroit où la voie sacrée rejoint le Forum.

Quand la guerre civile ravagea l'Empire, les Gaulois secondèrent les entreprises de Sertorius contre Pompée ; les Allobroges se mêlèrent activement à cette révolte et poussèrent une pointe contre Marseille et Narbonne. Ils furent battus par le proconsul Fonteius qui leur fit expier durement cette sédition quand il fut mis, après la paix, à la tête du gouvernement de la Province.

Bien que la disette sévît pendant les deux ans qu'il exerça son pouvoir, il ne cessa de lever de lourds tributs en argent et en vivres, aggravant les contributions exigées pour la République par les exactions faites à son profit.

Les Allobroges, qui avaient protesté en vain contre ses violences et ses pillages, résolurent de se venger de lui après qu'il eut quitté ses fonctions. En 75 (avant J.-C.), ils envoyèrent une députation conduite par un de leurs chefs, Induciomar, pour dénoncer les injustices du proconsul. Comme il fallait que leur plainte fût soutenue devant le Sénat par un citoyen romain, ils sollicitèrent l'aide de Fabius Sanga, descendant de l'Allobrogique ; celui-ci chargea l'édile Pletonius de se porter accusateur en son nom. L'affaire vint devant le nouveau tribunal élargi par l'adjonction des tribuns du trésor aux sénateurs et aux chevaliers. Les griefs principaux des Allobroges contre Fonteius étaient de trois sortes. Ils lui reprochaient d'abord d'avoir poussé la Province, par une administration prodigue, à contracter une dette de trente millions de sesterces qui faisait d'elle la proie des usuriers ; d'avoir établi des impôts arbitraires, notamment sur le vin ; d'avoir contraint les habitants du pays à établir et à réparer à leurs frais les routes militaires.

Cicéron, qui, peu de temps auparavant, avait fulminé contre Verrès coupable de pratiques analogues, plaida pour Fontéius. Il se répandit en propos violents sur les Allobroges, récusant leur témoignage, les montrant comme des barbares jadis envahisseurs de l'Italie, et profanateurs de la Grèce, encore adonnés aux sacrifices humains, ennemis indomptables de Rome, toujours prêts à la révolte, sanguinaires dans l'attaque et, dans la défaite, demeurant arrogants et fiers.

On ignore quelle fut l'issue de cette action contre Fonteius. Sa conduite toutefois fut imitée par ses successeurs qui continuèrent à se livrer, dans la Province, aux abus les plus criants, bien sûrs de l'impunité. Espérant encore trouver à Rome une protection contre cette tyrannie, les Allobroges y envoyèrent (63 ans avant Jésus-Christ) une nouvelle ambassade chargée de dénoncer les maux dont souffrait leur pays. Ces députés se trouvèrent mêlés à la conjuration qu'ourdissait alors Catilina pour s'emparer du gouvernement et des biens de la République.

Cicéron et Salluste, qui nous ont laissé le récit du complot dont ils connurent toutes les trames, racontent que les Allobroges erraient dans la ville las et découragés lorsqu'ils furent abordés par un Romain, Umbrenus, qui avait trafiqué naguère en Gaule et qui leur demanda pourquoi ils étaient soucieux et mécontents. Après avoir écouté le récit de leurs déboires, il leur dit que, s'ils voulaient, il leur indiquerait le moyen de sortir de la déplorable condition à laquelle ils ne voyaient plus d'issue. Ses paroles furent accueillies avec faveur et les députés suivirent leur nouvel ami dans la maison de Sempronia, où ils furent abouchés avec les partisans de Catilina qui les invitèrent à entrer dans le complot, leur promettant, pour prix de la coopération des Gaulois à l'entreprise révolutionnaire, un sort plus doux pour leur pays opprimé et épuisé.

Tentés par cette offre, les Allobroges s'engagèrent étourdiment à aider les conjurés et à tenir secrets les préparatifs. Mais bientôt, la réflexion venant, ils comprirent la gravité de leur résolution et l'imprudence de leur conduite. Après une nuit d'inquiétude, ils allèrent s'ouvrir à leur protecteur Fabius Sanga, lui demandant conseil sur ce qu'il fallait faire pour sortir de ce mauvais pas. Ils s'adressaient à un intime ami de Cicéron. Celui-ci, tout entier à sa lutte contre la faction révolutionnaire, fut vite informé de l'incident; il comprit l'importance des révélations que le hasard lui procurait; il sut gagner l'entière confiance des députés et ne tarda pas, grâce à eux, à tenir dans ses mains tous les fils de la conjuration.

Comme les Allobroges devaient partir pour leur pays nantis de documents qui les accréditaient et les chargeaient d'organiser la révolte en Gaule, un stratagème fut inventé dans le but de saisir ces pièces sans que les ambassadeurs devinssent suspects de complaisance envers le consul et de trahison à l'égard de leurs imprudents suborneurs. On imagina de les faire tomber dans une embuscade simulée qui paraîtrait les surprendre et trouver inopinément sur eux les preuves de la sédition de Catilina. Le lendemain, quand l'ambassade partit au point du jour, elle fut attaquée près du pont Milvius par des soldats que Cicéron avait apostés, et arrêtée après avoir feint la résistance. Les documents compromettants sont saisis; les Allobroges ramenés révèlent devant le Sénat tout ce qu'ils savaient du complot et peu de temps après les chefs des conspirateurs sont arrêtés.

C'est sans doute en pensant à cet épisode qu'Horace parlait plus tard de l'Allobroge infidèle aux révolutions: *Norisque rebus infidelis Allobrox.*

L'éminent service rendu à la République valut aux députés les compliments de Cicéron; l'ancien défenseur de Fonteius, qui avait naguère accablé de sarcasmes les barbares Gaulois, les transforma, dans une troisième Catilinaire, en instruments de la bonté des Dieux : « N'est-il pas surprenant, dit-il, que le seul « peuple qui demeure assez fort et assez hardi pour « faire la guerre à Rome dédaigne les avantages qui « lui sont offerts et sacrifie sa fortune au salut de la « République! » Si ces louanges flattaient l'ambassade Allobroge, elles n'ôtaient rien au poids du despotisme sous lequel la province conquise agonisait. Aussi une nouvelle révolte éclata bientôt au pied des Alpes.

L'armée Allobroge, sous la conduite de Catugnat, se dirigea vers le sud où elle comptait s'emparer de Narbonne et de Marseille. Au lieu de lui barrer la route, le préteur Promptinus, qui commandait les troupes romaines, visa à pénétrer sur le territoire laissé sans défense et à le ravager. Il s'établit fortement sur les bords de l'Isère et envoya son lieutenant, Manlius Lentinus, assiéger Ventia. La place, secourue par les habitants de la contrée, tint bon et, sur ces entrefaites, Catugnat put revenir du midi attaquer Lentinus et l'écraser dans une sanglante rencontre.

Comme Promptinus se repliait sur Narbonne, Catugnat reprit son expédition en Provence. Le général romain en profita pour attaquer avec des forces accrues le territoire Allobroge qu'il dévasta, brûlant les villages et tuant les habitants désarmés. Catugnat, instruit du péril que courait son pays, accourut en toute hâte; il fut défait à Solonium (62 avant Jésus-Christ).

Promptinus avertit le Sénat de sa victoire et reçut les honneurs du triomphe.

Les Allobroges, épuisés par ce suprême effort qui laissait leur pays dévasté, appauvri d'hommes et d'argent, ne prirent part désormais à aucune des révoltes de la Gaule. Quand la dernière lutte pour l'indépendance s'engagea, ils ne voulurent ou ne purent pas y coopérer. Ils prirent même des mesures pour isoler leur territoire.

La conquête des Gaules fut achevée par Jules César qui, s'étant fait donner le commandement des deux Gaules, combattit pendant huit ans presque sur tous les points de ce vaste territoire et soumit tous les peuples malgré leurs efforts pour se soustraire au joug. Efforts malheureusement paralysés surtout par la jalousie des chefs et les discordes civiles. Durant ses conquêtes, César fut inquiété par les Centrons, restés libres dans leurs hautes vallées, lors de ses fréquents voyages d'Italie en Gaule. Il se contenta de forcer le passage sans s'appliquer à les réduire, parce que leur soumission eût retardé ses exploits sans rien ajouter à sa gloire. Seul Donnus, chef des Segusini (Val de Suze), s'allia aux Romains et les aida à traverser les Alpes.

Ce fut sous le règne d'Auguste, neveu de César, que les dernières peuplades des Allobroges furent soumises (14 ans avant Jésus-Christ). Cottius, fils de Donnus, protégé par lui, fut maintenu à la tête de son royaume et reçut le titre de préfet préposé à la garde des Alpes; cet Etat, dont une portion de la Maurienne faisait partie, fut réuni à l'Empire à sa mort. Cottius fit construire une route de la vallée de Suze, à travers le Mont-

Genèvre ; une autre de moindre importance remontait de Suze au lac Savine, passait par le col du Clappier et la pointe du Chiusalet pour descendre à Bramans ; route suivie par les Gaulois, Pepin, Charlemagne et Charles-le-Chauve et par Annibal suivant quelques auteurs, et donna son nom à la partie comprise sous le nom d'Alpes Cottiennes, s'étendant anciennement de la Levanna à la cime de l'Enchastraye et limitée aujourd'hui de la Rochemelon au Mont-Viso. Il fit ériger en l'honneur des victoires d'Auguste un arc de triomphe dont les ruines existent près de Suze. Les noms des peuples vaincus, appartenant à la Savoie, sont ceux des Médules, des Graïocelles, des Bramovices et des Adanates. Ce ne fut que sous le règne d'Auguste que les voies militaires à travers les Alpes furent achevées et le passage du Grand-Saint-Bernard (Mont-Joux) ouvert aux légions.

L'Allobrogie, sous la domination romaine, était traversée par la grande voie de Milan à Vienne par le Val d'Aoste, le Petit-Saint-Bernard et la Tarentaise. Les stations ou étapes des courriers étaient à partir d'Augusta (Aoste), Arebrigium (La Thuile), Ariolica (Le Villaret), in Alpes Graia (Le Petit-Saint-Bernard), à XII milles (18 kilomètres) Bergintrum (Bellentre), localité placée à Centron et à Borgeable), à VIII milles (13 k^{res} 1/2) Aximam (Aime), à X milles (15 k^{res}) Darantasia (Moûtiers), à XIII milles (19 k^{res} 1/2) Obilonna (La Bâtie, placée encore à Ablène et Aigueblanche), à III milles (4 k^{res} 1/2) ad Publicanos (L'Hôpital ou Albertville *alias* Gilly), à XVI milles (23 k^{res} 1/2) Mantala (Montailleur, Saint-Pierre d'Albigny ou entre Saint-Pierre d'Albigny et Saint-Jean de la Porte, etc.).

Mantala et ad Publicanos étaient comprises dans la province des Alpes Graïes et Pennines. A xvi milles (23 k^res) de Mantala Lemincum (Lémenc), de la province de Vienne ainsi que les suivantes : à xiii milles (20 k^res ½) Laviscone (Les Echelles), à xiii milles Augustum (Aoste près Saint-Genix), à xvi milles (23 k^res ½) Bergusium (Bourgoin).

Augustum était placé au carrefour de trois routes, dont une se dirigeait sur Genava (Genève) par les stations Allobroges à xiii milles Etanna (Yenne), à xxi milles (31 k^res) Condate (Seyssel), à xxx milles (44 k^res ½) de Genava. Une voie secondaire, indiquée dans l'itinéraire d'Antonin, allait de Darantasia à Genava, se détachant de la grande voie à ad Publicanos, par Casuaria (Césarches ou Viuz) et Bautas (Annecy, Les Fins). Les relais établis le long de ces voies devinrent peu à peu des villes et des bourgs importants ; quelques-uns d'ailleurs existaient antérieurement à la conquête.

Après la conquête des Gaules, les Romains établirent une première organisation du pays conquis ; celle-ci fut nommée Gaule Transalpine, par opposition à la Gaule située sur l'autre versant des Alpes. Jules César avait divisé les Gaules en quatre parties : la Province, comprenant l'Allobrogie, l'Aquitaine, la Celtique et la Belgique. Octave, après avoir été nommé empereur par le Sénat (28 ans avant Jésus-Christ), vint en-deçà des Alpes se mettre en rapport avec les chefs des peuplades qu'il réunit à Narbonne et procéda à une nouvelle division du territoire. La Province devint la Narbonaise et comprit la plus grande partie de la Savoie ; la Maurienne, la Tarentaise et le Haut-

Faucigny, soit les pays avoisinants les passages des Alpes, restèrent unis à la province d'Italie. Plus tard, la Narbonaise fut elle-même divisée en deux parties : la Viennoise, comprenant la Savoie et la Narbonaise.

César avait respecté les traditions, les usages et les coutumes des Gaulois ; Auguste s'appliqua au contraire à faire disparaître tout ce qui pouvait rappeler les souvenirs du passé et, pour y arriver plus sûrement, modifia les divisions territoriales, fractionnant les peuples plus considérables pour les fondre avec d'autres et amoindrissant l'importance de certaines villes. De cette époque date réellement pour la Savoie la période Allobrogo-romaine qui dura jusqu'à l'an 400 après Jésus-Christ, à l'époque de l'invasion des Barbares dans l'Empire. Les vestiges d'antiquités et les inscriptions trouvés en si grand nombre sur tous les points de la Savoie, montrent à quel état de développement notre pays était arrivé sous la domination romaine. De riches familles patriciennes vinrent s'y établir, apportant leurs usages, leurs mœurs, leur langue et leur civilisation ; des villes importantes prirent naissance dans les sites les plus favorables où les conquérants, bien qu'en petit nombre, importèrent le luxe des cités d'Italie, construisirent des palais, des villas, des bains publics ou privés.

L'influence civilisatrice se fit surtout sentir dans les villes où les riches familles Allobroges vivaient en contact avec les Romains. Pour le peuple, attaché à la culture de la terre, soumis aux impôts et à la rapacité des grands propriétaires, sa condition fut plus misérable et aggravée encore par le développement de l'esclavage. La colonisation romaine s'appliqua à l'organisation des villes, sans s'étendre au reste du pays, et fut tout à l'avantage de la classe élevée au détriment de la masse du peuple qui succombait sous le poids des exactions. Les grandes familles étaient à peu près seules en possession du sol. Le reste de la population se composait d'esclaves et de colons : les premiers, vendus ou échangés comme des bêtes de somme ; les seconds, chargés de cultiver les terres, ne se distinguaient des premiers que parce qu'attachés à la propriété territoriale ils faisaient comme partie du cheptel et ne pouvaient être vendus qu'avec la terre. Bien qu'ils eussent le droit de se marier librement et de servir à l'armée, leur condition n'était guère meilleure ; ils étaient soumis aux châtiments corporels, ne pouvaient exercer d'action civile contre leurs propriétaires et bien que pouvant faire des économies et les transmettre à leurs enfants ils ne pouvaient les aliéner sans y être autorisés.

C'était surtout en flattant l'ambition des gens riches, influents et de valeur, leur donnant des fonctions et des emplois, que les Romains s'attachèrent les peuples conquis. Ils avaient d'ailleurs laissé une grande liberté politique à la Gaule qui avait une Assemblée représentative se réunissant au mois d'août. Chaque cité nommait plusieurs députés auxquels elle imposait un mandat impératif. Sur l'intervention de Cicéron, l'on vit des Allobroges, habitants de Vienne, leur capitale, arriver au Sénat.

Insensiblement les Allobroges subirent l'influence de la civilisation romaine, le latin devint bientôt la langue générale et domine dans les patois tandis que le Gaulois fut vite oublié et s'est perdu. Un changement aussi rapide et complet se produisit sous le rapport des lois, des mœurs, des coutumes et des vêtements. Les lois romaines remplacent les anciennes coutumes et régularisent les rapports des habitants entr'eux. Les écoles de Lyon et de Vienne s'ouvrent aux enfants des Allobroges; les arts sont cultivés et des monuments nombreux s'élèvent sur le territoire de la Savoie: temples, bains, aqueducs, villas, ponts, tombeaux, et l'architecture romaine remplace les constructions informes des Gaulois.

A Aix-les-Bains, le temple de Diane, l'arc de Campanus, des débris de statue et des inscriptions; au Viviers, les restes d'un monument et d'inscriptions à un Allobroge sénateur; à Lémenc, un magnifique caducée, trois doigts d'une statue colossale; à Aime, les substructions d'un temple et de nombreuses inscriptions; dans les Fins d'Annecy, d'importantes trouvailles; à Talloires, l'inscription relative à l'établissement d'une horloge; à Thonon, le magnifique trépied de bronze, et d'autres découvertes, faites sur tous les points des deux Savoie, constatent ce développement. L'agriculture, l'industrie et le commerce de Rome devinrent ceux de la Gaule.

Sous le rapport religieux, le Druidisme, après une résistance désespérée de ses adhérents, dut céder au Paganisme romain. Des temples dédiés à ses nombreuses divinités furent élevés dans les cités et les bourgs et une espèce de fusion s'établit entre les deux cultes par l'analogie que certaines d'entr'elles présentaient dans les croyances.

Le Christianisme naissant, qui apparaît en Savoie au commencement du Ier siècle, se répandant de Lyon et de Vienne qui eurent les premiers apôtres et martyrs, vint bientôt supplanter le Paganisme, amenant une grande révolution morale qui trouva un puissant appui dans l'état malheureux du peuple. Il se propagea avec une grande rapidité après l'établissement de l'église de Lyon (de 160 à 180); les villes principales devinrent siège d'évêchés; Genève, Grenoble, Moûtiers et Saint-Jean de Maurienne, du ive au vi^e siècle. Pour l'église de Genève, on ne connaît pas la date de son existence et de la création du diocèse; les renseignements certains sur ses évêques sont de la fin du iiie siècle.

Au milieu du profond désordre social qui minait la société romaine, les principes du Christianisme conquirent rapidement la sympathie des masses. Les apôtres annonçaient le règne de la charité et de la justice succédant à celui de la force, l'égalité des maîtres et des esclaves devant le Créateur, le respect de l'homme et l'union de tous par la fraternité. La persécution s'éleva bientôt contre les adeptes de la nouvelle doctrine; dans les Gaules, les chrétiens furent poursuivis avec plus ou moins d'acharnement, suivant que les empereurs, qui se succédèrent rapidement au iiie siècle, apportèrent plus ou moins d'ardeur à les combattre.

Vers le milieu du iiie siècle, Maurice, chef d'une légion composée de chrétiens de Thèbes, ayant refusé de combattre contre les chrétiens, fut massacré avec tous ses soldats à Agaune, qui prit le nom de Saint-Maurice en souvenir de ce massacre, le seul important que nous trouvions mentionné dans la région des Alpes. Le martyre des chrétiens prit fin à l'avènement de Constance Chlore en 305; sept ans après, son fils et successeur Constantin le Grand se proclamait chrétien et autorisait le culte catholique dans tout l'Empire.

A la fin du iv° siècle (364) apparaît le nom de Sapaudia donné au pays des Allobroges. Ammien Marcellin, dans sa description du cours du Rhône, indique qu'en sortant du lac Léman il traverse la Savoie *(qui per Sapaudiam fertur)*; Prosper Tyro en parle en localisant cette nouvelle dénomination : « On appelle Savoie cette partie de la Gaule ripuaire que possédèrent autrefois les Allobroges » *(Etenim Sapaudia dicta est tractus ille Galliæ reparensis quem olim Allobroges habuere)*; il place dans son territoire Genève, Yverdun en Suisse et Grenoble. On désignait alors de ce nom une contrée dont les confins s'étendaient bien au-delà de la Savoie actuelle, embrassant le cours supérieur du Rhône et celui de l'Isère. Des nombreuses étymologies proposées pour le nom de Savoie, la plus vraisemblable paraît être Sap et Wald qui, en celtique, signifiaient Sapin et Forêt (Forêt de sapins).

Pendant plusieurs siècles, la Savoie partagea les destinées de Rome, prenant part à sa gloire et souffrant de ses luttes intestines qui hâtent sa décadence et la laissent sans force contre l'invasion des peuples barbares.

L'an 400, les Vandales, les Suèves, les Alains, les Visigoths et les Francs-Saliens viennent s'attaquer à l'Empire; les Burgondes, peuple germain, s'avancent sur le Rhin; Rome ne pouvant résister à toutes ces attaques fait une alliance défensive avec ces derniers et consent à leur installation sur la rive gauche du Rhin (413). Quelques années après, les Burgondes, profitant des troubles qui affaiblissent de plus en plus l'Empire, imitent les envahisseurs et cherchent à agrandir leur territoire, s'étendant d'abord vers le Rhône et pénétrant peu à peu dans l'Allobrogie; l'empereur Honorius les confirma dans leurs possessions (423). Une nouvelle invasion fut repoussée par Aétius qui les battit en Champagne (435) et les fit rentrer dans leurs anciennes limites où ils restèrent jusqu'en 458.

Les Burgondes.
Premier Royaume de Bourgogne.

Les Allobroges, écrasés par la fiscalité romaine qui les dévorait, acceptèrent comme une délivrance l'arrivée des Burgondes qui, vaincus par les Huns (445), furent autorisés par Aétius à pénétrer dans l'Ain, la Savoie et le sud-ouest de la Suisse (456), consentant par un pacte au partage amiable des terres, des colons et des esclaves, y trouvant le double avantage d'éviter les maux d'une invasion violente et de se soustraire aux impôts, les Burgondes n'en prélevant pas sur leurs sujets.

Le partage des terres donna lieu à une nouvelle division par cantons et districts (Pagi), remplaçant les anciennes provinces. La province de Genève fut divisée en quatre districts : le Genevois, le Faucigny, le Chablais et l'Albanais; la Tarentaise et la Maurienne en formèrent deux. Les Allobrogo-Romains restèrent établis dans la Savoie propre et la Haute-Savoie (Arrondissements de Chambéry et d'Albertville) et dans les villes, se livrant à la culture des terres, tandis que les Burgondes, chasseurs et adonnés à la vie pastorale, occupèrent le Chablais, le Faucigny, le Genevois et une partie de la Tarentaise où dominaient les pâturages et les terres en friche. C'est ce qui explique la proportion qui leur fut accordée : 2/3 des terres et 1/3 des colons et des esclaves. En 470, l'empereur Anthème cède la Viennoise et la Lyonnaise aux Burgondes ; la Savoie propre et la Haute-Savoie, dépendant de Vienne, y furent comprises ; les conditions de partage furent différentes : les Burgondes se disséminèrent au milieu des anciens habitants et reçurent les 2/3 des terres cultivées, la moitié des forêts et 1/3 des colons et des esclaves.

Cette occupation pacifique, par un peuple de mœurs douces comparé aux autres Barbares, n'apporta pas grand changement aux Allobroges ; chaque peuple vivant suivant ses coutumes et respectant les usages et la religion de l'autre, les deux sociétés subsistèrent côte à côte sans en éprouver d'embarras bien sensible. Toutefois le mélange de l'élément Burgonde dans toutes les parties du pays pénétra et modifia profondément le caractère ethnique des Allobroges sur lequel l'élément Romain n'avait eu que peu ou point d'influence en dehors des villes et des grandes voies de communication.

Le mode de partage du sol donna une plus grande stabilité à la propriété et une plus grande étendue de terres à la culture. Les traditions Allobrogo-romaines s'y maintinrent davantage et une fusion paisible s'établit entre les deux peuples. Les Burgondes s'imprégnèrent de la civilisation romaine, supérieure à la leur. Les institutions religieuses de l'Église chrétienne furent le flambeau qui dirigea ces peuples dans la voie de la civilisation. Le dernier roi Burgonde abandonne l'Arianisme et rapproche l'Eglise et l'Etat, séparés jusque-là. Ses états comprenaient 27 évêchés ; la Savoie était partagée entre ceux de Genève, de Grenoble, de Tarentaise et de Turin.

Le code de Gondebaud, connu sous le nom de loi Gombette, est la preuve de l'esprit conciliant des Burgondes ; il offre un fond d'équité et d'égalité de droits entre les nouveaux et les anciens habitants tel qu'on ne le trouverait pas ailleurs, un soin minutieux des législateurs à définir les droits des deux peuples, de manière qu'ils fussent protégés l'un comme l'autre.

Sous le rapport administratif, la royauté, d'abord élective, ensuite héréditaire, s'appuyait sur un Conseil de hauts dignitaires choisis par le roi parmi ses compagnons de guerre (Comites), d'où est venu le nom de comtes, administrant les provinces dont les subdivisions étaient sous la direction des vicomtes, ayant au-dessous d'eux des centeniers ayant autorité sur cent familles et des dizeniers chefs de dix familles. L'Empire, ébranlé sur ses bases, abandonne l'apparence du pouvoir, et les Burgondes fondent l'importante monarchie connue sous le nom de premier royaume de Bourgogne, qui comprit la totalité des provinces des bassins du Rhône et de la Saône, allant de l'extrémité des Vosges à Avignon, et dont Vienne devint la capitale.

Ce royaume eut une durée de quatre-vingts ans ; les noms et le nombre de ses souverains sont incertains. Le premier connu est Gundicaire (413) qui, battu par Aëtius (435), devint allié de l'Empire comme tributaire ; il fut tué l'année suivante dans un combat contre les Huns auquel il prit part avec l'armée romaine. Gundéric, son successeur, aida aussi les Romains à triompher d'Attila, le terrible roi des Huns, à la glorieuse bataille de Chalon-sur-Marne (451). Après lui, ses quatre fils se partagèrent le royaume. Gondebaud eut le sud et résida à Vienne; Godégésile eut l'est, la Savoie fut comprise dans ses Etats dont Genève fut la capitale; Chilpéric eut l'ouest avec Lyon pour capitale, et Godomar le nord avec Besançon pour résidence. Des contestations s'étant élevées entre Gondebaud et ses frères Godomar et Chilpéric, il les fit périr tous les deux; la veuve de Chilpéric fut noyée dans le Rhône et ses filles retenues prisonnières. Godégésile, qui était resté neutre, trouva grâce devant l'ambitieux Gondebaud.

Celui-ci fut attaqué par Clovis, à la tête de ses Francs, l'an 501, sous le prétexte d'arracher les Burgondes au culte Arien, mais plutôt pour venger la mort de Chilpéric, père de Clotilde, sa femme, dont Gondebaud, qui la retenait à Genève, n'avait pas osé lui refuser la main. Clovis vainqueur de Gondebaud près de Dijon, le poursuivit jusqu'à Avignon et l'obligea à se reconnaître son tributaire en lui laissant son royaume. C'est alors qu'il tua son frère Godégésile et resta seul maître du royaume de Bourgogne dans lequel la Savoie fut comprise.

Pendant les années de paix qui suivirent, Gondebaud s'appliqua à réparer les maux de la guerre et à adoucir les misères de ses sujets. Il commença le premier recueil de lois écrites qui fut augmenté et terminé par ses fils et successeurs Sigismond et Godomar, et mourut en 516 regretté de ses sujets. Mais après la mort de Clovis, Clotilde poussa ses fils à venger la mort de ses parents et à soumettre le royaume de Bourgogne. Sigismond, prince débonnaire et converti au catholicisme, régnait paisiblement lorsque, poussé par sa seconde femme, il tua de sa propre main son fils Sigéric et s'aliéna l'affection de ses sujets, ce qui rendit plus facile l'invasion des Francs. Clodomir, Clotaire et Childebert durent cependant faire deux expéditions pour s'emparer du royaume de Bourgogne ; dans la première (514), Clodomir battit Sigismond (524), le fit prisonnier, jeter dans un puits et lapider avec sa femme et ses enfants. Son frère Godomar, proclamé roi à Genève (523-524), réunit l'armée Burgonde dans le Faucigny; vint battre à Vezeronce l'armée de Clodomir à qui il trancha lui-même la tête et les Francs durent abandonner leur conquête.

Cette victoire signalée lui valut huit années de paix après lesquelles il fut de nouveau attaqué par Clotaire et Childebert, pendant que les Ostrogoths, maîtres de l'Italie, lui enlevaient le midi de la Savoie, conduits par leur roi Théodoric. Vaincu par Childebert et Clotaire (534-536), il perdit sa couronne et le royaume de Bourgogne passa sous la domination des Francs, à qui les Ostrogoths consentirent à céder amiablement la portion de la Savoie qu'ils avaient conquise, leur permettant ainsi d'étendre leur domination jusqu'aux Alpes.

Les Francs, dont l'origine est plus obscure que celle des Burgondes et dont le nom ne paraît qu'en 240, étaient parvenus à prendre complètement le lieu et place des Romains dans les Gaules.

Les Francs.

Cette première annexion de la Savoie à la France dura près de trois siècles et demi, pendant lesquels elle eut à supporter les nombreux partages et les troubles qui marquèrent les règnes des rois Francs Mérovingiens et du commencement de la dynastie des Carolingiens. Sous la domination des Francs, la Bourgogne conserva le titre de royaume ; tantôt elle fut réunie à la monarchie, tantôt forma un Etat particulier attribué à un fils du roi Franc. Elle fut divisée en patriciats ; la Savoie dépendit de celui de Vienne.

Jusqu'à la fin du ix⁰ siècle, l'histoire de la Savoie rentre dans l'histoire générale de la France. A la mort de Clotaire I (561) devenu unique chef des Francs, ses Etats furent partagés entre ses quatre fils; Gontran eut l'Orléanais et la Bourgogne et par conséquent la Savoie. Sous son règne ses Etats furent les mieux administrés et les plus prospères des royaumes Francs, aussi son souvenir resta-t-il vivant chez ses sujets qui l'appelaient le bon Gontran ; sa dévotion le fit aussi bien venir du Clergé. On attribue à ce prince la reconstruction de la ville de Maurienne et la création de ce diocèse. Tous deux furent mis sous la protection de Saint Jean-Baptiste, dont trois doigts de la main droite avaient été apportés par une noble dame nommée Thècle ou Tigre ; dès lors, la nouvelle ville porta le nom de Saint-Jean de Maurienne. Dans les armes de la Ville et du Chapitre figure une main dont trois doigts sont ouverts et deux fermés. Gontran vint vénérer ces reliques et offrit une magnifique châsse pour les renfermer. Après sa mort (593), il resta en grande vénération en Maurienne où sa fête se célèbre encore le 28 mars.

La Savoie passa alors à Childebert II, roi d'Austrasie. Au bout de trois ans, nouveau partage entre ses deux fils ; Thierry eut l'Orléanais et la Bourgogne sous la tutelle de son aïeule Brunehaut ; les deux frères se firent ensuite la guerre la plus acharnée (612). Thierry, victorieux, fit mettre à mort son frère. Après lui toutes les possessions des rois Francs furent réunies par Clotaire II, roi de Soissons, à qui Dagobert succéda en 628 laissant deux fils. Clovis II, roi de Neustrie, eut les Etats de Bourgogne. Clotaire II monte après lui sur le trône en 656. Sous ce faible roi et ses successeurs, les Maires du palais, se succédant de père en fils, causent des troubles dans le royaume, s'emparant du pouvoir, nommant et déposant les rois. Les grands en opposition avec Ebroïn, maire du palais, se donnèrent à Childéric II, roi d'Austrasie, fils de Clovis II, qui réunit de nouveau toute la monarchie francque (670-673), bientôt retombée entre les mains des Maires du palais qui nomment et déposent ses faibles successeurs jusqu'à ce que Pépin le Bref enlève le sceptre de Clovis à sa race déchue (752).

En 754, Pépin traverse la Savoie pour aller combattre le roi des Lombards. Charlemagne, à la mort de son frère Carloman, durant un règne long et glorieux, renouvelle l'Empire d'Occident ; en 773, il va combattre Didier, roi des Lombards, et réunit à Genève ses troupes pour préparer le passage des Alpes ; une partie de son armée passa par le Grand-Saint-Bernard, l'autre par le Mont-Cenis. Louis le Débonnaire lui succède (814) et, après trois ans de règne, partage l'Empire entre ses fils qui le déposèrent et le rétablirent peu après sur le trône.

Au partage entre les fils de Lothaire, Charles le Chauve eut la Provence et le versant occidental des Alpes, de Nice au Grand-Saint-Bernard; la Savoie y fut comprise, à l'exception du diocèse de Genève qui fit partie de la Bourgogne transjurane. A sa mort dans une chaumière de nos Alpes (877) (à Brios-Avrieux), Louis-le-Bègue lui succède et meurt deux ans après laissant deux fils qui se partagent le royaume. Dès lors la royauté n'existait plus que de nom, les gouverneurs des provinces en étaient devenus les maîtres et les régisseurs à titre de souveraineté, leur pouvoir ayant été reconnu héréditaire. Les évêques, élus par les Chapitres, géraient temporellement leurs diocèses. Les uns et les autres fortifièrent leurs châteaux et leurs résidences autant pour s'opposer aux envahissements des Barbares que pour se maintenir indépendants du pouvoir royal, indépendance qui fut portée au comble dans la Bourgogne.

Les Francs avaient été moins accommodants que les Burgondes; les rois avaient pris possession des terres qui leur convenaient et laissé le reste aux seigneurs et aux propriétaires. La loi établissait une différence révoltante entre les Francs et les anciens habitants, fixant des peines et des amendes plus fortes pour ces derniers; les femmes n'avaient point le droit d'hériter.

Cependant, les lois Burgondes restèrent longtemps en vigueur dans nos pays où les éléments Allobrogo-Burgondes, englobés dans le royaume des Francs, ne furent pas absorbés par les derniers venus et conservèrent toute leur influence au point de vue ethnologique ; les trois sociétés vécurent longtemps côte à côte sans se mélanger. Le changement le plus important fut le régime de la propriété ; les terres des seigneurs, désignées sous le nom d'Alleux, qu'ils tenaient par droit de conquête et dont ils étaient possesseurs indépendants ; à côté se créa un second genre de propriétés données en récompense et dénommées fiefs ou bénéfices, laïcs ou ecclésiastiques, le clergé et les couvents ayant reçu ou acquis des biens importants.

La population était divisée en trois classes : les leudes, les hommes libres possesseurs de fiefs et les serfs qui avaient remplacé les colons et les esclaves attachés à la terre. La juridiction civile du seigneur fut réunie au pouvoir militaire des leudes ; ils eurent le droit de rendre la justice, de faire des lois particulières, de battre monnaie, en un mot d'exercer tout le pouvoir souverain ; les titres de baron, comte, marquis, portés par les officiers chargés par le roi de commander les provinces, désignèrent les maîtres de ces provinces. Les grands fiefs absorbèrent les petits ; les hommes libres, asservis par les privilèges multipliés des leudes, préférèrent devenir vassaux ; les grands fiefs se transformèrent en États indépendants de la monarchie. Ainsi prit naissance et se développa le régime féodal, d'autant plus populaire à l'origine que les faibles trouvaient auprès de leurs seigneurs la protection et l'appui qui leur faisait défaut. C'est à ce moment que la féodalité a pris son plein développement et, comme conséquence de ce fait, que la Savoie va être séparée de la monarchie française.

En 879, Boson, beau-frère de Charles le Chauve, qui lui avait confié le gouvernement de la Provence avec le titre de comte de Vienne, est couronné roi d'Arles et de Provence (Bourgogne cisjurane) par les évêques et les barons réunis au Concile de Mantail convoqué par l'évêque métropolitain de Vienne. La Savoie propre, la Maurienne, la Tarentaise, une partie du Genevois, la Bresse, le Bugey et le pays des Grisons en faisaient partie. Son fils Louis, l'Aveugle, que l'énergie et l'habileté de sa mère Hermengarde réussit à faire proclamer roi par l'Assemblée des évêques et des barons à Valence (890), augmenta ses États des provinces bordant la rive gauche du Rhône jusqu'à la mer. Celles-ci furent réunies, avec la Savoie toute entière, au reste de la Bourgogne par la cession faite par Hugues, son fils, à Rodolphe II en 930.

Deuxième Royaume de Bourgogne.

Rodolphe I, comte d'Auxerre, fils de Conrad II, gouvernait la Bourgogne transjurane, comprise entre le Jura et les Alpes pennines, au nom de Charles le Chauve; profitant des troubles et du démembrement de la monarchie française, il réunit à Saint-Maurice (888) un certain nombre de prélats et de seigneurs et, plaçant lui-même sur sa tête la couronne des rois Burgondes, se déclara roi des contrées qu'il administrait. Rodolphe II, son fils, lui succède; les factions italiennes lui offrant la couronne, il passe les Alpes, bat Bérenger qu'il remplace sur le trône d'Italie ; des revers l'obligent à se retirer en Bourgogne, ses adversaires offrent le pouvoir à Hugues, fils de Louis l'Aveugle. Celui-ci, pour n'avoir pas à lutter contre Rodolphe II, lui cède par un traité (933) la Provence et

Arles en échange de ses droits sur l'Italie. Ainsi fut créé le second royaume de Bourgogne allant de la Suisse à la mer. Ce nouvel État dura 144 ans.

A Rodolphe II succédèrent Conrad le Pacifique, son fils, puis Rodolphe III le Fainéant, son petit-fils ; celui-ci accorda l'autorité temporelle aux évêques dans leurs diocèses pour les opposer à la puissance des seigneurs, fit d'importantes donations aux ordres religieux et s'aliéna les seigneurs en tentant de porter atteinte à leurs droits devenus héréditaires. Incapable de les dominer, il les amena à porter le régime féodal à son développement le plus complet et à annihiler le pouvoir royal.

La Savoie, écartée des grands centres et du pouvoir, avait été plus particulièrement propice à l'établissement des fiefs composés du château, de la ville ou des villages en dépendant et de leurs habitants ; les châteaux s'étaient multipliés surtout par la nécessité de protéger le seigneur et ses hommes dans ce temps de pillage et de brigandage. Près de chaque agglomération d'habitants, un château s'éleva pour la défendre et les petits feudataires à leur tour se retranchèrent derrière de fortes murailles.

Les grands feudataires devenus indépendants étaient les évêques de Genève, de Maurienne et de Tarentaise, les comtes de Maurienne et de Genevois, les sires de Faucigny, les seigneurs de la Tour-du-Pin, de Beaujeu, de Menthon, de Viry, de Ternier, de Ballaison, de Duingt, de Compey, d'Allinges, de Miolans, de Montmayeur, de Chambéry, de la Chambre, etc., qui tous exercèrent le pouvoir sous l'autorité devenue purement nominale des rois de Bourgogne.

A cette époque, le trouble était si grand dans les esprits que la croyance à la fin du monde se répandit partout et eut pour conséquence d'enrichir les églises et les monastères auxquels les rois, les seigneurs et les particuliers firent des donations avec l'espoir de conjurer la colère céleste.

Dans une entrevue avec Henri II, empereur d'Allemagne, en 1016, Rodolphe III lui vendit sa couronne ; les grands du royaume opposèrent une vive résistance à Henri II qui eut le désavantage et décidèrent Rodolphe à remonter sur le trône. L'empereur n'osa pas s'y opposer, mais en 1018 il obtint confirmation de la cession de 1016 ; après sa mort, Conrad le Salique obtient une nouvelle cession de Rodolphe (1028) qui en mourant, quatre années après, lui envoya les insignes de la royauté ; ainsi finit le deuxième royaume de Bourgogne.

Les populations de la Savoie, depuis le règne de Boson jusqu'à la fin du deuxième royaume de Bourgogne, eurent à supporter bien des maux ; la condition du peuple fut des plus précaires au milieu des luttes et des compétitions incessantes des seigneurs voulant agrandir leurs domaines et des invasions des Sarrasins et des Hongrois. Les Arabes (Maures ou Sarrasins), échappés au carnage de Poitiers (732), où ils furent taillés en pièces par Charles Martel, se répandirent dans la vallée du Rhône et dans les vallées des Alpes où ils pillèrent et détruisirent les églises et les monastères, égorgeant les prêtres et les religieux.

En 906, les Sarrasins pénétrèrent en Maurienne et traversèrent le Mont-Cenis pour se répandre en Italie ; dix ans après, ils revinrent et restèrent maîtres des passages des Alpes, faisant des incursions sur leurs deux versants. L'an 993, ils pillèrent l'abbaye de Saint-Maurice en Valais et ravagèrent les contrées voisines. Leurs excès ont laissé de profonds souvenirs dans le peuple de Savoie, leur nom est resté attaché à de nombreuses localités et aux exploitations de mines. En 924, les Hongrois, après s'être répandus dans la Lombardie, pénètrent en-deçà des Alpes et livrent de nouveau la Bourgogne au pillage avant d'envahir le territoire des Francs. Une partie retourna en Italie (952) ; Conrad, fils de Rodolphe II, les opposa aux Sarrasins, promettant aux uns et aux autres son appui et les biens des vaincus, et alors qu'ils étaient aux prises fondit sur eux et les tailla en pièces, dans une vallée de Savoie que l'on croit être celle de l'Isère, auprès de Montmélian.

Les Hongrois disparurent, mais une partie des Sarrasins se retira et se fortifia dans le massif des Bauges dont la population a conservé jusqu'à nos jours quelques caractères du type primitif, et dans les passages des Alpes d'où ils furent chassés par les seigneurs et les vassaux unis entr'eux à une date peu connue. L'on sait cependant que vers 1049 Saint Bernard de Menthon entreprit de les repousser du Mont-Joux et, après y avoir réussi, fonda la célèbre maison de refuge à ce col auquel la reconnaissance de la postérité a donné son nom.

Seules les populations de quelques vallées élevées au nord de nos montagnes échappèrent aux maux des invasions et à la toute-puissance de la Féodalité. Telles furent celles des vallées d'Abondance, d'Aulph et de Chamonix peuplées par des hommes libres, d'origine allemande, formant des associations régies par des chefs élus par eux. Les Bonshommes, tel était le nom donné à ce Conseil, chargés d'administrer la communauté et de rendre la justice, surent maintenir leur indépendance contre les ordres religieux lorsqu'ils devinrent propriétaires du sol. Ceux-ci, en limitant leurs possessions et leurs droits, le plus souvent sous forme de concessions, arrivèrent peu à peu à leur imposer en partie leur autorité, mais sans parvenir à restreindre leurs libertés et à modifier leur organisation. Ils les soumirent à des redevances sans arriver à les réduire au servage.

Dans les autres parties de la Savoie, au-dessous des seigneurs étaient les hommes libres, descendants des soldats conquérants restés propriétaires des terres arrachées aux vaincus, obligés de suivre leur seigneur à la guerre. Venaient ensuite les vilains, affranchis et propriétaires, mais attachés à la glèbe, et les serfs, soumis aux travaux des champs, sans être propriétaires du sol qu'ils cultivaient et qu'ils ne devaient jamais quitter, faisant en quelque sorte partie du cheptel. Ils ne pouvaient ni se marier ni tester sans le consentement de leur seigneur qui prélevait sur eux des contributions arbitraires et avait le droit de les réclamer pendant un an et un jour lorsqu'ils parvenaient à s'enfuir dans une ville avec l'espoir de recouvrer leur liberté.

BIBLIOGRAPHIE
DE LA PREMIÈRE PARTIE

Albanis-Beaumont. *Description des Alpes grecques et cottiennes.* Paris, 1806; 4 in-4° et atlas.

Allais (Gio). *Les Alpi occidentali nell'antiquita.* Torino, 1891; in-8° avec carte.

Allmer. *Inscriptions antiques de Vienne en Dauphiné.* Vienne, 1875; 6 vol. in-8° et atlas.

Ampère. *L'Histoire romaine à Rome.*

Cicéron. *Troisième Catilinaire.*

Costa de Beauregard (Cte Josselin). *Les Habitations lacustres du Lac du Bourget.* Chambéry, 1879; in-8°.

Costa de Beauregard (Cte Josselin) et Perrin (A.). *Catalogue illustré de l'Exposition archéologique du Département de la Savoie. Exposition de 1878.* Chambéry, 1878; in-4°.

Dessaix (Joseph). *La Savoie historique.* Première partie: *Les Allobroges, — les Romains, — les Burgondes, — les Francs. — Deuxième Royaume de Bourgogne.* Chambéry, 1850; in-4°.

— *L'Histoire de la Savoie racontée aux enfants.* Première partie: *Temps antérieurs à la domination des princes de Savoie.* Annecy, 1853; in-18.

Ducis (Le Chanoine). *Mémoire sur les voies romaines de la Savoie.* Annecy, 1861; avec carte et plan.

Lefort et Lullin. *Regeste genevois: Allobroges, — Domination romaine, — Premier Royaume de Bourgogne, — Domination des Francs, — Deuxième Royaume de Bourgogne.* Genève, 1866; in-4°.

Mortillet (Gabriel de). *Formation de la Nation française.* Paris, 1897; in-8°.

Perrin (André). *La Savoie antéhistorique.* Chambéry, 1854; in-8° et atlas in-4°.

— *Une Station de l'âge de la pierre polie; le plateau de Saint-Saturnin près Chambéry.* Chambéry, 1891; in-8°.

Philippe (Jules). *Histoire populaire de la Savoie. Première période.* Annecy, 1856; in-12.

Rabut (Laurent). *Les Habitations lacustres de la Savoie.* 1er Mémoire, Chambéry, 1864; 2e Mémoire, Chambéry, 1867. — 2 vol. in-8° et 2 atlas in-4°.

Revon (Louis). *La Haute-Savoie avant les Romains.* Annecy, 1878; in-4°.

— *Inscriptions antiques de la Haute-Savoie; épigraphie gauloise, romaine et burgonde.* Annecy, 1870; in-4° et planches.

Rey (R.). *Le Royaume de Cottius et la province des Alpes Cottiennes d'Auguste à Dioclétien.* Grenoble, 1898; in-8°.

Thierry (Amédée). *Histoire de la Gaule.* 2 in-8°.

Thioly (F.) *L'Époque du Renne auprès du Salève.*
— *Époques antéhistoriques au Mont-Salève.* Genève, 1853; 2 in-8°.

DEUXIÈME PARTIE

LES COMTES DE SAVOIE
(1025-1416)

Origine de la Maison de Savoie.

A la fin du xi° siècle, sous les règnes de Conrad et de Rodolphe III, de puissants seigneurs du nom d'Humbert, devenus membres et vassaux de l'Empire germanique, tenaient un rang élevé à la Cour de Bourgogne et étaient possesseurs de terres allodiales et de bénéfices héréditaires sur divers points de la vallée du Rhône : en Savoie, en Dauphiné, en Bresse et en Suisse. A la dissolution du second royaume de Bourgogne, l'un d'eux, à l'exemple des chefs Burgondes qui administraient la Savoie et le Dauphiné, fut assez habile pour se maintenir en possession de ses fiefs dont l'administration fut transformée en suzeraineté par le régime féodal. Les empereurs d'Allemagne furent impuissants à arrêter ces usurpations qui amenèrent la formation de petites souverainetés laïques ou ecclésiastiques sous la simple mouvance de l'Empire et qui exercèrent les droits régaliens au détriment de Conrad II et de ses successeurs. C'est au milieu de ces petits souverains que l'on voit paraître les ancêtres de la

Maison de Savoie possesseurs de fiefs en Maurienne et de terres en Tarentaise et dans le Val d'Aoste, puis étendant leur héritage par des mariages et des acquisitions.

Les documents sont absolument muets sur Bérold, prétendu père d'Humbert aux Blanches-Mains, que les historiographes, pour flatter l'amour-propre des princes de la Maison de Savoie, ont tour à tour essayé de rattacher à la Maison de Saxe, puis à celle de Bérenger, roi des Lombards. Quelques-uns, enfin, ont voulu donner une origine commune aux comtes de Savoie et de Genevois. Pour soutenir leur opinion, ils leur attribuent la souveraineté sur le duché d'Aoste, les comtés de Maurienne, de Savoie, de Belley, de Salmorenc, de Lyon et sur le Chablais et la Tarentaise.

Antérieurement aux chartes relatives à Humbert I, il est impossible d'établir un lien de parenté entre les Humbert de la même famille existant dans notre région, l'on ne peut même discerner sûrement la plupart des actes se rapportant au comte Humbert, père d'Amédée, comte de Belley, et grand-père d'Aimon, évêque de la même ville en 1022, de ceux qui regardent Humbert I, comte de l'écurie du royaume de Bourgogne. La dynastie de Savoie est bien originaire de nos pays, probablement descendant d'une famille romaine ou celtico-romaine et non pas burgondo-romaine. Les noms des premiers de ses membres historiquement connus : Amédée, Aimon, Pierre, sont romains et dans plusieurs chartes nous les voyons déclarer qu'ils sont régis par les lois romaines. M. Gerbaix de Sonnaz penche pour une origine Mauriannaise, pays qui n'a pas été occupé par les Burgondes, mais bien par les Goths jusqu'en 536.

Les Comtes de Savoie.

Les règnes des cinq princes de la Maison de Savoie qui ont vécu au xi° siècle sont entourés d'obscurité ; l'on ne connaît point les dates de leurs avènements et de leurs morts, sauf pour Humbert II, décédé en 1103, seule date qui soit absolument certaine.

Le premier titre, porté par ces princes, est celui de comte, *Comes*, qui figure dans les actes d'Humbert I, d'Amédée I et de leurs prédécesseurs; on ne le rencontre qu'une fois suivi de la désignation *in pago Sarogiense*. Oddon, Pierre I et Amédée II y ajoutent le titre de marquis, *Marchio et Comes*. Sous les règnes d'Humbert II, Amédée III, Thomas et Amédée IV, paraissent les désignations de comte de Maurienne et de Savoie, marquis en Italie, *Comes Maurianensis et Saroiensis, in Italia Marchio*. A partir de Pierre II et de Boniface le titre de comte de Savoie subsiste seul, *Comes Sabaudiæ*.

Sur leurs monnaies le nom de Suze figure jusqu'à Amédée III, remplacé par celui de Savoie, *Sabaudie*, à partir d'Amédée IV et accompagné d'*in Italia Marchio* à dater d'Aimon. Sur quelques monnaies d'Amédée VIII, duc, figure le Chablais, *Chablasii in Italia Marchio*. Le duc Louis prend le titre de prince de l'Empire, *Princeps Imperii, Marchio in Italia Princeps*; ce dernier employé par Amédée IX, Philibert I et Charles I. Charles III s'intitule duc de Savoie, de Chablais et d'Aoste. A partir de Philippe II, des devises sont inscrites aux revers des monnaies. Amédée VIII y place un Saint Maurice à cheval ; la représentation du prince à cheval et armé, puis en buste, ne paraît qu'avec le duc Louis.

Humbert Ier (1025-1051 ?), *aux Blanches-Mains.*

Puissant seigneur de la Cour de Bourgogne attaché au parti impérial, intervenant comme témoin dans la plupart des chartes de Rodolphe III et dans quelques-unes avec le titre de comte dans le territoire savoisien, Humbert I, à la mort de ce roi (1032), resta fidèle à la reine Ermengarde, agit à son égard en ami dévoué et prit parti pour Conrad II dans la guerre de succession au trône de Bourgogne. Des historiens ont supposé qu'il existait un lien de parenté entre Humbert I et Ermengarde et ont même énoncé qu'elle était sa mère ; mais ces conjectures ne reposent sur aucun témoignage certain.

A la chute du deuxième royaume de Bourgogne, Humbert I reçut de l'empereur Conrad II le titre de connétable et l'investiture d'un fief en Maurienne, dans ce coin perdu de nos Alpes qui devait être le berceau de la Maison de Savoie. Il marcha avec lui contre l'armée du comte de Champagne ; le baron de Faucigny suivit son exemple, tandis que le comte de Genevois et l'évêque de Maurienne embrassèrent le parti de son compétiteur. En 1034, Conrad II, à la tête des troupes allemandes, Héribert, archevêque de Milan, et Boniface, duc de Toscane, conduisant des troupes italiennes à travers le Val d'Aoste, pénétrèrent en Bourgogne. Humbert I en prit le commandement et força les passages occupés par les troupes d'Oddon, comte de Champagne; puis, à la tête des deux armées réunies à Genève (août 1034), s'avança contre les révoltés et les battit. L'empereur reçut, à Genève, la soumission de Gérold de Genevois et de Buchard, archevêque de Lyon, et récompensa Humbert I en lui donnant l'investiture du Chablais et de Saint-Maurice en Valais et de nouvelles possessions en Maurienne, en Tarentaise et en Val d'Aoste.

En 1047, Henri III, fils et successeur de Conrad II, appelle Humbert I pour l'accompagner à Rome où il se rendait pour recevoir la couronne impériale.

Le domaine de Savoie était encore de peu d'importance à cette époque, comprenant le bas de la Maurienne, Aiguebelle et Charbonnière et un certain nombre de fiefs et de bénéfices héréditaires sur plusieurs points de nos contrées. Les nombreuses libéralités d'Humbert I aux églises et aux monastères montrent que ses possessions s'étendaient fort au-delà des limites actuelles de la Savoie, dans une partie du Dauphiné, du Val d'Aoste, du bas Valais et sur les rives du Léman. Les marquis de Suze, de la Chambre et l'évêque de Maurienne possédaient plus de la moitié de la partie supérieure de la Maurienne. Les comtes de Genevois et les sires de Faucigny étendaient leur souveraineté sur presque toute la Haute-Savoie actuelle et le massif des Bauges; des seigneurs particuliers placés au-dessous d'eux exerçaient le pouvoir dans des fiefs moins importants.

L'extinction de la famille de Savoie-Belley (1050) mit Humbert I et ses frères en possession de tous leurs biens. Humbert I mourut l'année suivante. Marié à

Anchilie, des comtes de Valais, il en eut quatre enfants : Amédée I et Oddon qui lui succédèrent ; Buchard et Aimon, évêque de Sion.

Amédée Iᵉʳ (1048-1051), *la Queue.*

Le fils aîné d'Humbert I, surnommé la Queue par les vieux chroniqueurs de Savoie, ne dut avoir qu'un règne très court ; nous ne connaissons aucun fait qui s'y rapporte. Peut-être même n'a-t-il pas occupé le trône ; nous le conservons pour maintenir l'ordre suivi dans la succession des princes de Savoie. La date de sa mort est incertaine et vraisemblablement antérieure à 1051 ; il fut enseveli à Saint-Jean de Maurienne. Les chroniqueurs lui font accompagner à Rome l'empereur Henri III en 1047 ; le récit de son voyage a tout l'air d'une fable, rien ne prouve qu'il y ait été avec son père.

Oddon (1051-1060) — Pierre (1060-1078)
Amédée II (1078-1080) — Adélaide (10 -1091)

Oddon, dernier né d'Humbert I, épousa vers 1034 Adélaïde, fille et héritière du marquis Oldéric Mainfroi de Turin-Albenga, veuve d'Herman, duc de Souabe, et d'Henri de Montferrat. Ce mariage, le fait le plus saillant de son règne, réunit aux possessions transalpines de la Maison de Savoie les comtés de Turin, d'Asti, d'Albenga, etc., vaste domaine dont Adélaïde hérita à la mort de son père (1035). Elle devint ainsi maîtresse des grands passages des Alpes, du Vars, du Mont-Genèvre, du Mont-Cenis, du Grand et du Petit-Saint-Bernard.

Dès lors, les princes de Savoie prirent le titre de

marquis en Italie qui figure dans les actes à partir d'Humbert II et sur les monnaies depuis Amédée V.

En 1039, Oddon assiste à la fondation du prieuré de Lémenc. En 1057, le pape confirme la fondation, qu'il avait faite, du prieuré du Bourget. Vers la même époque, il eut une discussion avec l'évêque de Vienne dont les monnaies avaient été contrefaites à Aiguebelle.

Oddon, dont le règne a été mis en doute, a réellement exercé la souveraineté ; il intervient dans divers actes de 1051 à 1057 avec les titres de marquis et de comte. Il mourut en 1060, laissant cinq enfants : Pierre I et Amédée II, qui lui succédèrent restant sous la tutelle de leur mère et à leur majorité partageant avec elle le poids et les honneurs du pouvoir ; Oddon, évêque d'Asti, et deux filles : Berthe, mariée à l'empereur Henri IV, et Adélaïde à Rodolphe, duc de Souabe. Amédée II eut la Savoie et une moitié des possessions d'Italie ; Pierre, l'autre partie de l'Italie. Ce dernier mourut jeune, marié à Agnès, fille de Guillaume d'Aquitaine; il ne laissa qu'une fille qui porta pendant quelque temps ses possessions à Frédéric de Montbéliard, puis à Burcard de Montrésor; deux fois veuve elle entra en religion.

Amédée II et Adélaïde accueillirent avec de grands égards l'empereur Henri IV, gendre d'Adélaïde, qu'ils accompagnèrent à Canossa (1057) où ils concoururent à le réconcilier avec le Souverain Pontife Grégoire VII. Tous les autres passages des Alpes lui étant fermés, l'empereur passa le Grand-Saint-Bernard au mois de janvier; l'hiver fut si rigoureux que l'impératrice et la comtesse Adélaïde, pour résister à cette rude température, durent être enveloppées dans des peaux de bœufs fraîchement tués. L'empereur, reconnaissant de leur aide, leur fit don d'une province voisine du Rhône, qu'on suppose être le comté de Belley ou le petit Bugey. Peut-être obtinrent-ils encore le droit de battre monnaie usurpé depuis plus de 25 ans?

Amédée II mourut deux ans après son frère (1086), laissant trois enfants : Humbert II et deux filles; Guichenon lui donne pour épouse Jeanne, fille de Gérold II de Genève.

La comtesse Adélaïde dirigea les affaires publiques pendant près d'un demi-siècle, d'abord avec son époux, ensuite avec ses enfants, puis enfin seule; quelques auteurs ont supposé que son fils Amédée II lui survécut. Sa mort, arrivée en 1091, amena le démembrement presque entier des domaines qu'elle avait apportés à la Maison de Savoie. Elle fut une des plus grandes princesses qui ait gouverné les Etats de Savoie au moyen-âge, femme de grand cœur et de haute intelligence qui, pendant une suite de règnes très courts et de régences, sut maintenir la prospérité de sa famille. Elle termina son règne par la prise et l'incendie de la ville d'Asti, la fière et indépendante cité dont la résistance et les luttes furent un obstacle à l'établissement de la Maison de Savoie en Piémont, le prélude et la cause de ce mouvement de liberté qui devait en détacher Turin, Ivrée et presque toutes les possessions de l'autre côté des Alpes.

HUMBERT II (1091-1103), *le Renforcé*.

On ignore les dates de sa naissance et de son accession au trône; les premières mentions de son nom se trouvent dans des actes de donations faites par lui aux monastères de Bellevaux, Aulph, etc., en 1090. Humbert II fut le premier à porter les titres de comte de Maurienne et de marquis en Italie ; adolescent à son arrivée au pouvoir, il vit ses droits menacés par les principales villes de la haute vallée du Pô qui cherchaient à récupérer leurs libertés et se constituèrent en communes. En outre, l'empereur Henri IV envoya son fils Conrad occuper les terres de Piémont formant la dot ou part héréditaire de l'impératrice Berthe. Humbert II ne conserva que les vallées d'Aoste et de Suze et quelques villes dans les comtés de Turin et d'Ivrée et dut reconnaître l'indépendance d'Asti avec laquelle il fit alliance (1098) pour s'opposer aux envahissements du marquis de Vaste.

Ainsi se trouvèrent démembrées dès la fin du xie siècle les possessions italiennes apportées par la comtesse Adélaïde à la Maison de Savoie. Les villes libres de Piémont, liguées contre les princes de Savoie, faillirent les obliger à abandonner l'héritage du marquis de Turin. Amédée III, Humbert III, Thomas et Boniface durent lutter avec elles et le plus souvent sans succès.

Une chronique latine, évidemment erronée, fait augmenter les Etats d'Humbert II de la Tarentaise, où Humbert I avait déjà des fiefs, par un accord avec l'archevêque qui aurait obtenu sa protection contre les exactions des seigneurs de Briançon en partageant avec lui ses droits régaliens. Le comte avait l'intention de prendre part à la première Croisade (1097) ; il fit un don au prieuré du Bourget pour que Dieu le protégeât dans son voyage en Terre-Sainte ; mais des affaires importantes l'obligèrent à renoncer à son projet.

Humbert II professa vivre sous la loi romaine, qui était celle de sa nation, comme l'avait fait Agnès, fille de Pierre I. Il mourut en 1103 à Moûtiers et fut enseveli dans la cathédrale. Marié à Gisèle, fille de Guillaume II, comte de Bourgogne, il eut six enfants : Amédée III, Rinald, prévôt de Saint-Maurice d'Agaune, Guillaume, Humbert, Marguerite, mariée à Louis VI le Gros, et Agnès.

Amédée III (1103-1148)

Amédée III succéda à son père à l'âge de 8 ans, sous la tutelle de sa mère et d'Aimon, comte de Genevois; il fut le premier à porter le titre de comte de Savoie. D'anciens écrivains savoyards lui font recevoir à Montmélian et accompagner à Rome l'empereur Henri V (1109) allant se faire couronner ; d'autres narrent que, suivi de cavaliers savoyards, il fit partie de l'armée que l'empereur conduisait en Italie par le Mont-Joux : fait plus que douteux, Amédée n'étant pas mentionné parmi les seigneurs de la suite de l'empereur.

Alors qu'il était encore sans héritier, sa sœur, femme de Louis le Gros, incita celui-ci à s'assurer sa succession en occupant les forteresses de ses Etats. Amédée III se préparait à résister à cette prétention lorsque la mort de Louis VI (1137) et la tutelle de Louis le Jeune vinrent arrêter ce premier choc de la Monarchie française. Louis VII, son neveu, dut demander la paix à Amédée et aux princes de Savoie pour les empêcher de s'allier contre lui aux barons révoltés.

A la mort de l'empereur Lothaire (1137), avec qui Il avait guerroyé avec des fortunes diverses et qui s'était emparé d'une partie de ses Etats de Piémont l'année précédente, il s'efforça de les recouvrer, réoccupa la vallée de Suze, Avigliane, Rivoli et reprit Turin échappé depuis plusieurs années des domaines de Savoie.

Le mariage d'Amédée III avec une princesse de Viennois ne mit pas un terme aux luttes entre les deux puissants voisins ; les Dauphinois étant venus faire le siège de Montmélian, Amédée vint délivrer cette forteresse considérée comme la plus importante défense de ses Etats de Savoie. Le dauphin Guigues IV fut blessé mortellement dans la bataille livrée sous les murs de la ville et où les Dauphinois furent battus et mis en déroute, ce qui mit fin aux hostilités.

Ce prince fonda plusieurs abbayes ou chartreuses, ou leur accorda des privilèges : à Hautecombe (1125), à Tamié (1132), à Bellevaux et Vallon (1138), à Saint-Maurice d'Agaune (1143) et à Sixt (1144). Le comte de Savoie partit ensuite pour la seconde Croisade avec le roi Louis VII, son neveu, et l'empereur Conrad II (1147), pénitence qui lui avait été imposée par le pape Eugène III allant en France prêcher la Croisade. Pour subvenir aux frais de l'expédition, il dut demander des subsides à divers monastères et mettre en gage une table d'or garnie de pierres précieuses que les moines de Saint-Maurice d'Agaune lui avaient remise. Un an après, il mourut à Nicosie, dans l'île de Chypre, où il avait abordé pour se rendre à Jérusalem.

Sa femme, appelée Adélaïde dans un diplôme de 1134 (sans doute par une erreur de scribe), fut Mathilde d'Albon ; ils eurent de nombreux enfants : Humbert III, Guillaume et cinq filles.

Dans le dénombrement des fiefs lui appartenant, fait

après sa mort, on constate que pour le plus grand nombre ils se trouvent en dehors de la Maurienne et de la Tarentaise, au-delà du Guiers, échelonnés sur les deux rives du Rhône et défendus par des châteaux, des tours et des enceintes assez rapprochés pour pouvoir résister aux attaques des princes voisins.

Humbert III (1148-1189), *le Bienheureux.*

Son père, à son départ pour la Palestine, avait confié sa tutelle à Amédée d'Hauterive, abbé d'Hautecombe; l'intervention de ce docte prélat, véritable homme d'Etat, ne parvint pas à tirer ce prince, pieux, des plus grandes difficultés. Son règne fut long, mais troublé et malheureux par suite de son faible caractère et des événements extraordinaires qu'il traversa. Humbert III eut d'abord à repousser une invasion des Dauphinois à la suite de contestations de frontières avec Guy V, dernier dauphin de la seconde race, qu'il battit sous les murs de Montmélian, là-même où le dauphin Guy IV avait trouvé la mort. Dans les guerres qui ensanglantèrent l'Italie pendant toute la durée de son règne, il ne sut prendre un parti décisif entre la ligue Lombarde, soutenue par le pape Alexandre III, et l'empereur Frédéric-Barberousse, dont les possessions enserraient de toutes parts ses Etats. Il refusa de se joindre à l'armée de l'empereur dans sa première campagne et n'osa venir en aide aux Milanais par crainte de celui-ci.

Frédéric ayant remporté quelques avantages contre les villes libres (1159), donna à l'évêque de Turin presque tout ce diocèse jusqu'au Mont-Cenis, tandis que le marquis de Montferrat étendait, sur la rive droite du Pô, ses possessions dont l'empereur lui accorda la propriété en 1164. De 1163 à 1173, il fut en guerre avec Raymond, comte de Toulouse; fait prisonnier par le comte de Mâcon, il n'obtint la liberté que grâce à l'intervention de l'archevêque de Tarentaise et moyennant une rançon de 6.000 marcs d'or.

L'empereur, ayant été vaincu par les confédérés et acculé aux Alpes, fit demander passage à Humbert, lui promettant la restitution du territoire qu'il lui avait enlevé, un subside et sa grâce éternelle. Celui-ci ne sut point s'unir à la ligue et empêcher l'empereur de passer, ce qui lui eut été facile, puisque quelques citoyens de Suze déterminés faillirent l'arrêter et l'obligèrent à relâcher les otages qu'il emmenait (1167). Le passage par le Mont-Cenis effectué, l'empereur ne tint aucune de ses promesses.

Humbert, pour trouver un puissant appui contre Barberousse, proposa de marier Agnès, sa fille aînée, à Jean, fils du roi d'Angleterre. Henri II accueillit avec faveur cette proposition, pensant par la possession de la Maison de Savoie, promise à son fils au cas où Humbert n'aurait pas d'héritier, pouvoir plus facilement s'étendre en France. Mais son refus de donner à son fils une province en apanage fit rompre les négociations.

L'année suivante, Frédéric entrait, une cinquième fois, dans la Péninsule par la Maurienne et le Mont-Cenis, se faisant accompagner par Humbert qui ne put l'empêcher d'incendier Suze pour se venger de la résistance qu'elle lui avait opposée. En 1175, l'empereur accorde les droits régaliens à l'évêque de Belley, aux dépens du comte de Savoie ; Humbert III a une entrevue avec l'évêque pour réclamer ses droits, mais celui-ci déclare vouloir exiger tout ce que l'empereur lui a conféré et le menace de l'excommunication. Le prince recourt au pape qui délègue deux archevêques pour amener l'évêque à enlever les censures ou, sur son refus, pour l'absoudre. Anthelme de Chignin, blessé, donne sa démission et se retire à la Grande-Chartreuse ; rappelé par son peuple, il rentre dans son diocèse sur l'ordre du pape. Humbert, malgré de nouvelles difficultés, vint visiter à son lit de mort l'évêque qui le releva de toute censure.

Humbert ne suivit point le parti de l'empereur Henri IV, fils de Barberousse, et n'assista à aucune des diètes tenues en Bourgogne auxquelles prirent part tous les nobles et les évêques de la vallée du Rhône ; aussi l'empereur accorda-t-il au comte de Genevois et à l'archevêque de Tarentaise, qu'il investit de la ville de Moûtiers, d'être vassaux directs de l'Empire sans plus dépendre du comte de Savoie (1186). Henri IV s'étant assuré la neutralité ou l'alliance du marquis de Montferrat et du Dauphin, seigneur de terres en Piémont conquises sans doute lors des luttes qui suivirent la mort d'Adélaïde, envahit le marquisat, prit et détruisit Avigliane et acquit du marquis de Montferrat la vallée de la Sture pour se ménager un passage dans les Alpes (1187), ceux conduisant en Savoie lui étant fermés par Humbert qu'il mit au ban de l'Empire (1188).

Humbert III mourut le 4 mars 1189, après un règne malheureux de 45 ans pendant lequel l'Etat de Savoie parut tomber dans l'extrême limite de la ruine ; mais heureusement, comme pour Charles le Bon, à des princes faibles succédèrent des fils illustres et héroïques, grands hommes d'Etat et guerriers. Humbert III fut le premier prince enseveli dans l'église d'Hautecombe que son père, Amédée III, avait richement dotée et qui devint le Saint-Denis de la Maison de Savoie. Marié trois fois, quatre d'après divers historiens, pour obéir à la volonté des Etats généraux qui l'obligeaient à quitter les retraites d'Aulph et d'Hautecombe, où il fuyait les soucis du pouvoir, pour assurer un héritier à la dynastie, il n'eut pas d'enfant de sa première femme, Faidiva de Toulouse (1050) ; de Germaine de Zœringhen (avant 1165), la seconde, il eut une fille, Agnès ; de la troisième, Béatrix de Vienne (après 1173), qui lui aurait survécu jusqu'en 1230, Eléonore et Thomas qui suit.

Thomas (1189-1233)

Le comte Thomas, né au château de Charbonnières, à Aiguebelle, succéda à son père à l'âge de dix ans et fut, jusqu'à sa quatorzième année, sous la tutelle du marquis Boniface de Montferrat. Celui-ci, malgré la rivalité de leurs Maisons dans la vallée du Pô, développa ses talents naturels et en fit un prince valeureux, habile négociateur, joignant l'audace à l'intrépidité, apte à diriger les armées et à gouverner les peuples. Il le fit tout d'abord rentrer en grâce avec l'empereur Henri IV (1189), qui révoqua le ban impérial dont son père avait été frappé, lui rendit les régales et les possessions enlevées à son père, à l'exception de l'évêché de Sion dont il se réserva l'investiture.

Arrivé au pouvoir, il pacifia la vallée d'Aoste divisée en deux factions armées l'une contre l'autre, régla leur différend et donna des franchises à la ville d'Aoste. Resté fidèle à l'empereur et à son fils, il reçut, de ce dernier, l'investiture de ses fiefs, en 1207, augmentés de villes en Piémont, du château de Moudon et de possessions dans le pays de Vaud. Cette dernière donation est le premier acte qui légitima les efforts de la Maison de Savoie pour s'emparer de la contrée au nord du Léman et amena une longue guerre avec le duc de Zœringhen.

Thomas embrassa la cause de l'empereur Frédéric contre le pape et la seconde ligue Lombarde; en récompense, celui-ci le créa vicaire impérial pour toute l'Italie (1226). Cette charge, que ses successeurs continuèrent à exercer, leur fut un puissant moyen de consolider et d'étendre leur autorité; elle leur donnait la suprématie sur les grands vassaux et sur les cités qui se considéraient comme libres alors qu'elles ne dépendaient que de l'empereur.

Allié aux Milanais et aux Vercellais, il obligea le marquis de Saluces et plusieurs seigneurs à lui rendre hommage. En 1230, à la tête des troupes des villes restées fidèles à l'empereur, Thomas remporta une éclatante victoire sur les Guelfes, s'empara de plusieurs villes, entr'autres de Turin. Mais la soumission de cette dernière ne fut qu'apparente et deux ans après il dut de nouveau prendre les armes contre elle sans succès, l'intervention de puissants alliés l'ayant obligé à lever le siège (1232).

La même année, le comte Thomas acheta la ville de Chambéry de ses seigneurs, pour en faire la capitale de ses Etats, et accorda des franchises à ses habitants onze jours avant l'acte d'acquisition en vertu de l'autorité que lui conférait sa haute seigneurie. Il concéda leurs premières franchises à plusieurs villes de Savoie, de Suisse et de Piémont : Villeneuve, Chillon, Yenne, etc., (1214 et 1215), y maintenant leurs anciennes coutumes qui sans cela se seraient perdues, en des chartes qui apportaient un adoucissement au régime féodal et favorisaient le commerce et l'industrie. Aussi son nom est-il resté très populaire en Savoie.

Le prince Thomas, alors qu'il dirigeait de nouveau ses troupes contre Turin, tomba malade pendant le siège, fut transporté à Montcalier où il mourut (1233), et fut enseveli à Saint-Michel de la Cluse. Il régna 44 ans pendant lesquels il releva la puissance de sa Maison, se montrant homme supérieur dans la conduite de l'Etat et à la guerre. On l'a comparé à Emmanuel-Philibert, ayant reçu comme lui un Etat en ruines et le laissant florissant à sa mort.

Son étendard, le plus ancien connu de la Maison de Savoie, portait l'aigle à une tête, aux ailes éployées et au vol abaissé, noir sur fond d'or comme vicaire impérial. Il fut le dernier à faire frapper ses monnaies à Suze; l'unique pièce connue est d'un type bien supérieur à celles de ses prédécesseurs. Marié à Marguerite, fille de Guillaume I de Genevois, il en eut huit fils et deux filles : Amédée IV ; Pierre I ; Philippe 1 qui lui succédèrent; Thomas, comte de Flandre; Guillaume, évêque de Valence; Boniface, archevêque de Cantorbéry; Humbert et Aimon, morts jeunes; Béatrix, mariée à Bérenger, comte de Provence;

de leurs quatre filles, une fut impératrice, les trois autres reines d'Angleterre, de France et de Naples.

M. de Saint-Genix fait assister le comte Thomas au siège de Constantinople; c'est une erreur évidente : il était à Chambéry en 1202, à Chambéry et à Thonon en 1203, à Suze et en Bresse en 1204.

Amédée IV (1233-1253)

Né au château de Montmélian en 1197, Amédée IV avait été mêlé aux principaux actes politiques de son père lorsqu'il lui succéda dans la plus grande partie des États de Savoie divisés entre lui et ses frères. Le comte Thomas, par son testament, avait laissé à Aimon les seigneuries de Chillon, de Vaud et de Saint-Maurice d'Agaune, et à Pierre quelques fiefs en Bugey; ceux-ci, peu satisfaits, envahissent le Val d'Aoste avec l'aide des Valaisans (1233). Amédée chasse ces derniers, les poursuit jusqu'à Sion et, après sa victoire, confirme à ses frères leurs possessions. Deux ans après, il pacifie le Piémont, fait un accord avec l'évêque et les habitants de Turin et obtient du marquis de Montferrat la cession des droits qu'il pouvait avoir sur cette ville.

Resté fidèle au dernier empereur de la Maison de Souabe, il aida Frédéric II de ses troupes qui prirent part à la défaite de l'armée lombarde à la bataille de Cortenuova (1237). L'empereur le chargea de négocier sa paix avec le pape et l'année suivante lui donnait, ainsi qu'au marquis de Montferrat, le commandement de l'armée chargée de faire le siège d'Alexandrie.

Par un testament, fait à Aiguebelle (1238) avant de

rejoindre l'armée impériale, il laissait son comté à son frère Thomas II, et, au cas où celui-ci viendrait à mourir sans héritier, à Philippe, puis à Pierre.

Frédéric, dont le pouvoir se trouvait relevé grâce à son concours, vint tenir sa Cour à Turin, l'arma chevalier et lui donna le titre de duc de Chablais, une des premières possessions d'Humbert I, dignité qu'il n'adjoignit point à ses autres provinces pour lesquelles Amédée conserva le titre de comte.

Amédée IV acquit les fiefs les plus importants des barons de Savoie et d'Aoste qui ne dépendaient jusqu'alors que de l'Empire ; ceux des Montbel-Entremont, des Gerbaix, la mestralie de Novalaise (1241), etc.

Son frère Pierre, à la mort d'Aimon (1237), avait hérité d'une partie des seigneuries qui avaient été attribuées à celui-ci : Chillon, Saint-Maurice, Monthey et le Chablais, Moudon, Romon et l'avouerie de Payerne ; en outre, à l'extinction de la Maison de Zœringen, il avait occupé les territoires riverains du Léman, appuyé par Guillaume de Hollande, son fidèle allié. Celui-ci le chargea de défendre la Bourgogne et particulièrement Berne et Morat contre les entreprises d'Hartman de Kibourg, famille que la Maison de Savoie trouve en face d'elle dans tous ses efforts pour s'étendre dans les cantons helvétiques et dans l'Italie du nord, rivalité qui fut la cause de luttes longues et sanglantes.

En 1236, Amédée IV donne en fief à son frère Thomas, comte de Flandres, qui fut chef des branches de Savoie-Achaïe et de Savoie-Vaud, le marquisat d'Italie, le nomme de nouveau son héritier du comté de Savoie au cas où il mourrait sans enfants et le constitue son lieutenant avec tous ses pouvoirs au cas où il s'absenterait.

A la suite du concile de Lyon (1245) où le pape Fieschi (Innocent IV) prononça la sentence de déposition de l'empereur, celui-ci prépara une nouvelle expédition en Italie, par le Mont-Cenis, et s'efforça d'attacher à sa cause les seigneurs de la région que son armée devait traverser. Il réussit à s'allier les princes de Savoie et les dauphins de Viennois, ces éternels rivaux. Amédée IV rompit avec le pape et convoqua ses vassaux à Chambéry en 1247 pour porter aide à l'empereur dont la mort subite (1250) mit fin à la domination allemande en Italie.

Amédée, mêlé aux incidents de la lutte longue et acharnée entre le pape, l'empereur et la ligue lombarde, sut, par son rôle de médiateur, sauvegarder l'intégrité de ses Etats et s'assurer l'appui du roi d'Angleterre par un accord féodal négocié par l'intermédiaire de Boniface de Savoie, archevêque de Cantorbéry, et Pierre d'Aiguebelle, évêque d'Herefort. En 1246, il faisait hommage à Henri III, son neveu, des châteaux d'Avigliane, de Bard et de Saint-Maurice, de la ville et du palais de Suse et s'engageait à les tenir en fief perpétuel du roi d'Angleterre et de ses héritiers, moyennant une rente de 1,000 livres sterling et 200 marcs pour les services auxquels il sera obligé. La position de ces forteresses aux entrées des vallées de Suse, de Maurienne, du Dauphiné, d'Aoste et du Grand-Saint-Bernard indique bien qu'on y élevait la bannière anglaise comme un obstacle aux envahisseurs qui auraient craint de s'attirer l'inimitié du souverain de la Grande-Bretagne; le duc s'assurait ainsi une garantie et un appui.

Ce prince fut le premier à faire battre, en Savoie, sa monnaie sur laquelle le mot SABAVDIA remplace celui de SECVSIA qui figure sur celle de ses prédécesseurs.

Il mourut en 1253, marié deux fois : sa première femme fut Anne, fille du dauphin André, il en eut deux filles ; la seconde, Cécile de Baux, lui donna Boniface qui suit et trois filles.

Sous son règne, le 14 novembre 1248, entre huit et neuf heures du soir, eut lieu la chute du Mont-Granier qui ensevelit la ville de Saint-André, chef-lieu du décanat de Savoie, et plusieurs villages; les débris s'arrêtèrent vers un monticule sur lequel existait une chapelle de la Vierge, à Myans, ce qui rendit cet oratoire célèbre. Bonivard, conseiller intime du comte, prenait possession du prieuré, dont il avait été nommé prieur commandataire, le jour même où un tremblement de terre amena la catastrophe dans laquelle il périt avec ses compagnons et de nombreux habitants. On y vit une punition du comte de Savoie et de son ministre pour leur opposition au Saint Père.

Boniface (1253-1263)

Né en 1244 ou 45, à Chambéry, Boniface succède à son père à l'âge de neuf ans sous la tutelle de sa mère, Cécile de Baux; son règne fut sans importance et il n'eut aucune influence dans le gouvernement. Ses oncles, comme tuteurs, gouvernèrent pour lui jusqu'à sa mort, se partagèrent ses Etats et le maintinrent seigneur nominal même après sa majorité.

Des soulèvements se renouvellent en Piémont ; son oncle Thomas, chef du conseil de régence, qui administra seul jusqu'en 1255, passe en Piémont, s'empare de Montcalier ligué avec Chieri, avec l'appui des Turinais qui, gagnés par l'argent des Astesans, abandonnèrent ensuite son parti ; puis marche contre Asti et Turin et est battu à Monte-Bruno par les troupes des deux villes. Fait prisonnier, il ne fut rendu à la liberté qu'à de dures conditions et grâce à l'intervention du pape, des rois de France et d'Angleterre, des comtes de Bourgogne et de Flandres qui, par représailles, avaient arrêté tous les Astesans et les Turinais faisant du commerce dans leurs pays. Pendant sa captivité, Philippe prit la direction des affaires subalpines et Pierre II des transalpines.

En avril 1258, Thomas, assuré de l'appui de l'empereur Richard qui l'avait déclaré affranchi des engagements contractés pendant sa captivité, se dispose à renouveler la lutte contre Turin. Ses efforts sont d'abord couronnés de succès, mais il mourut à Aoste (1259) après une défaite que les chroniqueurs ont attribuée à Boniface qu'ils font mourir prisonnier à Asti (1263).

PIERRE (1263-1268), *le Petit Charlemagne.*

Septième fils du comte Thomas, né à Suse (1202 ou 1203), Pierre fut successivement prévôt de l'Evêché d'Aoste, puis de Genève, chanoine et administrateur de l'Evêché de Lausanne. A la mort de son père, il rentra dans la vie civile et épousa Agnès, héritière de la baronnie de Faucigny qui vint s'ajouter au comté de Romont et à la baronnie de Vaud dont était composé son apanage.

Entré en lutte avec Guillaume de Genève, il fut fait prisonnier par Rodolphe, fils de celui-ci, en temps de trêve, et les fit condamner, pour cet acte de trahison, à lui payer 20,000 marcs d'argent et à lui consigner le château d'Arlod. Comme garantie de cette somme qu'il leur était impossible de payer, les comtes de Genevois durent lui remettre des terres et des châteaux en Chablais, dans le pays de Vaud et en Genevois, leur château de Genève et les prérogatives qu'ils possédaient dans cette ville.

Pierre fut ainsi le premier prince de la Maison de Savoie à exercer une véritable seigneurie dans Genève et à continuer, contre les droits des évêques, la lutte séculaire jusqu'alors limitée entre le pouvoir de l'évêque et celui de la Maison de Genève. En 1237, il reçut pour part de l'héritage de son frère Aimon, la seigneurie de Vaud qu'il étendit et consolida et dont il devint souverain absolu. Toujours entouré des nobles de ce pays, il sut si bien se les attacher que plusieurs lui firent hommage, qui ne reconnaissaient que l'empereur pour suzerain, et qu'à son départ pour l'Angleterre (1241), où quelques-uns le suivirent, ses intérêts ne souffrirent point de son absence; au contraire, le nombre de ses vassaux augmenta.

Tout entier à ses projets ambitieux, il vécut peu avec sa femme retirée au château de Châtillon (Faucigny), et chercha les aventures dans diverses Cours de l'Europe. Cet abandon avait dû le mettre mal avec son beau-père, puisque celui-ci promettait Béatrix, sa petite-fille, dès l'âge de 4 ans, au dauphin Guigues VII, le plus grand ennemi de la Maison de Savoie, lui laissant espérer tout l'héritage de sa seigneurie.

Ce ne fut qu'un an après que le comte Pierre donna son consentement au projet de mariage de sa fille. Il était alors en Angleterre où il passa la plus grande partie de sa vie, de 1241 à 1268, fort bien accueilli par Henri III, époux de sa nièce, qui le créa comte de Richemond et d'Essex et le combla de faveurs. Possesseur de nombreux domaines, il devint un des membres les plus considérables de l'aristocratie anglaise et joua le premier rôle à la Cour dont il était le conseiller, tour à tour ambassadeur, chef d'armée. Il possédait à Londres un palais dans un quartier qui a conservé jusqu'à nos jours le nom de Savoie.

Dans un de ses fréquents voyages en Savoie pour veiller à ses intérêts, Pierre reçut d'Amédée IV l'inféodation des châteaux de Féterne (1249) et de Demptezieu en Viennois (1250). Il eut, vers la même époque, une entrevue avec Guillaume de Genève et ses fils pour régler leurs différends; Philippe de Savoie, leur médiateur, réduisit à 10,000 marcs l'amende à laquelle ils avaient été condamnés, fixant comme gage, jusqu'à son payement, les châteaux de Genève, de Ternier, des Clefs, de Balleyson, de Bons et de Langin. Cinq ans plus tard, des arbitres, réglant sa demande d'une plus grande part dans la succession de son père, lui attribuent les châteaux de Chillon, de Conthey et du Saix, le Chablais, de Vevey au Grand-Saint-Bernard.

Le comte se trouvait à Chambéry à la mort de son neveu (1263), et s'empara du pouvoir, au préjudice des enfants de son frère aîné : Thomas et Amédée, appuyé par les Etats généraux de Savoie. Son premier soin fut de faire rentrer la ville de Turin dans le devoir; il passe le Mont-Cenis à la tête de l'armée Savoisienne et soumet ses sujets révoltés; Asti et le marquis de Montferrat n'osèrent s'y opposer.

A la fin de la même année, Richard de Cornouailles, roi élu des Romains, l'investit des fiefs impériaux qui avaient appartenu à Hartmann le Jeune, de Kibourg et du vicariat perpétuel de l'empire dans le comté de Savoie et les duchés de Chablais et d'Aoste. Grâce à sa rare intelligence et à son activité infatigable, Pierre sut accroître son influence et ses possessions en Savoie et sauvegarder ses intérêts en Angleterre. Sous son règne, les Etats de Savoie reprirent leur ancienne splendeur; le Valais, le pays de Vaud jusqu'à Berne, le pays de Gex, la Bresse, le Bugey, le Valromey et une partie du Dauphiné y furent compris.

Dès lors, jusqu'au milieu du xvi⁰ siècle, la politique et l'intérêt poussent les princes de Savoie à s'agrandir surtout de ce côté des Alpes; l'influence de Charles d'Anjou devait, pour longtemps, contre-balancer, de l'autre côté des Alpes, celle de la Maison de Savoie.

Pierre se préparait à marcher contre le marquis de Montferrat lorsqu'il mourut (1268) après avoir transmis à son frère Philippe les Etats de Savoie en lui remettant l'anneau de Saint-Maurice, insigne du pouvoir, qui lui avait été donné en 1250 par les moines de Saint-Maurice d'Agaune. Il laissa à sa fille le Faucigny et les domaines qu'il possédait en Genevois et en Suisse, et à ses neveux ses possessions anglaises.

De sa femme, Agnès de Faucigny, il n'eut qu'une

fille : Béatrix, que son éducation avait faite plus princesse de Faucigny que de Savoie. Mariée au dauphin Guigues VII, elle lui apporta en dot le Faucigny qui, placé au milieu des Etats de Savoie, fut la cause de luttes sans fin entre les princes de Savoie et les dauphins de Viennois alliés aux comtes de Genève.

En prenant la couronne comtale, il choisit pour armoiries la croix blanche sur champ de gueules à la place du lion et de l'aigle qu'il avait portés précédemment dans ses armes. Ce prince laissa de beaux souvenirs et une mémoire honorée ; il mit de l'ordre dans les impôts et publia le premier un statut, soit loi générale pour abréger les procès et pourvoir à la tutelle des pauvres et des faibles.

Philippe Ier (1268-1285)

Né à Aiguebelle en 1207, Philippe I, huitième fils de Thomas, succéda à son frère qui l'avait désigné, choix approuvé et voulu par les Etats généraux de Savoie, à l'exclusion de Béatrix, sa nièce, et des enfants de son frère Thomas. Evêque de Valence, puis archevêque de Lyon, sans avoir été promu aux ordres sacrés, il se démet de ses dignités à l'âge de 60 ans et épouse Alix, veuve du comte de Châlons. Il réalisa le désir de son frère en rétablissant son pouvoir dans Turin, battant le marquis de Montferrat qui, fait prisonnier, ne recouvra la liberté qu'en faisant abandon de ses droits sur les fiefs que la Maison de Savoie avait perdus après les avoir reçus de la marquise Adélaïde, au xiie siècle. Philippe I eut à guerroyer avec le dauphin Guigues VII, au sujet du Faucigny ; l'intervention de saint Louis mit fin à la lutte.

L'empereur Rodolphe d'Habsbourg désirant rétablir le royaume des Deux-Bourgogne, s'allia au comte de Genève contre Philippe et s'efforça de s'emparer de ce que celui-ci possédait dans la Suisse, se prétendant héritier du comté de Kibourg. Après dix ans de guerre, pendant lesquels il fut soutenu par Marguerite de Provence et Othon IV, comte de Bourgogne, un traité de paix (1283) assura à Philippe la paisible possession de presque tout le pays de Vaud, à l'exception de Morat, Guminen et l'avouerie de Payerne. Il obtint, en outre, la seigneurie de Berne qui s'était toujours montrée dévouée à la cause de la Maison de Savoie.

Philippe mourut à La Rochette, le 16 août 1285, après une longue maladie pendant laquelle ses neveux Amédée et Louis s'efforcèrent d'obtenir sa succession au préjudice de Philippe, fils aîné de Thomas III, leur frère aîné, très jeune et mal défendu par sa mère.

Il avait appelé Amédée à lui succéder dans ses États héréditaires et assigné à Louis le pays de Vaud. Amédée s'était efforcé de se faire reconnaître comme futur comte par les hauts feudataires et les évêques. Louis s'appuyait sur la protection de Rodolphe de Habsbourg qui lui concéda le droit de battre monnaie. Philippe mort, la discorde entre les deux frères faillit amener la guerre civile; mais Amédée, par ses partisans, tenait les principales places fortes et Louis s'étant présenté devant Montmélian, s'en vit refuser l'entrée; il dut se contenter du pays de Vaud et obtint ensuite le Bugey et le Valromey.

Amédée V (1285-1323), *le Grand.*

Né en 1249, au château du Bourget, Amédée V, fils de Thomas, comte de Flandres, avait été captif en Piémont à l'âge de 8 ans; il fut racheté par son oncle Philippe qui l'associa au pouvoir. Il était dans toute la vigueur de l'âge à la mort de son oncle, ce qui le fit choisir pour son successeur par celui-ci et par les Etats généraux de la patrie de Savoie réunis à Chambéry. Il se mit en possession des Etats de Savoie à l'encontre des droits de primogéniture des enfants de Thomas, son frère aîné. Ceux-ci se refusent d'abord à reconnaître cette délégation du pouvoir; à la suite de négociations, un arrangement fut réglé par des arbitres. Philippe garda l'apanage de son père : la seigneurie de Pignerol et une partie du Piémont et prit le titre de prince d'Achaïe et de Morée par son mariage avec Isabelle de Villehardouin, et fut le chef de la branche d'Achaïe. Louis, son frère cadet, qui avait pris part à la croisade avec saint Louis (1270), reçut d'importants territoires dans le pays de Vaud et devint le chef de la branche de Vaud. Cette division aurait amené la ruine de l'Etat si Amédée V, par sa prudence et son énergie, n'eut dirigé les entreprises du prince d'Achaïe. Ces dotations, faites à titre d'apanage et de vassalité de la branche régnante, revinrent à celle-ci, la seconde en 1350, la première en 1432.

Amédée V menacé, au commencement de son règne, par la coalition des feudataires voisins : le baron de la Tour du Pin, le dauphin Humbert I, le comte Amédée de Genève, le baron de Gex, dégage par un coup de main l'héritage de Sybille de Baugé, dame de Bresse, sa première femme, fait une trêve avec le dauphin et reporte tous ses efforts sur Genève. Les Genevois qui avaient sollicité en vain des évêques leur émancipation, recoururent au comte qui se créa un parti puissant en soutenant les bourgeois contre l'évêque et devenant le protecteur légal de la cité. Il s'empare des châteaux de Bourg de Four et de l'Ile, prend possession des péages, des droits de pêche et résiste, pendant la vacance du siège, aux attaques des chanoines et du comte de Genève, appuyé par la bourgeoisie qui s'était organisée, nommant des syndics, créant une garde urbaine avec un capitaine. Par un accord avec le comte (1293), Robert, le nouvel évêque, lui cède, à titre de fief, la moitié de la seigneurie de Genève, avec une redevance annuelle de 200 livres genevoises.

De 1293 à 1295, Amédée V fait la conquête de Nyon, des terres de Cossonay et de Prangins, et oblige Béatrix de Faucigny à se reconnaître sa vassale pour ses domaines de la rive droite du Rhône et du Léman, de Seyssel à Fribourg. Il devint l'ami dévoué de Philippe le Bel et prit part, de 1302 à 1304, aux campagnes de ce prince dans les Flandres.

L'empereur Henri VII, qu'il accompagna à Rome (1318), lui confirma l'investiture du comté de Savoie, des duchés de Chablais et d'Aoste, du marquisat d'Italie et le vicariat perpétuel de l'empire (1).

(1) Le vicariat donnait aux princes de Savoie l'exercice des droits régaliens sur les diocèses de Sion, Lausanne, Genève, Maurienne, Tarentaise, Belley, Mâcon et Grenoble deçà les monts et sur trois en Piémont. Par un accord

L'évêque de Genève, Aimon, fatigué des rivalités des princes de Savoie et de Genève et des entreprises des bourgeois contre ses prérogatives, prit le parti de l'empereur et le suivit en Italie. Il proposa à Amédée V le partage du temporel de Genève, mais mourut peu après à Ivrée et le projet n'eut pas de suite.

Amédée V acquit le château de Chambéry (1295) qui devint sa résidence habituelle et celle de la plupart de ses successeurs. Sous son règne, le luxe et les arts s'introduisent à la Cour de Savoie ; on y voit des peintres, des architectes, des graveurs de sceaux et de monnaies, des copistes, des miniaturistes, etc. Il accorda aux Juifs le droit de résidence dans ses Etats, réglé par un impôt de capitation payé annuellement au trésorier de Savoie, et obtint (1302) du pape Boniface VIII de ne pouvoir être frappé d'anathème que par le Souverain Pontife, ce qui le dégageait des menaces dont l'épiscopat faisait souvent abus au spirituel. Il établit l'indivision de l'Etat entre les fils et l'exclusion des femmes de la succession au trône (1307), et, d'accord avec le prince d'Achaïe, publia une loi générale pour la sûreté des voies publiques (1318).

De longues hostilités avec le dauphin de Viennois (1307-1314) eurent pour théâtre les bords de l'Isère et du Guiers et causèrent des ruines et de grands dommages dans la vallée du Graisivaudan ; la paix, négociée par l'évêque de Grenoble et l'archevêque de Tarentaise, fut sanctionnée par le mariage d'Amédée V avec Alix de Viennois.

de 1311, Amédée V devait recevoir, tous les trois mois, 72,912 florins et, en cas de guerre, une troupe armée de 1,500 hommes d'armes et de 600 fantassins.

Ce prince mourut en 1323 après 38 ans d'un règne actif et glorieux, à Avignon, où il s'était rendu près du pape Jean XXII pour provoquer une croisade afin de porter secours à son gendre, l'empereur Andronic Paléologue. Il fut marié trois fois : à Sybille de Beaugé de qui il eut deux fils : Edouard et Aimon, et six filles ; à Marie de Brabant, puis à Alix de Viennois, dont il n'eut pas d'enfant.

Quelques auteurs prétendent qu'il aurait porté secours à l'île de Rhodes contre les Turcs et y trouvent l'origine et l'explication de la devise des princes de Savoie : FERT *(Fortitudo ejus Rhodum tenuit).* Ces deux assertions, dénuées de preuves, sont rejetées par la critique moderne ; d'ailleurs la devise FERT n'est pas connue avant le règne d'Amédée VI.

Edouard (1323-1329), *le Libéral.*

Né à Beaujeu, le 8 février 1284, Edouard, fils aîné d'Amédée V, comte de Bresse du vivant de son père, prit part aux guerres de Flandres, dirigea les entreprises contre les Dauphinois, et fut chargé d'administrer la Savoie pendant les expéditions de son père en Italie et ses voyages en France. Bon, hardi et brave durant ses six ans de règne, il guerroya avec le baron de Faucigny, le comte de Genève et le dauphin Guigues VIII, qu'il battit à la bataille de La Côte Saint-André (1323) ; il fut vaincu à son tour par celui-ci à la bataille de Varey (1325).

Il se montra libéral par la concession de privilèges et de franchises, favorisant les communes pour abaisser les vassaux, puissant moyen d'influence dont usèrent les princes de Savoie pour supprimer les prétentions féodales tout en trouvant une aide pécuniaire par l'achat des libertés concédées. Ce prince établit à Chambéry un conseil de justice chargé de juger les affaires les plus importantes et jeta les fondements d'une loi supprimant les compensations en argent usitées pour la plupart des crimes.

En 1327, Edouard secourt l'évêque de Maurienne contre les habitants révoltés de Saint-Martin d'Arc et de Saint-Jean d'Arves, qui avaient assiégé Saint-Jean, tué les familiers de l'évêque obligé de fuir avec les chanoines, brûlé les églises et incendié les châteaux d'Arves et d'Aiton ; en échange, il obtint d'être associé à son pouvoir temporel et aux droits de juridiction civile et criminelle. Le comte se disposait à aller avec le roi de France à Avignon pour conférer sur une nouvelle croisade, lorsqu'il mourut au château de Chantilly, le 4 novembre 1329, laissant ses Etats chargés de dettes et épuisés par les guerres et disputés par un puissant compétiteur, Jean III le Bon, duc de Bretagne.

Marié à Blanche de Bourgogne, il n'eut qu'une fille, Jeanne, mariée au duc de Bretagne.

Organisation des Communes. — Chartes et Franchises. — Formation du Tiers-Etat. Etats généraux et provinciaux.

Du VIIIe au Xe siècle l'absence de toute force publique et de tout pouvoir modérateur avait engendré de tels abus que la condition d'esclave était plus douce que celle du pauvre libre. Aussi, la liberté absolue ne constituait plus qu'une rare exception, la masse du peuple se composait de taillables, de corvéables et d'hommes attachés à la glèbe. A la renaissance de l'ordre public en Europe, au courant du xie siècle, les formes du régime civil furent modifiées, mais les divisions établies sous le régime féodal ne disparurent que peu à peu.

Les princes, pour remédier à une si grande variété de prérogatives et d'intérêts opposés, s'efforcèrent de les ramener à une mesure égale sans trop s'écarter des droits particuliers qui leur compétaient et à établir l'unité administrative entre toutes les parties de leurs Etats, en rendant plus simple et plus expéditif l'exercice du pouvoir souverain. Ils y parvinrent en favorisant les aspirations du peuple vers la liberté et ses tendances vers l'état d'association.

Les princes de Savoie, de Genève et de Faucigny, agissant comme sous une inspiration unique ou à l'imitation des rois de France, protégèrent les communes, leur accordant des lois municipales qui assurèrent leur indépendance et les délivrèrent des exactions et des violences des officiers seigneuriaux.

Les chartes de franchises comprenaient :

La reconnaissance des communes comme êtres moraux ayant une administration autonome de deux ou quatre syndics soumis à l'élection par le peuple convoqué en assemblée générale. La garantie de la liberté personnelle s'acquérant par le séjour d'un an et un jour et donnant droit de bourgeoisie à la condition de jurer de se soumettre aux usages de la communauté. L'exemption des tailles, la libre disposition des fortunes, l'impôt d'arbitraire devenant fixe, la limitation et la réglementation des droits dus au seigneur et à ses officiers et la fixation des bans et amendes des délits. La protection et les avantages accordés au commerce, à l'industrie et aux arts utiles. Elles furent le point de départ de l'émancipation sociale et, par la garantie de la liberté personnelle, l'origine de la bourgeoisie et de la formation du tiers-état à qui les princes accordèrent une part de l'administration de l'État.

La bourgeoisie, appelée dans les conseils concurremment avec la noblesse et le clergé, et exerçant des charges, arriva à prendre part aux affaires publiques dans les États provinciaux et généraux qui vinrent remplacer le conseil des seuls hauts feudataires que le prince consultait dans les affaires importantes. La bourgeoisie introduit ainsi un nouvel élément dans la direction des affaires, les délégués des communes aux États venant y défendre les intérêts de leurs commettants et contre-balancer l'influence des deux autres ordres.

Jusqu'alors, les villes n'avaient pas d'organisation municipale, seules celles qui portaient le titre de cité et où résidaient les évêques avaient eu constamment des magistrats représentant la masse des citoyens et prenant les mesures nécessitées par l'intérêt commun.

Les plus anciennes chartes concédées par les princes de Savoie remontent aux xii° et xiii° siècles. Les premières accordées à des villes de Savoie sont dues à l'initiative libérale du comte Thomas(1). Mais ce fut le

(1) Suze, 1147, par Amédée III — Aoste, 1191 — Villeneuve, 1214 — Yenne, 1215 — Chambéry, 1232, par le comte Thomas — Saint-Genix (entre 1233 et 1251), par Béatrix, sa veuve; Montmélian, 1233, par Amédée IV — Saint-Sympho-

comte Édouard qui donna la plus grande extension aux libertés des communes par la concession ou la confirmation de franchises. L'on peut, croyons-nous, considérer que c'est sous son règne que le régime communal atteignit son plus complet développement par le nombre considérable de chartes qu'il accorda à des localités de moindre importance réparties sur toutes les parties de ses États (1).

Etats généraux et provinciaux.

Les États généraux et provinciaux de Savoie ont pris naissance les premiers au xiiie et les seconds au xiie siècles; leurs actes officiels ne nous ont été conservés qu'à partir du xiiie siècle pour les assemblées provinciales et du xve pour les assemblées générales. Ces dernières, convoquées le plus ordinairement en Savoie (à Chambéry, Genève, Annecy, Bourg, Moûtiers, Rumilly), comprenaient les représentants des trois États de la Savoie, du Genevois, de la Bresse, du Bugey, du pays de Vaud, qui formaient un seul corps

---

rien d'Ozon, 1257, par Philippe — Évian, de 1265, par le comte Pierre — Seyssel, 1285; Le Châtelard en Beauges, 1301; Saint-Branchier, 1322, par Amédée V.

(1) 1321, confirmation pour Saint-Georges d'Espéranches — 1322, Saint-Branchier — Ambronay — 1323, Thonon — La Côte en Viennois — Saint-Georges d'Espéranche — 1324, Le Châtelard — Conthey — Leaz et Billiat en Michaille — Saint-Laurent du Pont — Saint-Maurice d'Agaunes — Ternay — Val de Tignes — Yvoire — Évian — Les hommes nobles de Tarentaise — L'Ordre des Chartreux — 1325, Saint-Symphorien d'Ozon — 1328, Ambérieux — Bagnes et Vallègo — 1329, La Rochette.

avec la Savoie, du Piémont et de Nice; les deux derniers plus rarement appelés. Les Etats généraux sont de date plus récente n'ayant été établis que lorsque, par l'adjonction du pays de Vaud, du Faucigny, du Genevois et de Nice et la récupération du Piémont, les Etats des ducs de Savoie formèrent un tout homogène. Les princes trouvèrent dans ces assemblées un appui contre le pouvoir féodal et le moyen d'unifier l'organisation des provinces en faisant naître, parmi leurs représentants, l'idée de patrie, venant remplacer l'amour trop particulier de la cité, en dehors de laquelle les bourgeois ne voyaient jusqu'alors qu'ennemis ou étrangers. Ils les rattachèrent plus intimement à leur influence par leurs relations directes avec le prince, par le rôle qu'ils étaient appelés à jouer dans les affaires du pays et par les rapports qui s'établirent entre les diverses délégations.

Le but de leurs réunions était le plus ordinairement l'obtention d'un subside pour faire face aux besoins extraordinaires et rétablir les finances obérées du gouvernement, subvenir aux frais d'une guerre ou d'une opération militaire, recouvrer un territoire, racheter l'hommage d'une province, doter une princesse, recevoir l'empereur, régler des funérailles. Le concours des Etats à la votation et fixation des subsides pour lesquels la noblesse et le clergé se reconnaissaient tenus à être taxés à l'égal du tiers, fonda leur droit de les octroyer, de les répartir et de les contrôler.

Souvent aussi ils étaient convoqués dans un but politique ou économique : traiter ou ratifier une paix, approuver des rapports ou des conventions diplomatiques, donner leur approbation à de nouveaux statuts traduits en français, après avoir donné leurs avis et leurs conseils, unir leurs efforts pour arrêter le développement de la secte luthérienne, nommer les régentes et leurs conseils. Dans ces derniers cas, ils en vinrent à demander une part dans l'administration par l'adjonction au conseil de six de leurs membres pris en nombre égal sur chacun des versants des Alpes et, pendant la durée de la minorité, la convocation des États tous les deux ans, pour prêter leur appui au gouvernement.

Les subsides votés ou les affaires traitées, les États présentaient des demandes de concession ou de confirmation de franchises et formulaient dans des cahiers leurs desiderata et leurs réclamations pour corriger les abus dans l'administration de la justice, des affaires ecclésiastiques et des finances. Mettre un frein à la rapacité des Juifs. Invitation au prince de se marier pour assurer la succession au trône, maintien de celle-ci pour les mâles seuls à l'exclusion des femmes, création de deux conseils près du prince, l'un politique et administratif, l'autre judiciaire, augmentation du nombre des membres du Conseil résident de Chambéry, opposition à l'aliénation ou à la dilapidation du patrimoine ducal. Demande de l'ingérence de l'État dans les affaires ecclésiastiques pour obliger les inquisiteurs à l'observation de la loi, supprimer le for ecclésiastique dont ils signalent les abus. Invitation au prince de ramener les monnaies au cours et que la frappe soit de bon aloi, de fixer l'intérêt au 5 0/0, de rendre le sel au libre commerce et de taxer le prix des denrées.

Bien que chaque province présentât des doléances particulières, comme elles se rapportaient toujours au bien général, les élus du tiers étaient invités par leurs commettants à en prendre connaissance auprès de leurs collègues afin d'être ensuite unanimes à les approuver dans leurs délibérations. Le prince répondait à chacune de ces demandes et presque toujours d'une manière affirmative, promesses rarement suivies d'exécution, car nous les trouvons sans cesse réitérées sans que presque jamais elles soient loyalement tenues.

L'œuvre d'innovation des Etats généraux eut cependant son importance et si leurs réunions eussent été régulières au lieu d'être intermittentes, elles eussent sûrement exercé sur le droit public et privé de la Savoie la même influence que les Etats généraux de France. Quelque faible que fût d'ailleurs leur part d'influence politique et administrative, elle devint une gêne pour le pouvoir absolu qui les supprima et, pour effacer le souvenir des libertés que cette institution pouvait rappeler, défendit pendant fort longtemps les études sur leur organisation et leur intervention dans les affaires de l'Etat et la publication des procès-verbaux de leurs assemblées parus seulement en 1879.

En Savoie, les Etats généraux furent toujours composés des trois Etats : les nobles ou leurs procureurs accrédités par une simple lettre de procuration, le clergé en moins grand nombre, les communes, par deux ou trois, représentées par les syndics, les conseillers ou officiers d'autres communes qui devaient produire une procuration. La convocation émanait du prince qui en fixait le lieu et la date et pour les Etats provinciaux du prince ou de ses lieutenants. Ils étaient présidés par le prince entouré de son conseil et de sa cour ou par le chancelier assisté du conseil privé.

Aimon (1329-1343), *le Pacifique*.

Deuxième fils d'Amédée V, né à Bourg en 1291, Aimon, chanoine et comte de Lyon, était à Avignon lorsque les délégués des États généraux réunis à Chambéry vinrent lui annoncer la mort de son frère et lui offrir sa succession. Il abandonna son bénéfice pour prendre la couronne et épousa Yolande de Montferrat, stipulant la succession de ce marquisat en faveur des princes de Savoie à défaut de mâle en ligne directe dans la Maison de Montferrat

Ses premiers soins portèrent sur l'administration de la justice et l'économie intérieure, qui lui permit de relever l'État obéré, en réglant les dettes et diminuant les impôts dont il fixa la juste répartition en divisant ses États en huit baillages subdivisés en chatellenies dont les comptes devaient être annuellement soumis à la Chambre des comptes. Il rendit résident le Conseil de justice chargé de juger en dernier ressort au civil et au criminel, les déplacements continuels du prince rendant impossible le recours direct au Conseil jusqu'alors ambulant, créa un chancelier, chef suprême de la justice et de l'administration, ordonna la convocation périodique d'assises solennelles tenues en sa présence avec le concours de prêtres, de nobles et de légistes et régularisa la vieille institution de l'avocat des pauvres.

Jean III, duc de Bretagne, ayant réclamé le duché de Savoie, s'appuyant sur les droits de sa femme Jeanne, fille unique d'Édouard, bien que celui-ci, par son testament, l'eût exclu de sa succession, les États généraux de Savoie, sous la présidence de l'archevêque de Tarentaise, Bertrand de Bertrand, suivant l'exemple des États de Paris, confirmèrent à Aimon le droit de succéder à l'exclusion des filles, répondant aux ambassadeurs de la duchesse bretonne « la coustume de la « comté de Savoye n'a pas usance de choir en que- « nouille tant qu'on puisse trouver aucun hoir masle quel « qu'il soit. Ores donc il nous reste le seigneur Aymon « de Savoye, Philippe, prince de la Morée, et encore « Loys, seigneur de Vaud. » Le duc de Bretagne refusa d'approuver une transaction proposée par Aimon et conclut un traité avec Guigues VIII, dauphin, par lequel ils réglaient la conquête et le partage de la Savoie.

Seize ans plus tard, Amédée VI mit fin au débat en achetant au duc d'Orléans les droits prétendus de Jeanne de Savoie.

En 1334, la guerre éclata de nouveau entre le Dauphiné et la Savoie ; le dauphin Guigues VIII ayant été tué à l'assaut du fort de la Perrière, ses troupes s'en emparèrent après un siège assez long, massacrèrent les défenseurs que la faim obligea à se rendre et détruisirent le fort. Le comte se refusant de tirer vengeance de cette félonie en l'absence de Humbert II, alors à Naples, le nouveau dauphin consentit à suspendre les hostilités et, par les conseils de Philippe de Valois, à faire une paix durable par une transaction (1334) révisée en 1335 et en 1337. Le comte de la Chambre et le seigneur des Hurtières, alliés du dauphin, durent recevoir de nouveau du comte l'investiture de leurs fiefs et lui abandonner une partie de leurs revenus, ce qui affermit sa domination dans la vallée de l'Arc dont il n'avait pas encore réduit les villages révoltés pour permettre à l'évêque de Maurienne de rentrer dans son fief.

A la mort de l'archevêque de Tarentaise (1334) Bertrand de Bertrand, Aimon mit le séquestre sur le siège vacant, ses officiers se mirent en possession du château de Saint-Jacquemoz; les habitants de Moûtiers refusèrent d'ouvrir leurs portes à ses délégués et de reconnaitre l'autorité du comte, se disant exempts des liens de dépendance de l'église de Tarentaise au prince. Après dix-huit mois de contestations et de luttes, Aimon marcha contre eux, s'empara de la ville dont il fit raser les murailles (1336), protestant qu'il respecterait les droits de l'archevêque, séparant sa cause de celle des rebelles.

S'étant allié au roi de France contre le roi d'Angleterre (1339), il conduisit des renforts en Flandre (1341), releva le courage des habitants de Tournai assiégé et amena le roi d'Angleterre à accepter une trêve sans pouvoir parvenir à réconcilier les deux rivaux. Les luttes incessantes avec les dauphins de Viennois l'amenèrent à fortifier la ligne de défense de Montmélian aux pentes du Granier pour fermer aux Dauphinois les routes de Chambéry et des Bauges. Il mourut à Montmélian en 1343, à l'âge de 52 ans. Marié à Yolande de Montferrat, il eut quatre enfants: Amédée VI, Jean, mort au berceau, et deux filles.

Amédée VI (1343-1383), *le Comte Vert*.

Né à Chambéry le 4 janvier 1334, succéda à son père à l'âge de 9 ans, fut un des plus grands et plus illustres princes de la Maison de Savoie. Pendant sa minorité, les régents, le comte de Genevois et le baron de Vaud, transigent avec Philippe de Valois sur les droits prétendus de Jeanne, duchesse de Brétagne, lui cédant plusieurs châteaux et lui donnant une rente de 2,000 livres, somme considérable pour laquelle les Etats de Savoie votèrent une cotisation.

Amédée VI commença à diriger vers l'Italie ses ambitions conquérantes devenues plus difficiles à satisfaire de ce côté des Alpes depuis l'annexion du Dauphiné à la France. Il employa plusieurs années à réprimer la révolte de quelques villes du Piémont excitées par l'ambitieux Luchino Visconti; en 1347, il passe les Alpes secondé et guidé par son cousin Jacques d'Achaïe, s'empare des dépouilles de la Maison d'Anjou dont la puissance était abattue, bat le marquis de Montferrat et Visconti, duc de Milan, et accepte le protectorat d'Ivrée. De retour en Savoie l'année suivante, il offrit à la noblesse française et italienne un tournoi qui eut lieu à Chambéry, au Verney. Il s'y présenta avec ses tenants en costume vert, ce qui lui valut le surnom de Comte Vert.

La même année, la peste, appelée peste noire ou peste de Florence, apportée par les Italiens commerçant en Orient, franchit les Alpes, se répandit dans toute l'Europe et fit de grands ravages en Savoie où elle enleva près du tiers de la population. Les Juifs, accusés d'avoir empoisonné les fontaines, furent massacrés sans jugement à Chambéry et dans plusieurs autres localités. Ce prince fit commencer la construction des remparts de la ville de Chambéry (1371) et l'autorisa à utiliser une partie des eaux de la fontaine Saint-Martin pour l'établissement de fontaines publiques (1382). Il publia un Code de lois.

En 1354, Amédée conclut avec le roi de France

Philippe VI un traité avantageux qui lui permit de recouvrer la baronnie de Faucigny, la seigneurie de Gex et le château d'Hermance.

Le dauphin Humbert II ayant cédé ses Etats en 1349 à Charles, petit-fils du roi de France, sous la réserve de l'autonomie du Dauphiné qui ne devrait jamais appartenir qu'au fils du roi, celui-ci était devenu possesseur du Faucigny et de territoires importants enclavés dans la Savoie. A la suite de réclamations du comte, la guerre s'engagea ; vainqueur à la bataille des Abrets où les gentilshommes ennemis perdirent la vie ou la liberté, succès qui contribua au traité de paix de Paris (1354) dans lequel il obtint d'opérer l'échange du Faucigny, du pays de Gex et de terres en Bresse contre la cession des fiefs qu'il possédait au-delà du Guiers, entre l'Isère et le Rhône et en renonçant à la main de Jeanne de Bourgogne, sa fiancée depuis 1348 et élevée à la Cour de Savoie.

Par cet échange, il mettait fin aux difficultés que ces enclaves et des limites incertaines avaient sans cesse soulevées avec les dauphins de Viennois et faisait un tout homogène de ses possessions. Lorsqu'il voulut prendre possession du Faucigny, les habitants excités et soutenus par le comte de Genevois, opposèrent une vive résistance. Le château d'Hermance ne fut pris qu'après un siège régulier et il dut faire la conquête du Faucigny en deux expéditions successives.

Amédée VI augmenta ses Etats à l'extinction de la branche de Vaud, en obtenant la rétrocession du pays de Vaud, du Bugey et du Valromey de la fille de Louis II de Vaud. Poursuivant le but de sa Maison, d'arriver à l'unité juridique et politique de la patrie de

Savoie, il continua ses efforts pour prendre pied en Tarentaise, amener l'archevêque, Jean de Bertrand de Brozolo, à transiger avec lui sur ses droits de juridiction en lui en cédant la moitié (1358) et recevant pour les frais de l'accord 3,000 florins de Florence ; l'année suivante, l'archevêque accordait aux habitants de Moûtiers une charte garantissant leurs franchises.

En 1360, des bandes de condottieri, après avoir dévasté une partie de la France, passent les Alpes, Amédée parvient d'abord à les arrêter puis, surpris dans la vallée d'Ivrée par une troupe plus importante, il ne recouvre la liberté qu'en payant 180,000 florins d'or ; à ce prix, les aventuriers consentirent à passer en Lombardie. Pour payer sa rançon, le comte dut engager la plupart des offices de judicature et des châtellenies, au grand dommage de ses sujets. Deux ans après, il créa (1362) l'ordre célèbre du Collier, dont les chevaliers étaient au nombre de quinze seulement, et qui prit ensuite le nom de l'Annonciade.

Jacques III d'Achaïe, appuyé par le marquis de Montferrat, à qui l'empereur Charles IV avait concédé le vicariat de l'empire et la seigneurie de Turin, Suse, Ivrée, etc., profitant du désastre du roi Jean, ayant fait acte de rébellion, Amédée passe les Alpes, le bat sous les murs de Pignerol, s'empare de sa personne, le dépossède de son apanage et le retient trois ans en Chablais et en Faucigny avant de le remettre en possession de son fief de Piémont. Il fait ensuite reconnaître son autorité dans ce pays en s'emparant des places les plus importantes du marquis de Saluces qui lui prête serment de fidélité, auquel il se dérobe deux ans après en se déclarant vassal du roi de France, arborant ses armes sur toutes ses places fortes.

En 1365, le comte reçut avec grande magnificence l'empereur Charles IV à Chambéry, celui-ci l'investit de ses États et lui accorda le titre de vicaire perpétuel de l'Empire pour lui et ses descendants, avec pouvoir de recevoir comme suzerain le serment et l'hommage des évêques et des vassaux de l'Empire, lui transportant de plus tous les droits qu'il avait à prétendre sur Saluces, origine de longs débats entre la France et la Savoie.

L'année suivante, Amédée VI conduisit les troupes savoisiennes en Grèce, au secours de Jean Paléologue, contre les Turcs. Après l'avoir délivré des mains du roi des Bulgares qu'il battit en plusieurs rencontres et vaincu les Turcs à Gallipoli (1366), il le replaça sur son trône. A son retour, il remplit le rôle de pacificateur entre Venise et Gênes et vainquit, pour s'assurer les possessions de la Maison d'Anjou en Piémont, les Visconti de Milan, se refusant à l'appel des peuples du nord de l'Italie qui voulaient se soumettre à son pouvoir. En 1382, prenant parti contre Charles de Duras, Amédée VI traverse l'Italie à la tête de 1,500 chevaliers pour aller rejoindre le duc Louis d'Anjou et l'armée du roi de France et l'accompagna à l'expédition de Naples; grâce à son aide, les alliés s'emparèrent des villes de la Pouille et menaçaient la Calabre et les Abruzzes, lorsque le comte mourut près de Naples le 2 mars 1383. Marié à Marie-Bonne de Bourbon, il en eut deux fils : Amédée VII et Louis.

Amédée VII (1383-1391), le Comte Rouge.

Né en 1360, Amédée, créé comte de Bresse à vingt ans, fit ses premières armes contre les seigneurs Bressans qu'il obligea à prêter à son père l'hommage qu'ils lui refusaient. Valeureux guerrier, il se signala ensuite à la journée de Rosebecq où les Flamands furent entièrement défaits par l'armée française.

Monté sur le trône à la mort de son père, il répondit à l'appel de Charles VI conduisant 700 lances savoyardes (la lance se composait alors de 6 hommes) à son aide contre la Flandre déchirée par les factions et les armes étrangères ; après avoir fait lever le siège d'Ypres aux Anglais, il prit part à la prise de Bourbourg qui amena leur retraite. Ceux-ci demandèrent à être ramenés par lui dans leur patrie.

De 1382 à 1384, la famine dévasta la Savoie et particulièrement la Tarentaise ; l'accaparement des blés par l'archevêque souleva de violentes colères et Rodolphe de Chissé dut quitter Moûtiers (1384), s'enfermer au château de Saint-Jacquemoz et y fut assassiné ainsi que tous ses gens en décembre 1385.

Pendant l'absence d'Amédée VII, les Valaisans, poussés par les marquis de Montferrat et de Saluces, avaient chassé leur évêque, envahi et pillé le Chablais ; à son retour, il entreprit contre eux une expédition, aidé des troupes du pays de Vaud, les poursuivit jusqu'à Sion dont il s'empara et rétablit l'évêque (1384). Cette aide lui valut Martigny, Chamosson et d'autres terres que l'évêque lui céda comme indemnité. Passé ensuite en Piémont, il défit les troupes des marquis de Montferrat et de Saluces.

L'événement le plus considérable de son règne fut la réunion des comtés de Nice et de Vintimille, des vallées de Sture et de Barcelonnette à ses États.

Les Duras autorisèrent le peuple de Nice à le choisir comme défenseur, ne pouvant le protéger eux-mêmes ; le traité fut ratifié par les délégués des villes et des châtellenies (1390). Louis d'Anjou allant entreprendre sa malheureuse expédition, lui céda ces pays en échange de la créance de 164,000 florins d'or, dont ils étaient le gage, contractée envers Amédée VI à sa première expédition.

Cédant aux sollicitations des États généraux de Savoie, il décida le rachat des offices de judicature (1391) et des charges de baillis et de châtelains qui avaient été engagés par son père. Ceux-ci lui votèrent un subside ; chaque ville s'imposa pour le rachat des offices de son territoire. Amédée VII mourut peu après, à Thonon, des suites d'une chute de cheval à la chasse, victime des remèdes d'un empirique. Marié à Bonne de Berry, il en eut trois enfants : Amédée VIII et deux filles.

La Savoie à la fin du XIVe siècle. Développement des institutions communales.

Jusqu'aux dernières années du XIVe siècle la Savoie était régie par les lois anciennes, assemblage des coutumes Bourguignonnes et Franques et des règlements faits par les princes et par les communes. Les diocèses, les fiefs, les châtellenies, les villes et les bourgs avaient leurs juges, chargés aussi de la police, leur législation particulière, leur prison et leurs fourches patibulaires.

A cette époque, le droit romain prévalut pour tout ce qui ne dépendait pas du régime féodal ; les princes de Savoie, pour unifier l'administration, se considérant comme redresseurs naturels des torts dans leurs Etats et comme accordant une délégation de leur autorité à ces juridictions si diverses, mais à charge d'appel, soumirent en dernier ressort à leur tribunal suprême toutes les causes, sauf les cas portés directement au prince. — Pour faciliter les rapports des justiciables et de ce Conseil suprême, ils rendirent sédentaire à Chambéry leur Conseil ambulatoire, auquel ils adjoignirent de savants jurisconsultes instruits dans les lois grecques et romaines.

L'établissement d'une Cour suprême, seul appel de la justice féodale, établit l'entière supériorité du prince sur les possesseurs de fiefs à qui il fut interdit d'avoir des juges d'appel. A côté, la Chambre des Comptes organisa la trésorerie et fixa le contrôle ; par l'examen des comptes, elle pénétra dans les services administratifs et collabora aux nouvelles ordonnances. Ces pratiques d'administration générale émiettaient et ruinaient la puissance féodale et ecclésiastique, concentrant tout pouvoir entre les mains du prince.

Les villes et les communes s'administraient à leur guise ; elles avaient des syndics (maires) et des conseillers. En dehors du contingent militaire à fournir, des taxes pour les dépenses d'intérêt public et des subsides à répartir, elles ne participaient point aux affaires du pays, se bornant à la gestion des intérêts de leur localité en se conformant aux règles établies par les franchises.

Du xiiie au xive siècle se produisit un développement important dans les constitutions communales par la reconnaissance, la confirmation ou l'extension des franchises. Les princes de Savoie se servirent de ce puissant moyen d'influence contre les seigneurs qui s'efforçaient de restreindre ce patronage à leur profit, pour contre-balancer leur pouvoir par l'organisation de la bourgeoisie et de la commune indépendante, origine de l'émancipation personnelle; aussi voyons-nous ces libéralités plus largement octroyées aux fiefs frontières plus exposés aux efforts de puissants voisins.

Les Croisades contribuèrent puissamment à l'émancipation des communes qui obtinrent des franchises et des privilèges en échange de subsides accordés à leurs seigneurs ; elles reconnurent également, par des dons en argent, les concessions faites par les princes de Savoie.

Il est facile de comprendre quelle importance présentait pour les communes ces franchises, expression écrite de droits séculaires lentement acquis qui prirent corps et dont la jouissance fut garantie, que les bourgeois sauvegardaient soigneusement, exigeant de chaque nouveau prince ou seigneur le serment de les observer et s'efforçant d'en recevoir de nouvelles, même à prix d'argent. Les villages même s'efforcèrent d'établir leur indépendance en obtenant des chartes de libertés et les défendant par la résistance légale et armée, lutte qui se termine par le rachat des droits féodaux au XVIIIe siècle.

L'Etat ne contribuait point aux dépenses de l'instruction primaire et n'exerçait, par suite, aucun droit de surveillance sur le choix des maîtres, les méthodes et les livres. Celle-ci fut surtout répandue par le clergé, les curés, puis des vicaires régents, suppléant et aidant le curé ; ceux-ci dirigèrent d'abord les écoles de paroisses et de hameaux et précédèrent les instituteurs laïcs que l'on ne rencontre d'abord que dans les villes (Chambéry, 1359 — Sallanches, 1371 — Annecy, 1469 — Cluses, 1462, etc.). L'enseignement était surtout religieux et comprenait la lecture, l'écriture et le calcul ; les seuls livres étaient l'abécédaire (Croix de par Dieu), le catéchisme, le manuscrit. Dans la plupart des communes existaient des confréries dites du Saint-Esprit, s'occupant d'œuvres charitables et surveillant les fondations pieuses faites pour la création d'écoles dont l'administration passa ensuite aux conseils de commune.

Les revenus des princes consistaient en bien-fonds ou féodaux, en redevances sur les forêts, pâturages, censes, droits de vente, successions, sur les fours et moulins ; ils avaient recours à leurs vassaux et aux communes, par l'entremise des Etats généraux, dans les cas de besoins particuliers. Les finances étaient administrées par un trésorier général et une chambre des comptes, d'abord ambulatoire, rendue stable à Chambéry par le comte Vert en 1351. Les travaux publics se faisaient par corvées.

La force armée se composait des feudataires obligés de se rendre à l'appel du comte et de conduire avec eux un nombre de cavaliers et de fantassins proportionné à l'étendue de leurs terres.

La peste qui sévit fréquemment au xive siècle, avait fait établir de nombreuses maladreries ; il en existait onze dans le seul décanat de Savoie et autant dans celui d'Annecy. L'élève du bétail et la fabrication du fromage étaient les plus anciennes industries des

savoyards; les montagnes approvisionnaient la plaine.
Les mines étaient en valeur; les ordres religieux
avaient établi des forges et développé les industries du
fer. Le commerce du cuir, du chanvre et des laines
avait pris une certaine importance; le sel s'exportait
de Tarentaise; au xive siècle, Faverges avait une
coutellerie renommée et une fabrique de papier.

Rapports avec les rois de France.

Jusqu'à Amédée VII, les rois de France, en lutte
avec les Anglais qui occupaient la moitié du territoire
et les grands vassaux insubordonnés, avaient eu des
rapports constants d'amitié avec les princes de Savoie.
Plusieurs fois, ils leur demandèrent le secours de leurs
armes, de 1203 à 1383, et la chevalerie savoisienne
allait nombreuse chercher la gloire (6,000 hommes en
1355); mais nous ne trouvons pas de réciprocité de la
part de la France vis-à-vis de la Savoie (1). L'on peut
présumer que, sans cette bonne intelligence, la Savoie
aurait eu le sort du Dauphiné si Philippe de France
avait fait valoir les droits que lui avait transmis la
duchesse de Bretagne, fille du comte Edouard. Il en
fut sans doute empêché par les luttes soutenues contre
les Anglais et par la défaite de Crécy.

Après la donation du Dauphiné et de l'enclave du

---

(1) Une chronique de Savoie relate bien que le roi
Charles VI promit (octobre 1383) au comte Amédée VII de
lui envoyer 600 hommes d'armes pour l'aider contre les
Valaisans, mais la guerre était terminée et la paix conclue
à leur arrivée au camp du comte (août 1384).

Faucigny au dauphin de France, les princes de Savoie renoncèrent à l'espérance de s'agrandir de ce côté des Alpes et reportèrent toutes leurs ambitions sur l'Italie. Dès lors aussi, les rois de France visèrent à s'emparer de la Savoie pour donner la ligne des Alpes comme limite à leur royaume et abandonnèrent ensuite leurs prétentions sur le Mantouan contre la Bresse et le Bugey qui diminuèrent l'influence de la Maison de Savoie du côté de la Bourgogne.

Les Ducs (1416-1718).

Amédée VIII
Comte (1391-1416) — Duc (1416-1439).

Né à Chambéry le 4 septembre 1383, Amédée VIII succéda à son père à l'âge de 8 ans; son règne dura 49 ans et fut un des plus mémorables et des plus prospères de la Maison de Savoie. Sa grand'mère et sa mère se disputèrent sa tutelle, les Etats généraux se trouvèrent d'abord divisés d'opinion. Bonne de Bourbon, sa grand'mère, s'appuyant du testament de son fils et grâce aux démarches du duc de Bourbon, l'emporta malgré l'opposition des ducs de Bourgogne, d'Orléans et de Berry, fut nommée régente en l'assistance de douze conseillers pris par moitié dans les deux partis qui se disputaient l'influence. Il fut convenu que le jeune prince serait fiancé à la fille du duc de Bourgogne (1391). Bonne de Berry se voyant écartée de l'administration quitta la Savoie.

A son retour de Tournus pour la célébration des fiançailles, la cour de Savoie, à l'instigation du duc de

Bourgogne, se fixa en Bresse où elle résida de 1391 à 1403, et Bourg faillit déposséder Chambéry de son rang de capitale. Il ne lui fut conservé que grâce à d'actives négociations de ses syndics qui, par leur insistance et leurs démarches réitérées, obtinrent le retour du comte en Savoie.

Quand il prit la direction des affaires, Amédée VIII s'entoura de conseillers instruits et de jurisconsultes habiles et, aidé par eux, gouverna avec fermeté, prudence et justice. La Savoie se trouvait dans le calme et la paix la plus profonde, tandis que les Etats voisins étaient engagés dans des luttes qui les empêchèrent d'y porter le trouble.

Le 5 août 1401, Amédée réunit à ses possessions le comté de Genevois dont il détenait déjà quelques parties à titre de fief, en achetant pour 45,000 écus d'or les droits d'Odon de Villars, oncle d'Humbert de Villars qui l'avait fait héritier du comté de Genevois et, quelques années plus tard (1424), en indemnisant Louis de Châlons, prétendant avoir droit sur le comté du chef de Jeanne de Genève, fille d'Amédée II, son aïeule maternelle. La noblesse de Genevois convoquée à Annecy pour lui rendre hommage et fidélité, opposa une vive résistance; ce ne fut qu'après plusieurs renvois et en l'assistance de conseillers chargés d'étudier leurs droits réciproques, qu'ils y consentirent le 24 février 1405. La suppression de ce fief indépendant, placé au centre des possessions de la Maison de Savoie, achevait l'œuvre de concentration de ses Etats qui ne formèrent plus qu'un tout qui eût été complet si elle avait pu y joindre Genève et son territoire. En 1402, par l'acquisition des seigneuries de la famille de

Villars, Amédée devint seul souverain de la riche province de Bresse.

L'empereur Sigismond, rentrant en Allemagne par la Bourgogne et la Savoie, séjourna à Chambéry où, au milieu des fêtes magnifiques de sa réception, à la demande du comte, il érigea le comté de Savoie en duché (19 février 1416) « voulant récompenser la « noblesse d'esprit, la droiture de cœur, la prudhomie « du vaillant chevalier Amédée VIII. » Ce titre consacrait l'influence politique des princes de Savoie en leur attribuant la suprématie sur tous les seigneurs des deux versants des Alpes. Deux années après, la mort de Louis II, dernier prince de la branche d'Achaïe, le remet en possession du riche apanage du Piémont agrandi par les donations de l'empereur à Amédée V et par les accroissements dus aux princes d'Achaïe dans le courant du xive siècle. Cette adjonction vint augmenter son influence sur ce versant des Alpes.

Désireux de l'étendre encore, il accepte, avec ses droits et ses charges, l'héritage de Louis II de Poitiers et prend possession du Valentinois et du Diois (1422). Cette même année, l'empereur Sigismond lui inféoda le Genevois qu'il s'était réservé jusqu'alors comme fief impérial.

En 1426, entré dans la ligue contre Philippe-Marie Visconti, il soumit la riche et fertile province de Verceil qu'il garda à la paix, sanctionnée par le mariage de sa fille Marie avec le duc de Milan. C'est à cette occasion qu'il dut recevoir en présent de son gendre le splendide missel richement enluminé que possède aujourd'hui la bibliothèque de Chambéry, retrouvé après la Révolution dans les combles du Château.

Tandis que Charles VII, en France, était aux prises avec l'étranger établi au centre de ses États, et avec les grands vassaux s'efforçant de s'emparer des débris de la monarchie, Louis de Châlons, prince d'Orange, résolut de s'emparer du Dauphiné (1430). Amédée VIII n'osa prendre ouvertement parti pour lui contre les ennemis de sa Maison, mais ne s'opposa point à ce que la noblesse de Savoie, de Faucigny, de Genevois, de Chablais et de Bresse allât renforcer l'armée d'invasion. Le gouverneur du Dauphiné, instruit de ces préparatifs, en avertit le roi, convoqua la noblesse et demanda aide au comte de Clermont et au sénéchal de Lyon. Grâce à leur concours et aux bandes de routiers, sous la conduite de Rodrigue de Villandrade, dont les services avaient été achetés par le roi, les troupes du prince d'Orange, surprises en traversant la forêt d'Anthon, subirent une complète défaite. Une grande partie de la noblesse savoyarde y perdit la vie ou la liberté. François de la Pallud, comte de Varembon, eut le nez coupé et, fait prisonnier, dut payer une rançon de 8,000 florins d'or. Le ressentiment de son échec et les instigations des ducs de Bourgogne et de Bedfort, le portèrent à se venger du comte de Clermont qui avait pris grande part à la victoire d'Anthon. Appelant à son aide les seigneurs de la Bourgogne et de la Savoie, il envahit le Maconnais et enleva par escalade la ville de Trévoux (18 mars 1431), le château résista et il dut se retirer devant le comte de Clermont, emmenant de nombreux otages à Châlons et dans d'autres places du duc de Bourgogne, pour les rançonner et recouvrer avec usure le prix de sa liberté.

La duchesse de Berry et le comte de Clermont, son

fils, adressèrent de vives réclamations au duc de Savoie qui protesta n'avoir pas favorisé cette entreprise et ordonna une enquête contre les coupables réfugiés hors des États de Savoie. Il fit saisir leurs terres ainsi que la forteresse et les châteaux de Varembon et, par un traité avec le comte de Clermont, lui assura le remboursement des rançons et le payement des dommages et des pertes subis par le seigneur de Bourbon et ses sujets, et de plus 10,000 écus d'or à prélever sur leurs biens. A la requête du duc de Bourgogne, il pardonna à Varembon après qu'il eut accepté la charge de satisfaire à tous les engagements pris vis-à-vis du duc de Bourgogne. Le comte, rentré en grâce, jouit de nouveau d'une très grande influence à la cour d'Amédée VIII et de son fils Louis.

La prise de Trévoux et les exactions commises contre ses sujets, laissèrent un vif ressentiment dans l'âme du comte de Clermont contre Amédée VIII, qu'il continuait à considérer comme en ayant été l'instigateur et à qui il eût déclaré la guerre si celui-ci n'avait pas mis la Bresse en état de défense. On comprend dès lors la part qu'il prit à la conspiration dont le duc faillit être victime deux ans après. Antoine de Sure et Aynard de Cordon, seigneur des Marches, dont les brigandages et le refus de comparaître devant le Conseil ducal les avait fait condamner à la confiscation de leurs biens, formèrent le projet de s'emparer de la personne d'Amédée VIII et des plus importants seigneurs de son conseil et de les livrer à Jacques de Clermont, auprès de qui ils avaient trouvé un refuge.

Ils voulurent profiter de ce qu'Amédée devait se rendre à Pierre-Châtel, aux obsèques de Gaspard de

Montmayeur, maréchal de Savoie. Une barque d[..] stationner au pont de Pierre-Châtel, montée par [..] seigneur des Marches et des hommes d'armes, tan[..] que douze hommes déguisés et sans armes, condui[ts] par de Sure, se présenteraient pour assister à la cérémonie. Ceux-ci devraient ensuite ouvrir une porte et prêter main-forte à un homme d'arme vêtu en abbé qui se présenterait comme le supérieur de l'île Barbe, escorté de 20 cavaliers. Ils enlèveraient alors le duc et les principaux seigneurs de sa suite, les entraîneraient sur la barque que Cordon conduirait hors de la frontière pour les livrer à Jacques de Clermont. Antoine de Sure se rendit à Thonon pour s'assurer de la date de la venue du duc et en prévenir les conjurés ; mais de Clermont se refusa à agir tant qu'il n'y aurait pas guerre déclarée entre le duc et lui et de Cordon essaya de se faire pardonner son complot en trahissant son complice. Bien qu'il fût le plus coupable, il obtint la vie sauve et la liberté ; deux ans après, de Sure, après avoir fait des aveux complets, eut la tête tranchée à Thonon, son corps fut séparé en quatre quartiers qui furent expédiés pour être exposés à Chambéry, à Bourg, à Saint-Maurice et à Moudon ; sa tête resta fixée au gibet de Thonon.

Amédée VIII publia le premier code de lois pour la Savoie (1430) : les *Statuta Sabaudiæ*, colligés par Jean de Beaufort, chancelier de Savoie, et Nicod Festi de Sallanches, révisés par les hommes les plus instruits, rapprochés de la législation des pays voisins et soumis à l'examen des Etats généraux. C'est un ensemble de lois générales promulguées pour tout l'Etat et remplaçant les coutumes et les ordonnances particulières qui, variant avec chaque commune et chaque fief pour la justice civile et criminelle et l'administration, entraînaient des désordres et de graves abus. Les *Statuta* pourvoient à tout ce qui concerne le culte et la religion, déterminent les attributions des pouvoirs publics, fixent les règles de l'administration de la justice, soumettent la nomination des magistrats à l'avis du Conseil ducal, portent remède aux abus du fisc et des curiaux et établissent des règles pour la comptabilité de l'Etat.

Par un concordat avec l'archevêque de Tarentaise, les évêques de Maurienne, de Genève, de Belley et d'Aoste, obtenu par la pression des Etats généraux réunis à Thonon (16 janvier 1432), Amédée VIII régla toutes les difficultés relatives aux droits de juridiction en matière ecclésiastique et à ses droits souverains.

Il donna de nouveaux statuts à l'Ordre du Collier et créa l'Ordre de Saint-Maurice (1434). Après la mort de son fils aîné (1430), le duc résolut d'abandonner le pouvoir pour vivre dans la retraite. Ayant assemblé les trois Etats de Savoie à Ripailles, il remit la lieutenance générale du royaume à son fils Louis et demeura au château de Ripailles, ne conservant près de lui que six de ses anciens conseillers qu'il consultait (1), partageant son temps entre la prière et la direction des affaires majeures jusqu'à son abdication (1439). Ce fut l'origine de l'Ordre de Saint-Maurice.

Après avoir déposé le pape Eugène IV, le concile de Bâle proclama à sa place Amédée VIII ; celui-ci, cédant

---

(1) Cibrario ne nomme que cinq des compagnons du duc et leurs noms diffèrent des six indiqués par Dufour.

aux sollicitations des cardinaux, prit le nom de Félix V et se rendit au concile. Pendant neuf ans, résidant à Bâle, à Genève ou à Lausanne, il fut en lutte avec Eugène IV ; lorsque la mort de ce dernier rendit sa retraite nécessaire à la pacification de l'Eglise, cédant aux instances des rois de France, d'Angleterre et de Sicile, il déposa la tiare au concile de Lausanne, reconnaissant Nicolas V, nommé pape par le Sacré Collège, pour son successeur, et rentra dans son ermitage, donnant la paix au monde par son humble désistement (1449). Il ne garda que le rang de cardinal légat du Saint-Siège et l'administration des diocèses de Genève et de Lausanne, et mourut dix-huit mois après à Genève (7 janvier 1451).

Marié à Marie de Bourgogne, il en eut neuf enfants : 4 fils et 5 filles ; Louis, son deuxième fils, lui succéda, Amédée, son fils aîné, étant mort à Caselle en 1431.

Amédée VIII eut une cour somptueuse ; appelant près de lui des artistes de toutes sortes : peintres, sculpteurs, architectes, brodeurs, orfèvres, musiciens, armuriers, miniaturistes, il fit construire une nouvelle chapelle au château de Chambéry ; les églises des couvents de Saint-François et de Saint-Dominique furent commencées vers la même époque. Il fit orner de peintures et de vitraux les châteaux du Bourget, de Chambéry, d'Aix, de Thonon, reconstruisit le château d'Annecy détruit par un incendie et accorda des franchises à plusieurs villes.

Louis (1439-1465).

Né en 1413 ou 1414, Louis, nommé lieutenant général en 1434, succéda à son père en 1439. Prince maladif et d'un caractère faible, il se laissa gouverner par sa femme, Anne de Lusignan, fille du roi de Chypre, femme d'une beauté séduisante mais d'un caractère impérieux et vindicatif, qui s'empara de son esprit et le dirigea à sa guise, enrichit sa famille et combla de faveurs ses favoris, les Cypriotes, qui l'avaient accompagnée et ne vécut que d'intrigues et de corruption. Elle indisposa ses sujets et jeta le trouble dans l'État. Ce règne fut l'un des plus malheureux de la dynastie et commença une période de décadence qui est marquée par de longs troubles intérieurs et des échecs au dehors. À la mort de son père, Louis était décidé à abdiquer un pouvoir trop lourd pour lui, mais sa femme s'y opposa dans son intérêt et celui de ses enfants ; avec un courage viril elle assura l'administration des affaires publiques et privées au grand dommage de ses sujets ruinés par ses dilapidations. Louis ne sut faire à propos ni la guerre ni la paix et appauvrit le pays pour faire face aux dépenses fastueuses de sa cour ; cinq fois il dut recourir aux États généraux de Savoie pour en obtenir des subsides, ses ressources se trouvant épuisées.

Les seigneurs savoyards, jaloux des favoris étrangers qui entouraient le duc, levèrent contre lui l'étendard de la révolte et il eut la douleur de voir à leur tête Philippe, un de ses fils. Le comte de Bresse, pour mettre un terme aux déprédations des Cypriotes et de leurs adhérents, résolut de s'emparer de Jacques de Valpergue, chancelier de Savoie, du marquis de Saint-Sorlin, maître-d'hôtel de la duchesse, et de Jean de Seyssel, maréchal de Savoie, qui, les deux premiers surtout, aidaient aux déprédations dont ils tiraient profit. Par suite de leurs charges à la Cour, ils résidaient au château de Thonon avec le duc. Philippe vint d'Asti rejoindre les conjurés à Thollon, près d'Evian (1462, juillet). Un matin, à 6 heures, leur troupe entre à Thonon; Philippe se fait ouvrir la porte du château et tous pénètrent dans la pièce où ces seigneurs entendaient la messe. Valpergue, arraché du réduit où il s'était réfugié, est entraîné hors du château; Saint-Sorlin est poignardé sur l'ordre de Philippe qui se rend auprès de son père lui rendre compte de ce qui venait de se passer. Effrayé du courroux du duc, il fuit à Morges, emmenant Valpergue qu'il fit condamner par le tribunal des coutumiers, après que le chancelier, soumis à la torture, se fut avoué coupable. Le même soir, il fut précipité dans le lac, une pierre au cou.

Les faiblesses du pouvoir avaient porté la violence des mœurs à ces incroyables extrémités. Ces exécutions sommaires ne modifièrent pas la situation critique de l'Etat. Louis continua à subir la triste influence des étrangers, se refusant à écouter la voix de ses peuples qui avait demandé leur renvoi par l'intermédiaire des Etats généraux (1).

(1) Nous ne pouvons que citer quelques faits de violence et de cruauté pour montrer l'état de désordre dans lequel était parvenu l'Etat sous ce prince qui, dans bien des cas, ne sut ni prévenir ni punir les crimes de ses puissants

Aussi les plaintes, le mécontentement et la révolte s'étendent de la cour à tous ses États ; la Savoie est divisée en Guelfes et en Gibelins, ennemis ou amis du duc. Le comte créa une commission chargée de poursuivre les coupables ; les seigneurs, condamnés à des peines sévères et à la perte de leurs places et de leurs biens, se réfugièrent à la cour de France.

En 1446, Louis renonça aux prétentions de sa famille sur le Valentinois et le Diois où elle s'était

vassaux. Guillaume Bolomier, vice-chancelier de Savoie, dont la rapide élévation et la richesse excitaient l'envie, fut, à l'instigation du comte de Varembon, enfermé au château de Chillon où des commissaires, après l'avoir soumis à la torture, le condamnèrent à avoir la tête tranchée pour avoir excité la défiance entre Félix V et son fils Louis et s'être livré à la sorcellerie. Cette peine fut commuée en celle de la submersion, et il fut précipité dans le lac par le bourreau le 12 septembre 1446.

Jean de Compey, seigneur de Thorens, le plus puissant favori d'Anne de Chypre, fut frappé de coups d'épée au visage dans une chasse au faucon en présence du duc et de la duchesse (29 août 1446). Les conjurés, poursuivis, se laissèrent condamner et se réfugièrent en France et en Bourgogne.

Guy de Fésigny, président du Conseil résidant, par ordre du duc, avait poursuivi Jacques de Montmayeur, fait saisir son château et son fief de Cusy en garantie du payement d'une amende de cent marcs d'or à laquelle il avait été condamné. Le comte de Montmayeur, pour se venger de Fésigny, le fit violemment arracher de son siège en pleine audience et traîner en prison au château d'Apremont. Après l'avoir retenu quelque temps, il le fit condamner à avoir la tête tranchée par un magistrat recruté hors du pays et le supplice suivit le jugement. Cette barbare exécution eut lieu sans que le duc Louis et son fils Amédée IX fussent intervenus activement pour sauver leur trop fidèle serviteur.

maintenue pendant 24 ans, faisant non seulement abandon de la créance de son père pour se libérer de l'hommage dû au roi de France pour le Faucigny et les fiefs échangés en 1354, mais s'engageant à payer 54,000 écus d'or (1). A la mort de Philippe-Marie Visconti (1447), son beau-frère, en qui s'éteignit la ligne masculine de cette famille, les Milanais vinrent lui offrir d'être le seigneur perpétuel de leur république, sur laquelle plusieurs puissances s'efforçaient de faire valoir des prétentions (1449). Il leur fournit de faibles secours, puis, après deux défaites, accepta la neutralité demandée par Sforce; celui-ci s'empara de Milan. Louis, s'étant ensuite allié à Venise au marquis de Montferrat et au roi de Naples, les abandonne peu après; sa versatilité lui fait perdre la partie du Milanais qui lui avait été cédée et ses droits sur nombre de fiefs en Piémont (1454).

Les Savoyards proscrits, réfugiés en Dauphiné, recourent à Charles VII qui, délivré de ses inquiétudes du côté de l'Angleterre, ne pensa plus qu'à s'agrandir aux dépens de la Savoie, déclara la guerre (1452) au duc; celui-ci ne parvint à la conjurer qu'en consentant à en payer tout les frais, à évacuer les places de Montferrat et de Saluces et à rétablir ses sujets révoltés dans leurs charges, biens et honneurs.

(1) Le 7 novembre 1444, un traité de cession du Valentinois et du Diois au dauphin avait été négocié; le duc devait recevoir 30,000 écus vieux et 3,000 ducats d'or, sommes qu'il avait prêtées, et toutes les dépendances des comtés situées au-delà du Rhône; il est difficile d'attribuer au seul droit d'hommage une valeur équivalente à ces différences dont le traité de 1446 ne donne pas les motifs.

Louis, le second de ses fils, avait épousé Charlotte de Lusignan, reine de Chypre, en 1459 ; pendant cinq années que dura la guerre intestine des Cypriotes, sollicité par sa femme, le duc ne cessa de lui envoyer des soldats et de l'argent, ce qui vint encore augmenter ses embarras. Il mourut à Lyon le 29 janvier 1465 après un règne où il fut mal conseillé, mal obéi et toujours dirigé par les autres, laissant les finances dans le désordre, la noblesse mutinée et le peuple dans la misère. Il eut 18 enfants : Amédée IX, son successeur, Louis, roi de Chypre, Philippe, *sans Terre*, qui eut la Bresse en apanage, 7 autres fils et 8 filles. Il fut le premier à faire figurer son buste sur ses monnaies à l'imitation du roi de France.

Amédée IX (1465-1472).

Né à Thonon en 1435, ce prince, d'une grande piété, d'une charité exemplaire, n'eut ni l'habileté ni le courage nécessaires pour relever l'État de Savoie. Il vivait à Bourg, éloigné des affaires, lorsque la mort de son père lui donna la couronne. Amédée embrassa la cause du roi de France dans la Ligue du Bien public, et facilita le passage des troupes milanaises allant au secours de Louis XI, malgré l'opposition de ses frères et des grands (1465). Après trois ans de règne, la maladie l'obligea à abandonner la régence à sa femme, Yolande de France. Celle-ci fut, comme Louis XI, son frère, très habile et très rusée et parvint à défendre les droits de son mari et de son fils contre ses beaux-frères, Janus, Jacques et Philippe qui, furieux de n'avoir aucune part au gouvernement, se révoltèrent et lui firent, par deux fois, courir de grands dangers, auxquels elle n'échappa que grâce à l'intervention de Louis XI. Du vivant de son mari, elle fit exécuter des travaux d'embellissement à la Sainte-Chapelle du Château de Chambéry où Amédée IX avait fait déposer la relique du Saint-Suaire cédée à son prédécesseur et transportée à Turin sous Emmanuel-Philibert. Les États généraux (1470) nommèrent un conseil de régence composé de la duchesse et de trois conseillers, écartant ses beaux-frères. Le comte Philippe de Bresse et ses frères suscitèrent la guerre civile et poursuivirent leur frère et sa famille jusqu'à Montmélian (1471) où Yolande s'était réfugiée avec son époux dont ils s'emparèrent. La duchesse réussit à s'échapper avec ses enfants et passa en Dauphiné. Ayant fait appel à ses vassaux dont les contingents furent appuyés par des troupes françaises, elle put rétablir son autorité, mais dut consentir à l'entrée des trois princes au Conseil.

Amédée IX mourut à Verceil le 30 mars 1472 ; très charitable envers les pauvres, il leur distribuait lui-même des secours, et dans un temps de disette brisa son collier pour en distribuer les fragments aux malheureux qui l'imploraient. Ses vertus et sa grande charité l'ont fait placer au rang des Bienheureux. Il laissait 9 enfants : Philibert Ier et Charles Ier qui lui succédèrent et 4 garçons et 3 filles. Avec ses fils continue une série de règnes très courts, de régences tourmentées, qui amenèrent une suite de calamités pour le pays, par les tiraillements des régences, les luttes avec les princes de Savoie prétendant en faire partie et surtout par la guerre étrangère.

Philibert Ier (1472-1482), *le Chasseur*.

Né à Chambéry en 1465, succède à son père à l'âge de 7 ans, sous la régence de sa mère Yolande, confirmée par les Etats généraux. Les oncles du jeune duc renouvelèrent leurs révoltes et vinrent assiéger la mère et le fils à Montmélian. Yolande parvint à s'enfuir en France, mais son fils, retenu par ses oncles, ne fut libéré que par l'intervention du roi de France et des ducs de Bourgogne et de Milan. L'autorité de la duchesse fut maintenue. Jean-Louis, évêque de Genève, fut nommé président du Conseil de régence dont ses frères furent admis à faire partie. Voulant se ménager l'amitié de Charles le Téméraire dans l'espérance de marier son fils à Marie, sa fille unique, héritière de Bourgogne, qui s'efforçait de s'étendre en Suisse et en Italie, elle lui prêta des troupes contre les Suisses qui s'emparèrent des pays de Vaud et du Valais, après avoir remporté les victoires de Grandson et de Morat où une grande partie des troupes de Savoie fut massacrée. Yolande, pour obtenir la paix avec les Suisses, dut subir les dures conditions des vainqueurs arrêtées dans une conférence qui eut lieu à Annecy (1477) où les Etats généraux avaient été convoqués pour les ratifier.

La duchesse s'étant aliéné Charles le Téméraire, en traitant avec le roi, son frère, celui-ci la fit enlever avec sa famille par Olivier de la Marche, son conseiller, et enfermer à Rouvres. Le duc Philibert, sauvé par de Rivarol, son gouverneur, put gagner Chambéry d'où il fut envoyé en France par les Etats généraux, sous la protection de Louis XI qui devint ainsi le maître des affaires de Savoie. Par le traité de paix de 1477, une portion seulement de ses territoires fut restituée à la régente, à partir des mandements de Monthey et de Vouvry ; elle perdit le Bas-Valais, une partie du pays de Vaud et le protectorat de Berne et de Fribourg. Son frère, malgré l'appui qu'il lui avait promis, lui fit chèrement payer son alliance avec les Bourguignons en pesant sur les Etats généraux en faveur des Suisses.

Louis XI fit délivrer sa sœur, lui rendit ses enfants et les renvoya en Savoie où elle mourut avant la majorité de son fils (1478). Le duc la suivit peu après au tombeau, au milieu des désordres qui surgirent à propos de la régence. Louis de Seyssel, comte de la Chambre, nommé gouverneur par les Etats généraux, abuse du pouvoir et, après avoir surpris à Yenne le duc, que l'évêque de Genève conduisait en France à la demande de Louis XI, il l'emmène à Turin, s'enferme dans la citadelle où il fut surpris et enlevé par le comte de Bresse qui l'enferma à Aveillane (1482, 19 juin).

Philibert I ne laissa point d'enfant de son mariage avec Blanche Sforce.

Charles Ier (1482-1490), *le Guerrier*.

Né en 1468, il avait 14 ans lorsqu'il succéda à son frère. Louis XI auquel les Etats généraux de Savoie eurent recours (1482), les combla de promesses, mais donna la direction des affaires à ses créatures au préjudice de la Savoie qu'il convoitait. Il garda près de lui le jeune prince et continua à régir ses Etats, écartant du pouvoir ses oncles dont il craignait l'influence ; sa mort (1483) vint libérer le jeune prince et la Savoie d'une tutelle menaçante. Charles prit, à 15 ans, la direction des affaires avec prudence et fermeté, malgré sa jeunesse, et sut mettre un terme aux désordres et aux révoltes et restaurer la monarchie de Savoie abaissée et ruinée sous les règnes précédents. Claude de Raconis, maréchal de Savoie, avait poussé le marquis de Saluces, vassal du duc, à s'emparer de plusieurs places en Piémont ; Charles passe les Alpes avec une armée de 30,000 hommes, enlève sa charge à Raconis, remporte quelques avantages sur le marquis de Saluces et s'empare de sa capitale malgré l'intervention du roi de France qui l'engageait à accepter une trêve.

Le marquis de Saluces renouvelle au roi de France l'hommage qu'il avait prêté aux ducs Philibert Ier et Charles Ier : Charles VIII intervient en marchant sur la Savoie à la tête d'une armée ; Charles Ier va au devant de lui jusqu'à Tours et lui expose ses droits avec tant de force et de lucidité qu'il lui fait abandonner son projet. Des conférences eurent lieu pour régler les droits de suzeraineté du jeune duc dont le retour en Savoie fut accueilli par des transports de joie, mais malheureusement il mourut avant leur conclusion (1490). Charles fut le premier des princes de Savoie à porter le titre de roi de Chypre. Marié à Blanche de Montferrat, il n'eut qu'un fils, Charles-Jean-Amédée, qui lui succéda. Sous son règne, l'imprimerie fut introduite à Chambéry en 1484.

Charles Jean-Amédée, dit Charles II (1490-1496).

Né en 1489, ce prince n'avait que deux ans à son avènement ; il régna seulement 7 ans sous la régence de sa mère, Blanche de Montferrat, nommée tutrice par les États généraux. Elle appela au Conseil les deux oncles du duc, nommant Philippe de Bresse lieutenant général et sut rester en bonne intelligence avec eux. En 1494, Charles VIII lui demanda le libre passage de son armée à travers ses États pour se rendre en Italie faire valoir ses droits au trône de Naples. La régente, ne pouvant opposer un refus, reçut le roi avec de grands honneurs à Turin, où il séjourna au milieu des fêtes, lui prêta de l'argent, mais lui refusa des troupes. Philippe de Bresse et son fils Philibert le suivirent dans son expédition pour laquelle le jeune duc lui fit présent d'un coursier que Commines appelle *le meilleur cheval du monde* et auquel le roi dut son salut à la bataille de Fornoue. Après des succès rapides auxquels succédèrent de sanglantes défaites, Charles VIII ne put rentrer en France qu'en échappant à ses ennemis par des prodiges de valeur (1495). Un an après le jeune duc mourut à l'âge de 8 ans.

Philippe II (1496-1497), *Sans terre*.

Cinquième fils de Louis, né à Chambéry en 1438, Philippe qui avait causé de si grands troubles dans le pays sous les règnes précédents, arriva au pouvoir à un âge avancé par l'extinction de la branche d'Amédée IX, son frère. Pendant un règne très court de dix-huit mois, le duc se montra digne du pouvoir, ramenant la paix en pardonnant à ceux qui avaient lutté contre lui lors de ses révoltes et faisant des ordonnances pour simplifier les formes de la justice et abréger la longueur des procès. Marié à Marguerite de Bourbon, puis à Claudine de Bretagne, il eut de la première trois enfants dont, Philibert II qui lui succéda, et de la seconde Charles III qui succéda à son frère et six autres enfants. Sous son règne, des représentants des Cours étrangères vinrent pour la première fois résider à poste fixe à la Cour de Savoie.

Philibert II (1497-1504), *le Beau.*

Né à Pont-d'Ain en 1481, il succéda à son père à l'âge de 17 ans et reçut l'investiture de ses fiefs de l'empereur Maximilien dont il rechercha l'amitié et épousa la fille. Bien qu'il eût été élevé avec Charles VIII, il se soumit moins que ses prédécesseurs à l'influence du roi de France, dont les États, par suite de l'acquisition du duché de Bourgogne, enserraient toujours plus ses possessions et à qui il refusa le passage pour se rendre en Italie. Il mourut à l'âge de 24 ans des suites d'une imprudence à la chasse. Il n'eut pas d'enfant de ses mariages avec Yolande-Louise de Savoie, puis avec Marguerite d'Autriche, princesse de grand mérite, qui seconda Philibert II dans le gouvernement de ses États. Celle-ci fit élever la magnifique église de Brou en souvenir de son époux auprès duquel elle repose avec Marguerite de Bourbon, mère du duc.

Charles III (1504-1553), le Bon (1).

Charles, troisième fils de Philippe II, succéda à son frère à l'âge de 18 ans et inféoda le Genevois et le Faucigny à son frère Philippe, chef de la branche de Savoie-Nemours ; son règne fut une suite de désastres pour la Savoie. Les écrivains l'ont accusé de faiblesse, il fut plutôt malheureux ; sa loyauté le fit rester fidèle à Charles-Quint qui ne tint aucune de ses promesses et l'abandonna dans ses revers.

Dès le commencement de son règne, le duc fut en lutte contre les Genevois s'efforçant de se rendre indépendants de son pouvoir et de celui de leur évêque, Jean de Savoie, son cousin. Par un traité secret de combourgeoisie avec Fribourg négocié par Philibert Berthelier (1516), voté par les deux tiers de la bourgeoisie en 1519, ils s'assurent l'appui des Suisses ; par deux fois Charles pénètre, avec des troupes, dans Genève dont les conseillers se refusent à rompre ce traité. Il est obligé, la première fois, de céder à l'approche des volontaires fribourgeois, la seconde fois, il les aurait fait capituler s'il était resté dans Genève, mais trop occupé des deux côtés des Alpes, il ne put s'y maintenir. L'évêque, réfugié à Gex, rentre après lui, fait arrêter et décapiter Berthelier et se retire à Pignerol l'année suivante. Les Genevois demandent à Rome sa

(1) Charles III : nous conservons cette désignation employée par les historiens, tenant compte du règne de Charles-Jean-Amédée, bien que l'on puisse considérer son nom comme différent. Charles le Bon l'avait jugé ainsi : sur ses actes et sur ses monnaies il s'est intitulé Charles II.

déposition et le pape Léon X lui fait défense de rentrer à Genève; peu après, tout le peuple jure l'alliance avec la Suisse.

Vainement les noblesses de Gex, de Vaud, du Chablais et du Faucigny se coalisèrent et s'efforcèrent de réduire Genève; elle résiste seule d'abord, puis est délivrée par les milices de Fribourg, de Berne et de Soleure, avec qui elle s'était liée par un traité de combourgeoisie en 1526. La lutte se termina par le traité de Payerne (1530), par lequel le duc s'engage à laisser Genève en paix et à reconnaître l'union de 1526; il conserva le vidomat sous la réserve des droits de l'évêque, mais dut payer 21.000 écus d'indemnité aux confédérés. Il ne renonce point cependant au dessein de surprendre Genève qu'il harcelle sans cesse, causant à ses citoyens de perpétuelles alarmes.

Allié avec la France, il aida successivement Louis XII et François Ier à faire la conquête du Milanais; puis, lorsque la guerre éclata entre ce dernier et Charles-Quint, il voulut garder la neutralité (1529). François Ier se prépara à envahir la Savoie, après avoir soulevé Genève contre le duc (1536). Cette ville venait de supprimer l'exercice du culte catholique, de chasser son évêque, le clergé et les religieux. Charles l'investit, fut repoussé et se retira sur Rumilly tandis que les Bernois et les Fribourgeois envahissaient le pays de Vaud, Gex et le Chablais jusqu'à la Dranse et les Valaisans arrivaient à Genève quelques jours avant l'entrée des Français à Chambéry. Les confédérés s'arrêtèrent dans leur marche sur Annecy et Chambéry en apprenant la résolution de François Ier de s'emparer de la Savoie; ils terminèrent leur campagne par la prise du château de Chillon et la délivrance de Bonivard.

L'amiral Philippe de Chabot pénétra en Savoie avec une rapidité qui ne laissa point le temps d'organiser la résistance ; il entra à Chambéry le 24 février 1536, accordant au pays, à la demande des magistrats, toutes les garanties dues à un pays libre. Montmélian, livré par son gouverneur, il s'avance par le Mont-Cenis et fait, en 7 jours, la conquête du Piémont. Seuls, les Tarins, soulevés et dirigés par François de Loclier, repoussent jusqu'à l'Hôpital la troupe allemande détachée pour occuper le Saint-Bernard et enlèvent Conflans ; ils n'ouvrent le passage qu'à la condition d'avoir une garnison française. Les Valdotains, plus heureux, obtiennent un traité de neutralité. Cette première occupation française dura 23 ans, fut une charge lourde pour la Savoie par le passage continuel des troupes allant combattre en Italie, qui ravageaient et rançonnaient le pays et par l'augmentation des impôts, mais n'amena pas de bouleversement dans l'administration.

François Ier créa un Parlement qui remplaça le Conseil résident et une Chambre des Comptes à Chambéry, maintint le présidial d'Annecy et les baillis de Savoie, de Maurienne, de Tarentaise, de Bresse et de Bugey ; ces magistrats furent presque tous des Savoyards, à l'exception des membres du Parlement. Trois ans plus tard il rend une ordonnance par laquelle il oblige à rédiger en français tous les actes judiciaires, établit les actes de l'état-civil et organise le notariat.

En 1547, Henri II traverse la Savoie et, en 1550, refuse de réunir le Parlement de Chambéry à celui de Grenoble et accorde à la demande des syndics de ne pas demander à la Savoie les subsides levés dans tout le royaume pour augmenter la solde des militaires. Il réunit fréquemment les trois Etats de Savoie et rendit à leur requête de nombreuses ordonnances intéressant le pays et les chargea du vote et de la taxation de l'impôt pour lequel ils nommaient un receveur et se faisaient rendre compte de la recette et de l'emploi des fonds. Lors de la remise de la Savoie à Emmanuel-Philibert en 1559, leur procureur, par un noble sentiment de délicatesse, demande pour les trois Etats d'être déchargés de leur serment de fidélité au roi de France.

Le malheureux Charles III, dépouillé de ses Etats, ne conserva que Coni, Nice, Verceil et le Val d'Aoste; il mourut à Verceil en 1553. C'est lui qui changea le nom de l'ordre du Collier en celui de l'Annonciade, sanctionnant un ancien usage, les roses du collier existant déjà du temps de Charles Ier. Marié à Béatrix de Portugal, il eut d'elle Emmanuel-Philibert, Louis, mort à l'âge de 13 ans à Madrid, où Charles-Quint avait exigé que ses fils fussent élevés, et 7 enfants morts jeunes.

Emmanuel-Philibert (1553-1580).

Né à Chambéry le 8 juillet 1528, Emmanuel-Philibert élevé à la cour de Charles-Quint, avait reçu une instruction solide et variée et appris à la fois le métier des armes et l'art de gouverner, aussi fut-il aussi habile général que bon administrateur. L'empereur, appréciant les rares qualités de son neveu, l'attacha à son service et le nomma général et gouverneur des Pays-Bas à 25 ans. Il avait pris part, en passant par tous les grades, aux luttes entre Charles-Quint et la France et s'était distingué à la bataille de Mulhberg (1547) et, plus tard, à la prise d'Hesdin qu'il enleva en deux jours. Resté attaché à la fortune de Philippe, il défendait Bapaume lorsque la mort de son père (1553) l'appela à lui succéder.

Les Français venaient de s'emparer de Verceil, il ne restait au nouveau duc de Savoie que Nice, Coni et Aoste. Après avoir visité ces villes, il comprit que la défaite de la France était le seul moyen de récupérer ses Etats et prit cette fière devise : *Spoliatis arma supersunt*, entourant un bras armé d'une épée. A la tête de l'armée espagnole, il vint mettre le siège devant Saint-Quentin (1557) défendu par Coligny. Il défit l'armée française venue pour la dégager, sous le commandement du connétable Anne de Montmorency qui fut fait prisonnier. Sans la jalouse intervention de Philippe II qui souleva l'indignation de Charles-Quint, il eût levé le siège de Saint-Quentin et marché sur Paris.

Après la bataille de Gravelines, Emmanuel-Philibert fut le principal agent de la paix de Cateau-Cambrésis (1559), qui lui rendit ses Etats à l'exception de quelques villes de Piémont réservées à la France jusqu'à ce qu'il eût été décidé de la justice des droits qu'Henri II prétendait tenir de son aïeule, Louise de Savoie. Il épousa Marguerite de Valois, fille de François Ier et sœur d'Henri II qui trouva la mort dans un tournoi, au milieu des fêtes données à Paris à l'occasion de ce mariage. Cette princesse, surnommée la dixième muse, pour la protection qu'elle accorda aux poètes et aux artistes, fut chantée par Marc-Claude de Buttet, assidu à sa Cour, ainsi que par Jacques Pelletier du Mans qui lui dédia son poème descriptif: *La Savoie.*

Emmanuel-Philibert après être rentré en possession d'une partie de ses Etats, entra en négociation avec les Suisses et obtint de Berne la restitution de la seigneurie de Gex, des bailliages de Ternier, Gaillard et de Thonon (traité de Lausanne, 1564). Il leur abandonna le pays de Vaud et les parties du Genevois situées sur la rive droite du Léman. Par le traité de Thonon (1569), les Valaisans lui rendirent la portion du Chablais comprise entre la Dranse et Saint-Gingolph. Le règlement des droits du duc sur Genève fut laissé à débattre entre le duc et la ville; l'on peut dire que dès lors Genève était définitivement perdue pour la Maison de Savoie. Ainsi fut achevée la restauration des Etats de Savoie. Depuis plus de vingt ans ils avaient été le théâtre des luttes continuelles entre les Français et les Espagnols, les campagnes dévastées, les villages détruits, les villes saccagées présentaient de toutes parts le triste spectacle de la ruine; l'industrie et le commerce n'existaient plus. Les seigneurs se considéraient comme dégagés vis-à-vis d'un souverain qui n'avait pu les protéger et le peuple était devenu indifférent pour des maîtres autrefois si chers. Il sut ressaisir l'autorité et l'affection en réparant les désastres de la guerre, en sachant maintenir la paix et en rendant son pays plus prospère qu'il n'avait jamais été; aussi peut-on le considérer comme le restaurateur ou le second fondateur de la Maison de Savoie.

Emmanuel-Philibert passa d'abord une année à Nice dont les habitants avaient montré un si grand dévouement à sa cause, releva ses fortifications. Bien qu'il n'eût que des vues pacifiques tout en réorganisant son duché, il fortifia les principales villes de ses Etats; en Savoie : Montmélian, le fort de l'Annonciade à Rumilly, la citadelle de Bourg.

Dès 1561, il prit soin d'effacer les dernières traces de servitudes réelles et personnelles : taillabilité et mainmorte, au profit des populations des campagnes en les déclarant rachetables. L'établissement d'une milice nationale d'infanterie levée par conscription sur des listes dressées par les syndics lui permet de supprimer les armées féodales en exemptant les feudataires du service personnel et en leur accordant de lui fournir des fantassins, moyennant le paiement d'un impôt. Ceux-ci acceptèrent l'établissement de la milice comme une exemption de charges sans prévoir la suppression de leur influence qui en devait être la conséquence. La modification et la création de divers impôts, qu'il ne soumit plus à la sanction des Etats généraux, lui permit de faire face aux dépenses de l'Etat ruiné par son père. Il développa l'instruction supérieure et secondaire pour retenir ses sujets qui allaient étudier à l'étranger, appelant des professeurs distingués à l'Université de Turin et créant des Collèges dirigés par les Jésuites, à Chambéry (1564) et à Turin (1567). Il restreignit le droit d'acquérir des maisons religieuses si nombreuses et déclara les abbés et les évêques inhabiles à succéder et incapables d'acquérir des biens-fonds sans y être autorisés par lui. Leurs biens furent soumis à payer, de vingt en vingt ans, le sixième de leur valeur comme compensation du droit de mutation perdu pour le fisc.

Le duc encouragea l'agriculture, le commerce et

l'industrie, fit établir les salines de Moûtiers pour remplacer l'extraction du sel d'Arbonne, encouragea l'exploitation des mines et réforma le système monétaire, supprimant le cours légal des anciennes monnaies, établissant la valeur des nouvelles, de telle sorte que leurs multiples donnassent toujours un entier par des divisions simples et commodes et les faisant frapper avec une empreinte nette et saillante indiquant leur origine et leur prix.

Au bout de quelques années, la noblesse ne prétendit plus à l'indépendance, les peuples des campagnes et des villes eurent confiance en leur prince et vénération pour ses grandes qualités. Par la suppression des Etats généraux, il arriva à développer le pouvoir absolu à un haut degré sans trouver d'opposition chez les feudataires désarmés par l'abandon de leur rôle militaire. En 1568, Emmanuel-Philibert, qui avait reçu le collier de l'Annonciade à Turin des mains de Sébastien de Montbel, dernier chevalier survivant, créa plusieurs chevaliers ; en 1572, il rétablit l'ordre militaire de Saint-Maurice, réuni la même année à l'ordre hospitalier de Saint-Lazare.

En paix avec tous ses voisins, il s'allia avec Venise à la suite du refus de Soliman II de lui remettre l'île de Chypre s'il ne consentait pas à s'unir à lui contre cette république.

Henri III de Valois, successeur de Charles IX, revenant d'Italie, séjourna à Turin où il fut fastueusement accueilli par le duc qui le fit escorter par 7.000 hommes jusqu'à la frontière du Dauphiné; celle-ci dépassée, le roi fut attaqué par Montbrun qui pilla ses équipages. Le roi, en reconnaissance de la réception qu'il lui avait faite, rendit au duc les dernières places que la France retenait encore en Piémont.

Par le transfert de la capitale de Chambéry à Turin, au centre du Piémont, le duc rompit avec la tradition de ses ancêtres, ne songeant plus à s'agrandir que du côté de l'Italie, arrêté de ce côté des Alpes par le développement continu du royaume de France, entourant de trois côtés la Savoie qui, tôt ou tard, devait échapper à ses successeurs. Après avoir abandonné cette capitale, il fit transporter de Chambéry à Turin le Saint-Suaire, sous le prétexte d'éviter à Saint Charles Borromée un trop long pèlerinage.

En prenant le pouvoir, Emmanuel-Philibert établit le Sénat de Savoie pour remplacer le Parlement français, créa la charge de Général des finances ou Trésorier général qui devait toujours résider près de sa personne et inspecter tous les revenus de l'Etat et établit des conseils de communes chargés d'administrer les affaires locales.

Il mourut en 1580, après 27 années de règne consacrées à la réorganisation et à la restauration de ses Etats délivrés de l'oppression étrangère, ne laissant qu'un fils, Charles-Emmanuel Ier, de son mariage avec Marguerite de Valois, à qui son heureuse influence pour le bien public, sa bonté et sa charité valurent l'affection du peuple.

CHARLES-EMMANUEL Ier (1580-1630), *le Grand*.

Né le 12 janvier 1562, il succéda à son père à l'âge de 18 ans et eut un règne d'un demi-siècle ; très instruit, d'un caractère fier et hardi, d'une vive imagination, son ambition le porta à rêver l'agrandissement de ses Etats, mais inhabile politique et suivant à la fois plusieurs projets, il ne réussit dans aucun. Abandonnant la sage politique du règne précédent, il se lança bientôt dans de malheureuses entreprises de guerres et de conquêtes qui aboutirent à quelques agrandissements en Piémont, mais à une nouvelle réduction de ses Etats deçà les monts, sur la rive droite du Rhône.

Charles-Emmanuel, encouragé par le pape Sixte-Quint qui lui promettait des troupes et des subsides, résolut de s'emparer de Genève, mais l'opposition d'Henri III et de Berne qui l'avaient prise sous leur protection, l'obligea à renoncer à cette entreprise. Il songea ensuite à faire la conquête du marquisat de Saluces enclavé dans ses Etats et dépendant de la France qui avait par là pied dans la péninsule. N'ayant pu obtenir cette province sur laquelle il avait des droits, par les voies de conciliation, il en fit la conquête; quelques semaines lui suffirent pour occuper les places fortes et chasser les garnisons françaises (1588). Henri III ne pouvant songer à déclarer la guerre au duc au milieu des difficultés et des luttes qui amenèrent l'assassinat des Guises, entraîna contre lui les cantons suisses excités par Sancy qui se mit à leur tête. Ayant levé des troupes appuyées par les Suisses, il entra en Savoie, s'empara du pays de Gex et d'une partie du Chablais et du Faucigny; les Vallaisans, de leur côté, envahirent le pays de Gavot jusqu'à la Dranse (1589).

Sancy s'étant retiré avec les troupes françaises, Charles-Emmanuel, à la tête d'une armée de 12,000 hommes et 2,500 chevaux, reprit le Chablais et marchait sur Gex lorsque 10,000 Bernois pénétrèrent en Chablais. Les forces supérieures du duc les obligèrent à se retirer pour couvrir le pays de Gex d'où ils furent repoussés et à signer le traité de paix de Nyon, 10 octobre 1589.

Peu après, les troupes espagnoles qui avaient commis des actes inouïs d'exaction et de férocité contre les pauvres habitants des campagnes réduits à la misère, passèrent en Italie pour y prendre leurs quartiers d'hiver et les Genevois rentrèrent en Chablais. Le duc marche contre eux et les repousse et ils étaient près de succomber lorsque, sollicité par les ligueurs de Provence, Charles-Emmanuel se résolut à leur venir en aide, avec l'arrière-pensée de profiter des embarras d'Henri IV pour tenter la conquête du Dauphiné et de la Provence et faire valoir ses droits à la couronne de France. Après quelques avantages, les secours promis par le roi d'Espagne, Philippe II, n'arrivant pas, il dut reculer devant les efforts de Lesdiguières qui, après de rapides évolutions en Piémont, en Savoie et en Provence, s'était joint à La Valette. Les ligueurs ayant été battus à Esparron et sous les murs de Vinon, le duc dut renoncer à ses projets et rentrer en Piémont. Lesdiguières envahit la Savoie, la guerre continua et, après une suite de succès et de revers, se termina à la paix de Vervins (1598), qui laissa Charles-Emmanuel libre de garder la neutralité entre la France et l'Espagne, ajournant la solution de la possession du marquisat de Saluces. Il s'occupa de combattre l'hérésie dans les environs de Genève et dans le Chablais par des missions qui eurent un grand succès grâce au talent et à la douceur de Saint François de Sales, le plus aimable des Saints.

Après deux ans de négociation avec Henri IV au sujet de Saluces que celui-ci voulait conserver et que le duc refusait d'abandonner, le roi pénétra, à la tête de son armée, en Bresse et en Savoie (août 1600), enleva Montmélian et toutes les places fortes avant l'hiver et obligea le duc à passer un traité par lequel, en échange du marquisat de Saluces, il abandonnait à la France la Bresse, le Bugey, le Valromey, le pays de Gex, fertiles contrées qui, depuis plusieurs siècles, formaient le plus beau fleuron des Etats de Savoie, et les deux rives du Rhône, de Genève à Saint-Genix. Par le fait de cet échange, Charles-Emmanuel atteignait un des buts de sa politique : exclure les Français d'Italie ; la Maison de Savoie devint de plus en plus Italienne, la Savoie fut abandonnée et ne présenta plus pour ses princes d'intérêt que comme le berceau de leur dynastie et comme première défense, couverte par le Rhône et l'Isère, des passages des Alpes qu'ils tenaient seuls et dont Montmélian et Genève devaient être les points d'appui.

Genève n'avait été comprise ni dans le traité de Vervins ni dans celui de Lyon, Charles-Emmanuel la considérant comme le boulevard de sa ligne de défense, tenta de nouveau de s'en emparer. Le 22 décembre 1602, 4,000 hommes rassemblés secrètement s'avancèrent sous les murs de Genève ; 500 entrés par escalade devaient ouvrir les portes. Ils occupent un bastion mais s'attardent à l'action. Un homme, échappé d'une patrouille qu'ils ont jetée dans les fossés, sonne l'alarme. Les citoyens accourent, massacrent et prennent les envahisseurs et font échouer l'entreprise. Le traité de paix de Saint-Julien (1603), ménagé par Henri IV et les Suisses, mit fin aux tentatives des princes de Savoie pour s'emparer de Genève qui n'eut plus rien à craindre dès lors pour son indépendance, bien qu'elle ne fut cependant acceptée d'une façon définitive par la Maison de Savoie que par le traité de Turin du 3 juin 1754. Elle fut reconnue comme république indépendante, alliée des Suisses; ses limites furent reportées à celles de 1589 et elle fut garantie dans un rayon de quatre lieues contre toute fortification permanente et contre tout rassemblement hostile.

Lors de la guerre entre la France et l'Autriche, Charles-Emmanuel Ier s'allie à la France qui lui offrait le Milanais, projet qui fut arrêté par la mort d'Henri IV (1610), et repris en 1613 à la mort du duc de Mantoue, ne laissant qu'une fille de son mariage avec Marguerite de Savoie, fille de Charles-Emmanuel. Le duc réclame les droits de sa famille sur le Montferrat, s'empare de toutes les places fortes qu'il remet ensuite au commissaire impérial et entre en négociation après avoir obligé les Espagnols à se retirer du siège de Verceil qu'ils prirent en 1617, étant parvenus à soulever Henri de Nemours contre Charles-Emmanuel.

Louis XIII prit parti pour ce dernier, Lesdiguières joignit ses troupes à celles de Savoie, fit lever le siège d'Asti et parvint à chasser les Espagnols du Piémont et du Montferrat, ce qui amena la paix de Pavie et le différend fut soumis à l'empereur. Après la guerre de la Valteline, la France traite avec l'Espagne, mais Charles-Emmanuel ouvre la deuxième guerre de Montferrat. Louis XIII vient faire la conquête de la

Savoie où il substitue un conseil de magistrats français au Sénat et à la Chambre des Comptes (3ᵉ occupation d'une année (1630-31). Montmélian lui résiste seul, il dégage le passage du Mont-Cenis, ce qui lui permet de renforcer ses troupes en Piémont malgré les efforts de Charles-Emmanuel, qui meurt en 1630, laissant ses peuples ruinés et décimés par la peste, suite des malheurs de la guerre. Marié à Catherine, fille de Philippe II, roi d'Espagne, Charles-Emmanuel eut dix enfants, Victor-Amédée, 4 garçons et 5 filles.

Saint François de Sales et le président Favre, réunissant l'élite de la société d'Annecy fondent, en 1607, la première Académie par deçà les Monts, sous le nom d'Académie Florimontane, avec la devise : *Flores et Fructus.*

Victor-Amédée Iᵉʳ (1630-1637).

Né à Turin en 1587, était connu par sa capacité à la guerre lorsqu'il fut appelé à succéder à son père. La moitié de ses Etats était occupée par les Français. A la suite du fléau de la guerre, la peste et la famine les menaçaient de la dépopulation, les bras manquaient pour cultiver les terres. Il fut obligé cependant à continuer la guerre de Montferrat; ses succès forcèrent Richelieu à traiter de la paix. Elle fut réglée à Ratisbonne (1630), entre la France, l'Empire, l'Espagne et la Savoie, mais il n'y fut pas question de la restitution de la Savoie qui ne fut accordée que par le traité de Cherasco (1631), qui laissa le *bas* Montferrat au duc de Nevers et le *haut* Montferrat au duc de Savoie, réservant à la France Pignerol et ses vallées qui furent réunies à son territoire. Rentré en possession de la Savoie, Victor-Amédée nomma le prince Thomas, son frère, gouverneur de Chambéry, et créa un Conseil d'Etat mixte, chargé d'administrer la justice civile et criminelle; le Sénat et la Chambre des comptes ne furent rétablis qu'en 1632. Le duc organisa à Chambéry un office d'abondance composé de deux anciens bourgeois, deux marchands et deux maîtres jurés en arts, et y établit quatre foires de 15 jours, jouissant de toutes les exemptions et privilèges accordés à celles de France.

C'est vers cette époque que Victor-Amédée prit le titre d'altesse royale, en sa qualité de roi de Chypre et de Jérusalem. Ses frères et sa sœur, révoltés par la cession de Pignerol et excités par l'Espagne, se tournent contre lui, le cardinal Maurice se rend auprès du pape, Thomas est placé à la tête de l'armée espagnole en Flandre, sa sœur Marguerite reçoit la vice-royauté de Portugal. La guerre éclata de nouveau entre l'Espagne et la France, à laquelle Victor-Amédée dut s'allier, cédant aux violences de Richelieu qui lui fit proposer alliance ou guerre (1635); après trois années de campagne dont la dernière fut glorieuse pour le duc, au milieu de ses victoires, alors qu'il marchait sur Milan, il tomba malade et mourut douze jours après (1637).

Marié à Christine, fille d'Henri IV, il eut d'elle François-Hyacinthe et Charles-Emmanuel II qui lui succédèrent et 4 filles.

Marie-Christine et François-Hyacinthe (1637-1638).

François-Hyacinthe succéda à son père à l'âge de 5 ans, sous la tutelle de sa mère, femme remarquable qui, pendant onze années de régence dirigea les affaires de l'Etat sur lesquelles elle garda ensuite une grande influence. Elle sut déjouer les projets de ses beaux-frères et empêcher leur retour en Savoie, mais elle ne put échapper à l'influence de Richelieu. Celui-ci, après avoir tenté de la faire arrêter avec ses enfants, l'obligea à un traité d'alliance contre les Espagnols à qui l'incapacité de la Valette permit de prendre Verceil le jour même de la mort du duc de Savoie, après un an de règne.

Marie-Christine et Charles-Emmanuel II (1638-1675).

Charles-Emmanuel II, né en 1634, avait 4 ans lorsqu'il succéda à son frère sous la régence de sa mère. Ses oncles voulant s'emparer du pouvoir fomentèrent la guerre civile (1639), le prince Thomas envahit le Val d'Aoste et le Verceillais. Richelieu, de son côté, ne vise qu'à se faire remettre les places fortes pour prendre possession de la Savoie. La duchesse est obligée de se retirer en Savoie (1641) d'où elle se rend à Grenoble, près de Louis XIII, pour implorer son aide, mais Richelieu exigeait l'envoi du duc à Paris et la remise de Montmélian, dont le gouverneur avait reçu l'ordre de ne livrer ni la forteresse ni le prince; elle se retire sans traiter.

La fermeté de sa résistance irrita Richelieu qui s'en vengea sur ses conseillers, le père Monod enfermé au château de Miolan où il mourut, et le comte d'Aglié, arrêté contre le droit des gens chez l'ambassadeur français, resta prisonnier à Vincennes jusqu'à la mort du ministre de Louis XIII. Revenue à Chambéry, Marie-Christine apprend que Richelieu offre la régence au prince Thomas pour le détacher du parti espagnol. Elle fait la paix avec ses beaux-frères qui, comprenant que leurs dissenssions ne profitaient qu'à l'étranger, mieux valait en venir à un accord avec la régente, et délivrer le pays de la guerre civile qui avait faillit mettre en péril l'existence même de l'Etat. Le prince Thomas reçoit le commandement général de l'armée française, chasse les Espagnols et continue ses succès après la mort de Louis XIII et de Richelieu (1643). Mazarin, successeur de ce dernier, se montra toujours favorable à la Maison de Savoie.

Charles-Emmanuel II, devenu majeur à la paix générale (1648), prit la direction des affaires, conseillé par sa mère qui conserva son influence jusqu'à sa mort (1663). La situation du pays était des plus tristes par suite de la guerre avec l'Espagne, continuée d'accord avec la France, qui avait causé les plus grands maux aux populations. Pendant trois ans (1653-1655) il combattit les Vaudois qui, encouragés et secourus par Cromwel, repoussèrent tous les assauts et l'obligèrent à un traité de paix par lequel il leur reconnaissait le droit de résider dans leurs anciennes possessions et le libre exercice de leur culte. (1655, amnistie de Pignerol). Profitant de la paix pour porter remède aux maux de ses sujets, il s'occupa de développer l'instruction publique et de remettre de l'ordre dans l'administration. Il établit une communication facile entre la

Savoie et la France, en faisant construire la rampe du passage de la Grotte et ouvrir la route de Chambéry au Pont-de-Beauvoisin (1667-1669), ce qui permit l'établissement des premières messageries (carrosses, calèches et litières) entre ces deux villes ; un premier projet présenté et approuvé en 1661, n'avait pu recevoir son exécution vu l'état impraticable du chemin. Cette section de la voie romaine de Milan à Vienne, délaissée pendant tout le moyen âge, n'avait pas cessé d'être utilisée par le commerce, et quelques travaux de restauration y avaient été faits en 1649 par l'ordre de Madame Royale à qui est également due la reconstruction de la façade de la Sainte-Chapelle du château de Chambéry.

En 1676, les récoltes ayant fait défaut en Savoie, par suite de la sécheresse, le duc fit acheter des blés qui furent distribués gratuitement.

Sa cour fut une des plus brillantes de son temps, elle était le séjour des fêtes et des plaisirs. La Savoie en eut sa part lors de la béatification de saint François de Sales et du mariage du duc avec Françoise, fille de Gaston d'Orléans (1663) et avec Jeanne-Baptiste de Savoie-Nemours en 1665. On lui a reproché son amour pour la chasse et les fêtes et surtout d'avoir rendu vénales les grandes charges de la magistrature. Il mourut le 12 juin 1675. Il n'eut pas d'enfant de sa première femme et de la seconde qu'un fils, Victor-Amédée II. Celle-ci, fille de Charles-Amédée de Savoie-Nemours, hérita du duché de Genevois et des baronnies de Faucigny et de Beaufort qui rentrèrent dans le domaine de la couronne à la mort d'Henri de Savoie, dernier duc de Nemours, en 1659, cent treize ans après en être sortis.

BIBLIOGRAPHIE
DE LA DEUXIÈME PARTIE

AGOULT (Mlle Henriette d'). *Abrégé de l'histoire de Savoie.* Chambéry, 1875; in-12.

BERTOLOTTI. *Compendio della storia della real Casa di Savoia.* Turin, 1828; in-12.

BLANC (Thomas). *Abrégé de l'histoire de la royale Maison de Savoie.* Turin, 1778; 3 in-12.

BOISSAT (Le Chanoine). *Histoire de la Maison de Savoie.* Chambéry, 1851; in-12.

BOLLATI (Frederico-Emanuele). *Comitiorum. Historiæ Patriæ monumenta.* Turin, vol. XIV et XV.

BURNIER (Eugène). *Histoire du Sénat de Savoie dès son origine à sa suppression.* Chambéry, 1864-65; 2 in-8°.

CAPRÉ. *Traité de la Chambre des Comptes.* Chambéry, 1662; in-4°.

CARUTTI DI CANTOGNO (Il conte Domenico). *Il Conte Humberto I. (Biancamano.)* Roma, 1889; in-8°.

— *Regesta Comitum Sabaudiæ marchionum in Italia.* Bibliotheca storica Italiana, t. V. Turin, 1889; in-4°.

CHIESA (Monsignore della). *Corona reale di Savoia o sia relazione delle provincie e titoli ad essa appartenenti.* Cuneo, 1555-57; 2 in-4°.

CIBRARIO (Ludovico). *Recherches sur l'histoire et sur l'ancienne constitution de la Monarchie de Savoie.* Paris, 1833.

— *Storia della Monarchia di Savoia.* Turin, 1810; 3 in-8°.

— *Notizie storiche e genealogiche dei reali di Savoia colle serie chronologiche dei loro acquisti.* Turin, 1859; in-8°.

— *Arbre généalogique des princes de la Maison de Savoie.* (Reproduit par Dessaix dans la *Savoie historique et pittoresque.*) Chambéry, 1868; 2 ff. in-plano avec sceaux.

CLARETTA (Il Barone). *La Successione di Emmanuele Filiberto al trono Sabaudo e la prima ristorazione della Casa di Savoia.* Turin, 1884; in-8°.

COSTA DE BEAUREGARD (Marquis Henri). *Mémoires historiques sur la royale Maison de Savoie et sur les pays soumis à leur domination depuis le commencement du XI° siècle jusqu'à l'année 1800.* 3 vol., Turin, 1816; le 4°, Chambéry, 1888.

DESCOSTES (François). *Etude sur la lutte de la féodalité et des communes en France et en Savoie.* Chambéry, 1868; in-8°.

DESSAIX (Joseph). *La Savoie historique et pittoresque.* Chambéry, 1854; in-4°.

— *L'Histoire de la Savoie racontée aux enfants* (1re partie). Annecy, 1853; in-18.

FOURNIER (Paul). *Le Royaume d'Arles et de Vienne (1138-1178).* Paris, 1891; in-8°.

GERBAIX DE SONNAZ (Comte Albert). *Studi storici sul contado di Savoia e marchesato in Italia.* Turin, 1883-1897; 3 in 8°.

— *Bandiere, standardi e vessilli dei conti et duchi di Savoia.* Turin, 1896; in-4°

Gingins-la-Sarra. *Sur l'origine de la Maison de Savoie. Mémoires* de l'Académie royale de Turin, t. X et XXI.

Guichenon (Samuel). *Histoire généalogique de la royale Maison de Savoie.* Turin, 1778 ; 5 in-f°.

Lullin et Lefort. *Regeste genevois ou Répertoire chronologique et analytique des documents imprimés relatifs à l'histoire de la ville et du diocèse de Genève avant 1312.* Genève ; in-4°.

Manno (Il Barone Antonio). *Origine e vicende dello Stemma Sabaudo. Curiosita e richerche di storia subalpina.* Turin, 1876 ; in-8°.

Martin-Franklin et Vaccarone. *Notice historique sur l'ancienne route de Charles-Emmanuel II et les grottes des Echelles.* Chambéry, 1887 ; in-8°.

Ménabréa (Léon). *Montmélian et les Alpes.* Chambéry, 1844 ; in-8°.

— *Origines féodales dans les Alpes occidentales.* Turin, 1853 ; in-4°.

— *De l'Organisation militaire au moyen-âge. Siège de Corbières. Occupation du Faucigny.* Chambéry, 1851 ; in-8°.

Perrin (André). *Le Monnayage en Savoie sous les princes de cette Maison.* Chambéry, 1872 ; in-8°.

Philippe (Jules). *Histoire populaire de la Savoie* (1re période). Annecy, 1852 ; in-12.

Pinelli (Ferdinando). *Storia militare del Piemonte in continuazione di quella di Saluzzo.* Turin, 1855 ; 3 in-8°.

Pozzo (Ferdinando dal). *Essai sur les anciennes Assemblées nationales de la Savoie, du Piémont, etc.* Paris, 1829 ; in-8°.

Promis (Dominico). *Monete dei reali di Savoia.* Torino, 1841 ; 2 in-4°.

SAINT-GENIS (Victor de). *Histoire de la Savoie dès son origine à l'annexion de 1860.* Chambéry, 1884; 3 in-18.

SCLOPIS (Frederico). *Degli Stati generali e d'altre istituzioni politiche del Piemonte e della Savoia.* Turin, 1851; in-4°.

TARDY (Joseph). *La Savoie de 1814 à 1860.* 1869; in-8°.

TREDICINI DE SAINT-SÉVERIN (Marquis). *Un Régiment provincial de Savoie en 1792.— Marguerite ou la guerre de Thônes, le colonel de Maurienne, etc.* Genève, 1881; in-4°.

— *Etude historique et critique sur quelques années du règne de Charles-Emmanuel I. Savoie et Provence.* Thonon, 1889; in-8°.

TROISIÈME PARTIE

LES ROIS DE SARDAIGNE
(1713-1860)

Victor-Amédée II (1675-1730).

Né à Turin en 1666, Victor-Amédée II succéda à son père à l'âge de 9 ans, sous la tutelle de sa mère, Jeanne-Baptiste de Savoie-Nemours, qui conserva la direction des affaires jusqu'en 1684. L'Etat fut tranquille et prospère grâce à l'accord avec la cour de France. Mais l'ambition de Louis XIV, à qui la régente permit de faire peser son autorité sur ses Etats, menaçait l'indépendance de la Savoie. Sous sa pression, les Vaudois furent de nouveau persécutés, puis le duc leur restitua leurs biens et leur permit le libre exercice de leur culte.

Victor-Amédée ayant pris les rênes du gouvernement, résolut d'entrer dans la ligue des Etats de l'Europe formée à Ausbourg. Louis XIV (1686), en ayant été instruit, lui demanda de désarmer son armée et de remettre à ses troupes la citadelle de Turin et le château de Verrue comme places de sûreté. Trois régiments piémontais, prêtés à la France, furent dissous et dispersés dans les régiments français, les soldats s'échappèrent tous et les officiers, refusant de l'avancement, demandèrent leurs passeports et rentrèrent en même temps. Noble exemple de fidélité et d'honneur renouvelé en 1792 par le régiment provincial de Maurienne qui avait été licencié et convoqué pour l'année suivante, se retrouva tout entier réuni à la date fixée, les hommes ayant passé à travers les postes français et franchi les cols des Alpes en plein hiver.

Le duc réunit ses troupes à celles de l'Autriche (1690). Catinat envahit la Savoie, passa les Alpes, assaillit et défit l'armée alliée à la bataille de Staffarde. La Savoie n'avait pu résister à l'armée française et resta 6 ans occupée (4e occupation française); seule la forteresse de Montmélian soutint un siège de 15 mois et 5 jours de tranchée ouverte et subit toutes les horreurs de la famine avant de se rendre.

La Savoie eut peu à souffrir de cette occupation, l'administration existante fut conservée; le Sénat, la Chambre des comptes, le Conseil de Genevois et les autres juridictions furent maintenues et les remplacements n'eurent lieu que lorsqu'il se produisit des vacances. Le 17 janvier 1691, Louis XIV maintint ces divers corps à l'exception de ceux de leurs membres qui avaient refusé de lui prêter serment de fidélité; il valide et autorise les arrêts rendus par eux antérieurement. Après l'entrée du général de Saint-Ruth à Chambéry, les députés du Conseil d'Etat de Savoie (pour Chambéry, son bailliage, les provinces de Savoie et Haute-Savoie, arrondissement de Chambéry et d'Albertville) firent une convention avec le commandant du Dauphiné (14 juin 1690), par laquelle ils fixèrent une capitation de deux cent mille livres, dont 30,000 payables dans trois jours et le reste de trois mois en trois mois, à

Grenoble. Moyennant ces payements, aucun acte d'hostilité ne fut commis contre les habitants qui furent exempts des charges de guerre et des logements militaires et maintenus en pleine liberté pour les rapports commerciaux de France en Savoie et vice-versa. Montmélian, dont le siège durait encore, fut seul excepté et ne put recevoir des grains même des propriétés particulières. Pour faire face à la capitation, le Conseil d'Etat de Savoie, décida la saisie de toute l'argenterie des églises et des communautés religieuses, en garantissant aux prêteurs toutes sûretés et le remboursement de leurs prêts avec intérêt au 6 1/4 p. °/₀ ; arrangement approuvé par le marquis de Lescheraines, commandant deçà les Monts pour son Altesse royale. En 1695 un édit établit, en France et dans les pays occupés, une imposition par feux et familles pour faire face aux frais de la guerre.

En 1691, Victor-Amédée était entré en Dauphiné et s'était emparé de Barcelonnette et de Montdauphin, espérant attirer Catinat hors du camp où il s'était retranché ; mais celui-ci n'en sortit que pour remporter sur les impériaux la victoire de Marsaglia (1693).

Louis XIV, entouré d'ennemis de toutes parts, dut traiter avec le duc de Savoie, qui céda enfin à ses ouvertures pour le détacher de la Ligue, il lui rendit Pignerol et la vallée de la Pérouse et évacua le Piémont et la Savoie. Ce traité, par lequel les Français furent de nouveau exclus de l'Italie, fut scellé par le mariage d'Adélaïde, fille de Victor-Amédée II, avec le duc de Bourgogne, petit-fils du roi (1696). Le duc nommé généralissime de l'armée française, marcha avec Catinat contre les impériaux ; la guerre se termina par le traité de Turin ; l'Autriche et la France y reconnurent l'indépendance de l'Italie ; Victor-Amédé recouvra tous ses Etats. Après la restitution de la Savoie (1696, 28 septembre, dans l'Hôtel-de-Ville de Chambéry), un édit déclara déchus de leurs emplois tous les fonctionnaires nommés pendant l'occupation française.

La paix dura quatre ans et fut de nouveau interrompue par la guerre de la succession d'Espagne dont le Piémont fut le théâtre principal ; Victor-Amédée, d'abord obligé de suivre le parti de la France, se jeta une deuxième fois dans la Ligue (1701), après avoir subi un échec devant Toulon. Louis XIV fait désarmer et arrêter ses officiers et ses soldats et occuper les principales places de Piémont. La Savoie, prise par Tessé, subit une cinquième occupation de 1701 à 1713 ; en 1706, la citadelle de Montmélian considérée comme le boulevard de la Savoie fut entièrement détruite. La même année, la Feuillade, à la tête de 50.000 hommes s'empara de la plus grande partie du Piémont et vint mettre le siège devant Turin. Grâce à la résistance de Victor-Amédée et au dévouement héroïque de Pietro Micca, le prince Eugène peut arriver à temps au secours de la ville assiégée ; traversant l'armée française et joignant ses troupes à celles du duc, il force le camp français malgré la supériorité numérique de ses défenseurs et les oblige à se retirer sur Pignerol. Il reprit ensuite toutes les places perdues et envahit le Dauphiné et la Provence d'où il fut repoussé, la lutte ne cessa qu'en 1713, à la paix d'Utrecht.

Victor-Amédée rentra en possession de ses Etats moins la vallée de Barcelonnette cédée à la France et reçut de l'Espagne la Sicile avec le titre de roi. Mais il dut abandonner, cinq ans plus tard, l'île envahie de nouveau par l'Espagne. A la suite des tentatives de cette puissance pour s'emparer de la Sicile et de la Sardaigne, elle fut battue sur terre et sur mer par les forces de la quadruple alliance qui lui imposa le traité de Londres (1718). Victor-Amédée dut accepter à regret l'île de Sardaigne en échange de la Sicile dans laquelle il s'était efforcé de rétablir l'ordre et la justice et de ramener la prospérité. Aussi s'occupa-t-il peu de cette nouvelle possession qui, érigée en royaume, lui donna le titre de roi de Sardaigne et non de Piémont comme on le dit souvent par erreur. Au milieu de ces guerres continuelles, le duc avait réussi à agrandir ses Etats qui étaient devenus l'une des puissances les plus importantes de l'Italie.

Le nouveau roi profita de la paix pour développer l'industrie, le commerce et l'agriculture, réorganiser les études, créer le collège des provinces, établir un conseil des finances et publier un code. Dans les royales Constitutions de 1723 (1), il réunit en un seul corps les lois anciennes et modernes, civiles et criminelles, unifiant la législation dans toutes les parties du royaume, portant ainsi remède à un grand nombre d'abus. Un Règlement Particulier pour la Savoie décrétait que le français serait la langue officielle et que

---

(1) La préparation et la rédaction de ce code fut principalement l'œuvre de magistrats savoyards : le président de Lescheraines, le sénateur de la Pérouse, l'avocat général de Ville, l'avocat Mellarède, le patrimonial Gaud et d'un piémontais, le comte Sclarandi.

tous les édits seraient publiés dans cette langue. Il créa un bureau d'insinuation (enregistrement) qui devait conserver un double de tous les actes notariés et un édit de péréquation établissant le cadastre dans le double but de protéger la propriété et de régulariser les impôts et les prérogatives en assujettissant à la taille les biens du clergé et de la noblesse dont il réduisit les privilèges, à l'exception des fiefs.

En 1730, s'étant marié secrètement à la marquise de Saint-Sébastien, Victor-Amédée II abdique et se retire à Chambéry ; mais bientôt après, entraîné par sa femme, il voulut reprendre le pouvoir et partit pour Turin pendant que son fils était à Evian (1731), mais celui-ci prévenu à temps, revint en hâte à Turin, le fit arrêter et détenir au château de Rivoli et ensuite à Montcalier où il mourut l'année suivante ; sa femme fut reléguée dans un couvent. Marié à Marie-Anne d'Orléans, il eut d'elle Charles-Emmanuel III, un autre fils mort jeune et 3 filles.

Charles-Emmanuel III (1730-1773).

Charles-Emmanuel III, instruit dans les affaires par son père et admis dans ses conseils, joignait du talent et de la sagesse à des mœurs pures et sévères, mais il était jaloux de son autorité qu'il ne voulait point partager. Monté sur le trône après l'abdication de son père il dut, quelques mois plus tard, réprimer un mouvement séditieux soulevé par celui-ci pour reprendre le pouvoir. Obligé ensuite de prendre part à la guerre de la succession de Pologne, allié à la France contre l'Autriche, il entre en Lombardie avec le maréchal de

Villars, s'en empare et acquiert la réputation d'habile capitaine. L'année suivante, après la mort de Villars, il eut une grande part aux victoires de Parme et de Guastalla qui amenèrent la paix de Vienne (1736-1738).

A la mort de l'empereur Charles VI, une partie de l'Europe se ligua contre Marie-Thérèse, sa fille. La Sardaigne, l'Angleterre et la Hollande prirent le parti de la jeune impératrice contre la France, l'Espagne, la Bavière et la Prusse. Charles-Emmanuel repoussa les Espagnols jusqu'à l'Adriatique d'où, refusant la bataille, ils se retirèrent à Naples. Dom Philippe, fils de Philippe V, entré en Provence et trouvant gardés les passages du Var, vint s'emparer de la Savoie (1742) et l'occupa pendant six ans. Le roi se résolut de l'en chasser, pénétra par le Saint-Bernard et le Mont-Cenis et obligea les Espagnols à se retirer jusque sous le fort de Barraux, mais craignant alors d'avoir sa retraite coupée vers Aiguebelle, il retira ses troupes en Piémont, en plein hiver, perdant une grande partie de ses soldats.

Les Espagnols accablèrent le pays de réquisitions et commirent des excès et des cruautés dont le souvenir s'est perpétué et que l'on trouve consignés dans les registres des paroisses. Période désastreuse (1742-1748) pendant laquelle la Savoie subit l'occupation la plus oppressive de toutes celles qu'elle eut à supporter. La guerre continua pendant six ans en Lombardie, sur la frontière de Provence et dans la rivière de Gênes.

Pendant l'occupation espagnole, le château de Chambéry qu'habitait l'infant dom Philippe fut brûlé; les tableaux, les œuvres d'art et le riche mobilier furent détruits.

A la paix d'Aix-la-Chapelle (1748), Charles-Emmanuel refusa de céder le berceau de sa famille contre le duché de Parme. La Savoie lui fut rendue ainsi que Nice, de plus on lui céda une partie du Milanais qui lui avait été promise par la reine de Hongrie pour s'assurer de son aide. Par le traité de Turin (1760), la vallée de Chézery fut échangée avec la France contre les communes de la Chapelle-Blanche, sur la rive droite du Bréda, de la Balme, Chanaz, etc., sur la rive gauche du Rhône.

Pendant 25 ans de paix, le roi consacra ses efforts à réparer les malheurs de la guerre, tout en organisant son armée, perfectionnant les écoles d'artillerie et du génie et fortifiant les places de la frontière des Alpes. Il développa l'agriculture, le commerce, l'industrie et les arts, perfectionna la législation, par la révision des Royales Constitutions publiées en 1770, refondant le code de procédure, réorganisant l'administration communale et faisant ouvrir ou réparer des routes et continuer la confection du cadastre. Il releva la condition d'un grand nombre de ses sujets par l'abolition de la main morte, du servage et de la taillabilité, engagea les seigneurs à suivre son exemple, fixa le taux de rachat pour l'obtention de la condition d'homme libre et compléta ces heureuses dispositions par la suppression des corvées et le rachat des rentes féodales. Par l'ordre et l'économie, Charles-Emmanuel arriva à supprimer les impôts extraordinaires qu'il avait dû établir pour solder les frais de la guerre (1763) et annula les privilèges de quelques provinces qui ne payaient qu'un très faible impôt. Il mourut à l'âge de 72 ans (1773), regretté de ses peuples qu'il avait rendus heureux à la fin de son règne.

Il fut marié trois fois : à Christine de Bavière, à Polyxène-Christine de Hesse-Rheinfels, dont il eut Victor-Amédée III, son successeur, 2 fils et 3 filles, et enfin à Elisabeth de Lorraine, dont il eut 2 fils et une fille.

En 1755 eut lieu au château de Rochefort l'arrestation du célèbre contrebandier Mandrin par un détachement français qui viola le territoire et causa des dommages aux habitants ; les réclamations faites à ce sujet hâtèrent le traité de Turin (24 mars 1760), supprimant les enclaves et réglant les limites entre la France et le Piémont, reportées au milieu du Rhône, du Guiers et du Bréda et à la ligne de partage des eaux.

Etat de la Savoie au commencement du règne de Victor-Amédée III.

A la mort de Charles-Emmanuel III, la monarchie Sarde, devenue absolue depuis deux siècles, à la suite de la suppression par Emmanuel-Philibert du pouvoir de la grande féodalité et de l'intervention de la nation dans le gouvernement par les Etats généraux, avait réduit l'oppression de la féodalité et surtout les liens d'homme à homme et à la terre. La taillabilité personnelle avait perdu en grande partie ses rigueurs excessives ; il résulte cependant de témoignages recueillis par le Sénat de Savoie, en 1696, que les taillables à miséricorde pouvaient être imposés de tailles, corvées et taxes à la volonté, discrétion et miséricorde de leurs maîtres, mais que cette servitude avait été réduite par l'arbitrage des bons hommes à deux ou trois fois par an et que leur seigneur ne pouvait les charger davantage. De plus, leurs biens faisaient échute à leur maître dans le cas où ils mouraient sans héritier mâle ou codiviseur ; les filles empêchaient l'échute en Genevois, le contraire avait lieu pour le reste de la Savoie.

Charles-Emmanuel III avait aboli la taillabilité, la main morte et les droits féodaux en Savoie, avec de sages tempéraments, pour ne point trop grever le peuple, tout en respectant les droits de propriété et, chose curieuse à noter, le rachat de la taillabilité personnelle (1762) et l'affranchissement des cens, lods et servis (1771), rencontra plus de résistance de la part des vassaux que de celle des nobles. Seule la distinction des classes n'avait pas été modifiée, bien que la bourgeoisie eût été admise aux plus hautes charges et aux honneurs dans l'administration et que, dans l'armée, Charles-Emmanuel III, eût fixé le choix des officiers aux deux tiers pris parmi les nobles et un tiers dans la bourgeoisie et les sous-officiers des régiments.

La noblesse se croyait privilégiée par une naissance supérieure qui la faisait comme différente des autres hommes et établissait de fait une grande inégalité en sa faveur par rapport aux lois, aux places et aux honneurs. Les terres féodales exemptes d'impôts, les hauts grades militaires, les évêchés, les riches bénéfices réservés aux seuls nobles, à l'exception de quelques hommes distingués par leur intelligence, le respect profond du rang et la distinction d'avec les autres classes marquées extérieurement par le vêtement et le port de l'épée constituaient des avantages considérables en faveur de cette classe

Les ecclésiastiques invoquant un pouvoir supérieur

à celui du roi et reconnu par lui, se considéraient comme formant une société entièrement indépendante de l'Etat, dans lequel ils constituaient une puissance. L'immunité des terres bénéfices, l'ingérence dans la politique par l'enseignement, la surveillance de l'opinion, la célébration des actes de la vie civile, l'existence de tribunaux spéciaux pour juger et être jugés, le costume distinctif leur créait une situation de supériorité sur la bourgeoisie et le peuple.

La magistrature, moins nombreuse, n'en formait pas moins une classe à part avec ses juridictions privilégiées. La justice était inégale dans l'application des peines, si diverses selon la naissance et la position sociale ; le cours pouvait en être suspendu par le roi qui punissait sans jugement régulier ou créait des juges extraordinaires même dans les causes civiles ou accordait des délais pour le payement des dettes. Au criminel, la loi avait conservé toutes les cruautés du moyen âge, les tortures rarement employées par le Sénat au xviiie siècle, supprimées par les supplices et l'application trop fréquente de la peine de mort.

Trop d'entraves empêchaient la libre disposition de la propriété foncière. Les maîtrises entravaient la liberté de l'industrie. Le système protecteur exorbitant était dommageable au commerce et les impôts étaient établis sur des bases opposées aux vrais principes et d'une application difficile.

Tel était le gouvernement de l'ancien régime qui, en Piémont, avait subi de nombreux tempéraments et était plus modéré qu'en France où il amena la Révolution.

Les lois discutées en conseil étaient soumises à l'entérinement des Sénats, chargés de les examiner pour juger de leur opportunité et de leur justice et de présenter leurs observations au prince et même de les refuser. Le Sénat de Savoie, de même que ceux de Piémont et de Nice, était le tribunal supérieur de la province. Grâce à l'institution gratuite de l'avocat des pauvres, le menu peuple pouvait ester en justice et défendre son droit.

L'intendant de la province (préfet) exerçait la tutelle sur les communes.

L'instruction supérieure était donnée dans les universités et les collèges : les premières, toutes à Turin, obligeaient la jeunesse studieuse de la Savoie à passer plusieurs années dans la capitale. L'instruction populaire était relativement développée pour les garçons et restreinte pour les filles, même dans les hautes classes, en dehors de toute ingérence et de tout concours du gouvernement qui n'en prenait cure. En Savoie, les écoles de villages, de hameaux ou d'hiver, dues à des fondations pieuses, étaient très nombreuses et mixtes, dirigées par les vicaires régents ou par des personnes de bonne volonté, sous la direction du curé et du syndic ; le plus grand nombre disparut à la Révolution par la saisie des fondations et l'expulsion des prêtres qui en étaient chargés.

Les routes, entretenues plus au point de vue militaire qu'au point de vue des communications, n'existaient presque pas en dehors des grandes lignes stratégiques ; des routes muletières, en mauvais état, rendaient les transports difficiles et onéreux et empêchaient la répartition des produits agricoles qui, abondants sur certains marchés, faisaient défaut sur d'autres et amenaient des différences de prix considérables.

Le commerce extérieur était nul, sauf pour les soies. L'industrie, peu développée, végétait péniblement. Le service postal était restreint aux chefs-lieux de province ; les nouvelles arrivaient tard, le journal de Turin ne date que de 1780 et le journal de Savoie de 1816. Les dîmes et les droits féodaux sur les moulins, les fours, la pêche, les péages, etc., étaient supportés avec peine.

En Savoie, sur 169.000 habitants, 89.000 étaient propriétaires. Le cadastre exécuté de 1728 à 1732 garantissait la propriété et fixait la valeur des terres pour la taxation de l'impôt qui était modéré, à l'exception de celui du sel, qui se vendait quatre sous et quatre centimes la livre. Les monnaies étaient bonnes et le trésor restauré. Les biens féodaux et les bénéfices du clergé issus de l'ancien patrimoine de l'Eglise depuis 1729, étaient exempts de tout tribut ; leur étendue était moitié moindre qu'en France et ne représentait guère qu'un sixième de la propriété.

La police, minutieuse et tracassière, ordinairement militaire, aidée par l'autorité ecclésiastique dans les matières religieuses, rendait la bourgeoisie circonspecte et défiante.

La vie politique était presque nulle ; par suite de la difficulté des communications, tous les intérêts se concentraient dans la commune, dans les villes où le droit de bourgeoisie était fort recherché. Des fêtes religieuses nombreuses et les fêtes patronales des associations et des corps d'état, d'un caractère absolument religieux, étaient presque les uniques distractions de la population.

Victor-Amédée III (1773-1796).

Victor-Amédée III monta sur le trône à l'âge de 47 ans : religieux, tempérant et exempt de vices, sans talents transcendants ; très épris des choses militaires qui avaient été sa constante préoccupation, il cherchait à imiter Frédéric II, même dans sa tenue. Il voulut réorganiser ses troupes sur un plan en rapport avec la tactique moderne ; mais n'obéissant qu'aux idées dont il était imbu, il dût le modifier deux fois, après treize années d'essai, et nuisit ainsi à leur solide organisation. L'armée se composait d'un effectif de 30,000 hommes en temps de paix et de 45.000 hommes en temps de guerre, de deux régiments d'ordonnance : Savoie et Chablais auparavant Genévois jusqu'en 1774, de cinq régiments étrangers (Suisses et Allemands) forts de 5.000 hommes, de régiments provinciaux de deuxième ligne (Genévois et Maurienne dénommé Tarentaise jusqu'en 1774, pour la Savoie) et de milices communales pouvant être armées en cas de besoin.

La marine était peu importante et comprenait les équipages des navires, les grenadiers de la compagnie des frégates et un régiment dit de la marine. Le roi consacra la première partie de son règne à des établissements utiles, agrandit le port de Nice et, pendant un séjour en Savoie, fonda la ville de Carouge et la créa chef-lieu d'une province composée de communes du Chablais, du Faucigny et du Genévois, fit restaurer les bains d'Aix, établir les digues du Rhône et de l'Isère, et relever celles de l'Arc et de l'Arve. Il fit rebâtir en partie le château de Chambéry incendié en 1743 et obtint de la cour de Rome (18 août 1779) la bulle d'érection de l'évêché de Chambéry, dont Monseigneur Conseil fut le premier titulaire. Le pape Sixte IV avait, en 1474, séparé le décanat de Savoie du diocèse de Grenoble pour l'unir à la Sainte-Chapelle de Chambéry, conférant au doyen la juridiction épiscopale, mais, deux ans après, Louis XI fit révoquer cette bulle. Charles III obtint, en 1515, de faire ériger le décanat en archevêché, " ; François Ier parvint encore à faire annuler cette nomination. La France avait intérêt à maintenir cette partie de la Savoie sous la dépendance de l'évêque de Grenoble.

Mais au calme succéda bientôt la tempête, la Révolution française éclata (1789), la Savoie en ressentit vivement les effets; les esprits s'échauffèrent, excités par la convocation des États Généraux et l'élection des députés en Dauphiné; dans plusieurs communes de la frontière l'on sonna les cloches en signe de réjouissance.

Les administrateurs piémontais n'étaient pas aimés, obséquieux avec les nobles, le prenant de haut avec la bourgeoisie et le peuple; aussi écoutait-on volontiers dans la classe moyenne les libéraux qui pensaient à la séparation de leur pays du Piémont et à sa réunion à la France. Les Savoyards accourus à Lyon se mêlaient aux gardes nationaux, prenaient part aux fêtes et arboraient la cocarde tricolore.

Un journal de Paris annonçait que bientôt la Savoie formerait le 84e département, sans doute à l'instigation du parti séparatiste qui faisait répandre en grand nombre des libelles révolutionnaires. Les exaltés allaient banqueter à Grenoble et à Lyon, répandaient au retour les chants révolutionnaires et se faisaient les apôtres de la cocarde tricolore contre la cocarde blanche que portaient les émigrés arrivés nombreux en Savoie, autorisés par Victor-Amédée qui avait accueilli ses gendres et leur cour. A Thonon (1790), un jeune homme fut arrêté pour avoir chanté le *Ça ira*. Ses amis, dirigés par le docteur Dessaix, le délivrèrent de force et passèrent en Suisse. Ayant essayé de rentrer en armes et tambour en tête par Hermance pour saluer, à leur passage à Douvaine, les députés qui étaient allés à Turin demander leur grâce, ils ne les rencontrèrent pas et à la suite du froid accueil que leur faisaient les populations, sur le conseil du père de Dessaix, partirent à pied pour Paris où, dès leur arrivée, ils prirent part à la formation de la Légion franche Allobroge.

La cocarde blanche fut l'occasion d'un mouvement populaire à Chambéry (1790), calmé grâce à la prudence du gouverneur ; les meneurs passèrent en France, les étrangers suspects et les artisans français, considérés comme cause de l'agitation, furent renvoyés, on enjoignit aux émigrés de faire partir leurs serviteurs et on leur assigna d'autres lieux de résidence. L'entrée des Etats ne fut plus permise qu'aux gens munis d'autorisations ; la loge maçonnique fut fermée. Le roi de Sardaigne à qui l'Assemblée législative faisait offrir la Lombardie en échange de son alliance, ce qui lui eût permis de la posséder toute entière, repoussa cette proposition à l'instigation de son entourage, animé de défiance contre la République française. Il refuse de recevoir et fait arrêter l'ambassadeur Sémonville, sur le choix duquel il n'a pas été pressenti au préalable, suivant l'usage, et qui est venu à Turin dans un but révolutionnaire, signe avec l'Autriche l'alliance qu'il refuse à la France et dirige des troupes sur la Savoie et sur Nice. L'Assemblée législative, répondant à l'appel des partisans de la Révolution, pensa acquérir sans grands efforts les limites de l'ancienne Gaule et envoya une armée sur toute l'étendue de la frontière. Les 10.000 hommes de l'armée sarde étaient disséminés sur divers points de la Savoie, sous les ordres du vieux général Lazary, tandis que Montesquiou concentrait secrètement ses troupes dans l'Isère, faisant répandre le bruit qu'il était incapable de rien entreprendre, ses soldats étant décimés par la fièvre et la dyssenterie. Lazary ne sortit de sa sécurité qu'en apprenant la concentration des troupes françaises à Barraux; il commença bien tardivement à fortifier le château des Marches, Apremont, Chaparcillan et Myans, dont les feux devaient se croiser sur cette position importante. Dans la nuit du 21 au 22 septembre 1792, Montesquiou, à la tête de son armée et de la Légion franche Allobroge, s'avance sur les redoutes qui n'étaient point encore munies d'artillerie, coupe la ligne piémontaise échelonnée le long de l'Isère et, sans déclaration de guerre, pénètre en Savoie et, le 24, fait son entrée à Chambéry.

Lazary rassembla ses troupes sous Montmélian, puis remonta l'Isère dont il fit rompre le pont pour éviter la poursuite des troupes françaises; celles qui étaient au-delà de Chambéry se retirèrent par les Bauges et, après les avoir concentrées à Conflans, les trouvant trop inférieures en nombre pour lutter avec l'armée française, la retraite générale fut ordonnée. La première compagnie de la Légion Allobroge, commandée par Dessaix, les suivit jusqu'à Sollières sans prendre contact. Arrivé à Lanslebourg, accompagné de quelques cavaliers, le capitaine essuie le feu de l'arrière-garde qu'il poursuit jusqu'au Mont-Cenis.

Et la Savoie fut abandonnée sans combat.

Le comte de Chevron-Villette, commandant le régiment de Maurienne, renvoya ses soldats chez eux, leur donnant rendez-vous à Suse au printemps suivant. L'année d'après, à l'époque fixée, malgré l'occupation de la frontière par les troupes françaises, tous furent fidèles au rendez-vous.

Un mois plus tard (21 octobre) 655 représentants nommés par les communes de Savoie, se réunissaient dans la cathédrale de Chambéry et, après avoir procédé à la vérification de leurs pouvoirs, se constituaient en Assemblée nationale souveraine des Allobroges (23 octobre). Dans les huit jours que durèrent les séances, la déchéance de la Maison de Savoie fut proclamée, les sept provinces réunies en une seule. Le 24, l'Assemblée reçut l'hommage des corps constitués, le 26, du clergé ; elle réorganisa les municipalités et les tribunaux, décréta le retour à la nation des biens du clergé, la suppression de la dîme, le séquestre des biens des émigrés qui ne rentreraient pas dans le délai de deux mois. Le 27, elle abolit les privilèges, les droits féodaux, la douane à la frontière de France et la reporte à celle du Piémont, les gabelles du sel et du tabac, la torture, émancipe les hommes, déclarés majeurs à 25 ans, les femmes à 21 et émet le vœu solennel de l'union à la France, décrétée aux applaudissements de la population de Chambéry. Le 29, l'Assemblée envoie à Paris sept délégués chargés de demander à la Convention la réunion de la Savoie à la France, nomme un conseil exécutif de 21 membres chargé de l'administration provisoire du pays et se sépare aux cris de : Vive la République, Vive les libertés Allobroges !

Le 27 novembre, la Convention décréta que la Savoie serait réunie à la France et qu'elle formerait un 84e département sous le nom de département du Mont-Blanc. Connu le 3 décembre, ce vote se transmit de commune en commune au son des cloches et des feux de joie. Quatre commissaires furent envoyés pour organiser cette nouvelle circonscription : l'abbé Philibert Simon, de Rumilly, l'abbé Grégoire, Jagot et Hérault de Séchelles. La Savoie fut divisée en sept districts ; après l'occupation de Genève par l'armée française et sa réunion à la France (26 avril 1798), on forma avec son territoire et la Savoie du nord le département du Léman dont Genève devint le chef-lieu.

La population du Mont-Blanc, parmi la bourgeoisie, surtout dans les districts du nord, était animée d'un véritable enthousiasme pour la France républicaine, la jeunesse ardente des villes venait s'enrôler en grand nombre et, après avoir complété l'effectif de la Légion Allobroge, forma cinq bataillons de volontaires dans lesquels fut versée la levée de 1794 décrétée par la Convention lorsqu'elle proclama la patrie en danger.

Le 17 février 1793, le département du Mont-Blanc envoyait à la Convention ses premiers représentants au nombre de dix, tous franchement républicains ; trois se placèrent à la montagne, sept se réservèrent effrayés par la proscription des Girondins. Les élections aux conseils des Anciens et des Cinq-Cents virent nommer les mêmes représentants à l'exception de trois.

Bientôt, les mesures de proscription contre le clergé et la noblesse, la suppression des sièges épiscopaux remplacés par le seul évêché constitutionnel du Mont-Blanc établi à Annecy, le serment à la constitution civile du clergé et la mise à exécution des décrets ultra-révolutionnaires par Simon, arrestation des prêtres réfractaires, fermeture des églises, destruction des clochers, des châteaux et des tours, fonte des cloches, poursuivis avec la dernière violence par Albitte en 1794 après le rappel de Simon, vinrent modifier les premières dispositions des honnêtes et religieuses populations de la Savoie. Lourde faute (l'Assemblée des Allobroges ayant fait la réserve du libre exercice du culte), qui fournit aux contre-révolutionnaires de sérieux motifs d'agitation et fut la cause des troubles qui se produisirent.

A la réception de l'ordre enjoignant aux municipalités d'exécuter la loi de recrutement et de réquisitionner hommes, vêtements, armes et chevaux, les paysans refusèrent d'obéir. Il y eut sur divers points de vives oppositions aux mesures révolutionnaires. Annecy en devint le centre et un soulèvement presque général se produisit dans les vallées de Faucigny et de Genevois.

Dans la vallée de Thônes, les volontaires ne pouvant fuir en Piémont, se décidèrent à résister par la force, les montagnards en armes tinrent en échec les troupes françaises; vaincus par des forces supérieures, ils se cachèrent dans les montagnes, et la ville de Thônes, dont les habitants avaient fui, fut livrée au pillage. Marguerite Avet dite Frigelette, dont M. de Saint-Genis fait à tort une religieuse, qui avait réuni des provisions et les avait dirigées sur divers détachements, ranimé les combattants, restée la dernière à Thônes avec le maire fut faite prisonnière, conduite à Annecy où elle fut jugée, condamnée et fusillée sur la place du Paquier (18 mai 1793).

Victor-Amédée, devant la brusque invasion de la Savoie et de Nice avait fait appel aux princes d'Italie; seule l'Autriche y répondit par l'envoi de 100,000 hommes; mais dirigées par des généraux peu capables, sans énergie et sans plan, ces troupes, après avoir occupé les principaux passages des montagnes, traînèrent la guerre en longueur au lieu de repousser la faible armée qu'ils avaient devant eux. Deux corps d'armée commandés par le duc de Montferrat avaient bien occupé Argentine et la Tarentaise jusqu'à la Roche-Cevins, mais sans accentuer leur mouvement. En Faucigny, le major de Loche de Saint-Martin (1), passant le col de Balme (11 août 1793), à la tête de 200 soldats Savoyards, descend à Chamonix, fait sonner le tocsin dans toutes les paroisses, rallie 300 Piémontais arrivés par le col du Bonhomme sous le commandement du marquis de Sales et du chevalier de Valpergue de Mayon et, suivi de 500 montagnards, chasseurs de chamois, contrebandiers, qui le guident, arrive au pont Saint Martin. Le 20 août, il attaque et bat à Sallanches 1.600 Français qui ne se rallient que le 24 sous Genève et vient occuper la position retranchée de Cluses, attendant en vain l'arrivée de nouvelles troupes, d'armes et de munitions. Il dut refuser le concours de plus de 3.000 paysans venus se joindre à lui, faute de pouvoir leur donner des armes. Le 15 septembre,

---

(1) Appelé M. de Magland? par M. de Saint-Genis.

attaqué à la baïonnette par une forte colonne française, il se retire derrière les redoutes de Miribel d'où il est repoussé le 29 et se retire par les cols du Bonhomme et de Balme. En n'appuyant pas cette pointe hardie, les généraux piémontais perdirent l'occasion de récupérer la Savoie en profitant des mouvements royalistes qui se produisirent sur divers points.

Kellerman, apprenant l'assaut de Cluses, prit aussitôt l'offensive, enleva le col de la Madeleine et repoussa les deux corps d'armée sardes qui, trop inférieurs en nombre, durent rentrer dans leurs positions. L'armée des Alpes, commandée par Masséna (avril 1794), fit deux essais infructueux pour franchir le Mont-Cenis, les Autrichiens étant avisés de tous ses mouvements par les habitants de Lanslebourg et de Lanslevillard ; l'ennemi ne put être délogé du Mont-Cenis et repoussé jusqu'à Suse qu'après que les habitants de ces deux communes eurent été transportés en masse à Barraux. L'armée française tourna le Petit-Saint-Bernard qui fut occupé sans résistance et s'établit sur toutes les crêtes de montagnes du Saint-Bernard à la mer.

Les deux bataillons auxiliaires du Mont-Blanc et du Léman rejoignent les troupes françaises gardant les sommités des Alpes qui culbutèrent et obligèrent à la retraite les Austro-Sardes. Licenciés après Marengo, leurs hommes valides furent versés dans divers régiments.

L'armée française pénétra ensuite dans la rivière de Gênes où, pendant deux années, l'armée coalisée, malgré la supériorité du nombre, ne subit que des revers. En 1796, Bonaparte, nommé général de l'armée d'Italie, la rejoint dans les montagnes de Savone, relève le moral de ses soldats dépourvus de vêtements et de nourriture et bat les Austro-Sardes qu'il pousse devant lui jusqu'à Cherasco.

Épouvanté par de si rapides succès, Victor-Amédée demande un armistice qu'il n'obtient qu'en renonçant au duché de Savoie et aux comtés de Nice, de Tende et de Beuil, chassant les émigrés, amnistiant les conspirateurs et faisant abattre les fortifications de Suse, de Brunette et d'Exilles. Il mourait peu après (1796).

Marié à Marie-Antoinette-Fernande d'Espagne, il en eut 12 enfants : Charles-Emmanuel IV, Victor-Emmanuel Ier et Charles-Félix qui lui succédèrent, 3 autres garçons et 6 filles.

Charles-Emmanuel IV (1796-1802).

Succède à son père à l'âge de 45 ans, au milieu des malheurs de la Révolution et de la conquête.

En Savoie, le régime de tolérance établi depuis 1794 en permettant le retour des prêtres et des émigrés, avait fait naître une vive opposition aux principes de la Révolution. Un parti royaliste et séparatiste s'était formé et avait gagné à sa cause une grande partie de la population; aussi les élections du Mont-Blanc, en 1797, furent-elles royalistes, de même que dans 47 autres départements. Ces élections furent annulées et, à la suite des complots royalistes de septembre, le parti républicain reprit le dessus et les élections de 1798 furent accentuées dans le sens républicain.

A la suite de l'armistice de Cherasco, Bonaparte

avait chassé les Autrichiens d'Italie, les poursuivant jusqu'au centre de leur empire et les obligeant au traité de Campo-Formio (1797). La Lombardie forma la République Cisalpine. Le Piémont, placé ainsi entre la République Française, la République Ligurienne et la République Cisalpine, était à la merci du Directoire qui ne cessait d'y exciter la révolte. En 1798, il fait occuper Turin par ses troupes, envoie au roi un acte d'abdication par lequel il renonce à l'exercice du pouvoir et met son armée à sa disposition. Ne pouvant espérer de secours des autres puissances ni essayer avec ses seules forces une lutte impossible, Charles-Emmanuel abandonne le Piémont et se retire en Sardaigne où il passe deux années.

L'esprit révolutionnaire avait gagné la Suisse, en proie à la guerre civile. Le pays de Vaud, voulant secouer le joug de Berne, fit appel au Directoire ; la Ligue Suisse, dissoute par l'armée française, fut remplacée par une République (12 avril 1798). Le 20, des agents français prennent possession de Genève et une loi (25 août) réorganise la Savoie qui est divisée en deux départements : le Mont-Blanc et le Léman. Ce dernier, dont Genève devint le chef-lieu, comprit le territoire de cette République, les arrondissements de Gex, de Thonon et de Bonneville. En 1800, on lui adjoignit encore les cantons de Chamonix, Flumet, Saint-Gervais, Mégève et Sallanches, et en 1810 la commune d'Entremont.

Après le départ de Bonaparte pour l'Egypte, une coalition, dirigée par l'empereur de Russie, chassa les Français d'Italie ; mais, au moment où le roi s'embarquait pour rentrer dans ses Etats, Masséna battait à

Zurich les troupes russes et autrichiennes et Souwarof dut rentrer en Russie.

Bonaparte, de retour de Syrie, renverse le Directoire, remplacé par trois consuls, et se dirige sur l'Italie, traversant le Grand-Saint-Bernard (23 mai 1800) et, par une marche rapide et victorieuse, tournant l'armée ennemie, remporte la victoire de Marengo où les Autrichiens, après avoir eu l'avantage, sont défaits par les Français, ramenés et soutenus par les troupes fraîches du général Desaix qui est tué au milieu de son triomphe. Le résultat fut considérable ; par une convention, Napoléon recouvrait tout le nord de la Péninsule.

Il passe à Chambéry à son retour. Ses succès, l'abolition de la loi des otages, le rappel des prêtres déportés, la tolérance pour le retour des émigrés et le libre exercice du culte rétabli ramenèrent la confiance. Le Concordat de 1801, publié en 1802, rend la paix aux consciences et supprime les motifs qui pouvaient, dans les chrétiennes populations de la Savoie, perpétuer l'irritation contre l'annexion. L'ordre dans la législation et l'administration adoucissent les charges publiques, les rigueurs du service militaire et les vexations des droits réunis.

Les guerres continuelles, le défaut de ressources et les charges excessives des impôts avaient amené une dépopulation considérable du département du Mont-Blanc et une grande misère ; près de 30,000 hommes, dont 18,000 étaient morts, avaient pris part aux guerres de la République et, de cette époque à 1815, un nombre aussi considérable fut pris par la conscription.

Malgré cet affaiblissement de la population et la

ruine des industries, les impôts étaient devenus une fois et demi plus lourds, l'argent se faisait rare et l'intérêt s'élevait au 11 p. 0/0.

L'établissement de l'Empire fut bien accueilli en Savoie où les nombreux militaires qui avaient pris part à ses campagnes entretenaient la population de l'homme extraordinaire qui avait rétabli l'ordre, la religion et l'enseignement (1) et dont ils exaltaient la gloire militaire. En 1805 et en 1807, l'empereur traverse les Alpes, fait agrandir les hospices du Mont-Cenis et du Petit-Saint-Bernard, décrète des travaux publics, des routes pour relier le département du Mont-Blanc à la France, à la Suisse et au Piémont et fait commencer le tunnel de la Grotte.

Mais la prospérité du début et de l'apogée du régime impérial est compromise par les guerres incessantes et s'effondre avec les désastres de 1813.

Pour défendre le territoire contre les Autrichiens qui, traversant la Suisse, se dirigeaient sur Genève, des corps francs sont organisés, les vieux soldats sont rappelés ; en huit jours le Mont-Blanc fournit plus de 2,000 hommes à la défense et, avec le Léman, est au premier rang des départements patriotes. Cependant, la levée en masse et les misères, suite des guerres continues, avaient exaspéré les populations. Le général Janus de Sonnaz, malgré son grand âge (77 ans), résolut d'en profiter pour grouper autour de lui ses anciens frères d'armes et les réfractaires et concourir

---

(1) En 1797, création d'une école centrale à Chambéry, d'une école pratique des mines à Moûtiers ; de grandes écoles s'étaient ouvertes à Annecy et à Rumilly ; 712 écoles primaires existaient légalement en 1808.

à assurer le retour de la Savoie à son ancien souverain. Autorisé par le général Bubna, il forma un corps de volontaires, plus connu sous le nom de *Légion de Sonnaz*, et établit dans les communes des commissions provisoires au nom du roi. Il mourut de l'excès des fatigues à la veille du retour de l'armée française à Chambéry ; son frère Joseph dut diriger la retraite des volontaires à peine armés. A la paix, il les conduisit à Turin où ils formèrent le noyau du régiment, ensuite brigade de Savoie ; de leurs rangs sortit en majeure partie ce grand nombre d'officiers supérieurs Savoyards qui se distinguèrent dans les guerres de 1848 et de 1859.

Le général Bubna, après avoir occupé Genève (1814), se dirige sur Chambéry et Grenoble ; le général Dessaix qui, malgré ses blessures, a organisé les réserves à la Chavanne, repousse l'ennemi sur Chambéry, le tourne par Lémenc (19 février) et, par une suite de combats, le force à se replier sur Genève d'où il l'aurait sûrement délogé si le général Augereau n'avait ordonné la retraite du corps qui s'avançait pour appuyer le général savoyard. La prise de Lyon oblige Dessaix à se retirer sur Chambéry et la vallée de l'Isère où il lutte jusqu'à l'armistice.

Victor-Emmanuel Ier (1802-1821).

Charles-Emmanuel IV avait abdiqué en faveur de son frère (1802) et mourut à Rome en 1819, ne laissant pas d'enfant de son mariage avec Marie-Clotilde de France. Victor-Emmanuel, retiré à Gaëte puis en

Sardaigne jusqu'en 1814, à l'abdication de Napoléon, rentre en possession du Piémont, de la Ligurie et d'environ la moitié de la Savoie, Chambéry, Annecy, Rumilly et les environs de Genève était restés à la France; L'Hôpital fut pendant quelque temps le centre administratif et Conflans le centre judiciaire de la partie restituée à ses anciens souverains. Ce morcellement causa une grande irritation dans le pays; tous les partis s'associèrent pour réclamer contre cette division de la Savoie et obtenir le rétablissement de son intégrité, qu'elle fût réunie au Piémont ou restât à la France.

Au retour de l'île d'Elbe (1815), le général Dessaix, nommé commandant de la 23me division d'Infanterie à Chambéry (19 avril), lutte dans le Chablais contre les Autrichiens après avoir battu les Piémontais.

Un autre corps de 5 à 600 Français occupait L'Hôpital et Conflans; le 27 juin, le maréchal Suchet vint annoncer la terrible défaite de Waterloo et ordonner la retraite devant l'armée Austro-Sarde, forte de 6 à 7,000 hommes. Mais ces braves troupes veulent encore se battre pour l'honneur du drapeau et obligent à fuir leur général qui ordonnait la retraite. Les officiers supérieurs défèrent alors le commandement au colonel du 14me de ligne, Bugeaud, qui prend toutes ses dispositions pour arrêter l'ennemi. Le 28, à l'aube, les Austro-Sardes débouchent sous Conflans et sont reçus par un feu meurtrier qui leur fait éprouver de grandes pertes. Le combat dure 9 heures; L'Hôpital est pris et repris plusieurs fois; les Français, après avoir refoulé l'ennemi qui se livrait au pillage, en restent maîtres non sans avoir vainement tenté d'attirer les alliés dans la plaine de Gilly. Le général autrichien allait ordonner la retraite lorsque le maréchal Suchet survint et fit cesser les hostilités (1).

Après Waterloo, la Savoie fut rendue tout entière à Victor-Emmanuel par la France, après 23 ans d'occupation; quelques parties du territoire furent cédées à Genève; le Chablais, le Faucigny et une grande partie du Genevois furent neutralisés, au nord d'une ligne partant d'Ugines et rejoignant le Rhône en passant par Lescheraines et le Bourget (du Lac).

Si le roi, rentré en possession du berceau de sa dynastie, se concilia les populations en supprimant la conscription, les droits de succession, de patente et les droits réunis, l'effet en fut vite effacé pour la bourgeoisie par le retour aux royales Constitutions de 1773 et le rétablissement de l'ancien régime et d'une partie des privilèges féodaux, jetant le trouble dans les contrats et les actes de deux générations. Il mit à profit les années de paix pour réorganiser son armée, créer une flotte et relever en partie les ruines faites par la Révolution et les guerres, vint visiter la Savoie en 1816 et séjourna à Chambéry et à Annecy. L'année suivante, le typhus, suite de l'occupation militaire, et une terrible disette dépeuplèrent la Savoie. La sortie des riz et des grains de Piémont avait été interdite, le blé acquis par souscription arrivait à grand'peine de l'étranger. En cette triste occurrence, les Genevois, à l'appel de leurs pasteurs, secoururent libéralement les

---

(1) Tel est le récit exact de ce dernier et glorieux combat resté légendaire, raconté avec une exagération évidente par M. de Saint-Genis.

communes du Chablais. Heureusement, la récolte de 1817 fut abondante et mit un terme aux souffrances des pauvres populations de la Savoie, dont de nombreux travaux d'utilité publique vinrent augmenter les ressources.

La même année vit réorganiser l'enseignement primaire et secondaire; chaque commune dut avoir des écoles où l'on enseignait la lecture, l'écriture, le catéchisme et le français (1). Les collèges des villes avaient des classes de latin, d'italien, d'humanité, de rhétorique, de philosophie et de mathématique. A Chambéry, les Pères Jésuites avaient été autorisés à ouvrir un collège dans l'ancien cloître de la Visitation et construisaient le magnifique bâtiment qui est aujourd'hui le Lycée. Ils revenaient ainsi dans une ville où ils avaient été remplacés en 1729 par des prêtres, des religieux et des laïcs qui enseignaient en plus des matières précédemment indiquées, la théologie, la jurisprudence (2) et, quelques années après, la médecine et la chirurgie.

(1) M. de Saint-Genis n'a sûrement pas lu en entier les lettres patentes du 23 juillet 1822, il y aurait vu que l'étude de l'italien, utile pour la jeunesse qui allait terminer ses études à Turin, n'était nullement obligatoire en Savoie. Une disposition particulière termine ces dispositions prises pour tout l'Etat Sarde : dans le duché de Savoie, au lieu de la langue italienne, on étudiera la langue française.

(2) La régente Marie-Jeanne-Baptiste avait créé en 1681, à Chambéry, une faculté de droit civil où les étudiants savoyards pouvaient suivre les trois premières années du cours de droit, dont ils allaient ensuite achever l'étude à Turin. Deux années auparavant, elle avait voulu y établir

Des mouvements séditieux ayant éclaté à Turin et à Alexandrie en 1821, réclamant une Constitution, Victor-Emmanuel abdiqua en faveur de son frère Charles-Félix et se retira à Nice. Marié à Marie-Thérèse d'Autriche, il n'eut qu'un fils mort jeune et cinq filles.

En 1819, la Société académique de Savoie fut fondée par le général comte de Mouxy de Loche, le sénateur Xavier de Vignet, le professeur Georges-Marie Raymond, le chanoine Billiet, vicaire général, professeur au Séminaire, et autorisée l'année suivante par le Ministre de l'intérieur; elle prit la devise de l'Académie Florimontane : *Flores, fructusque perennes.*

Charles-Félix (1821-1831).

En Charles-Félix s'éteignit la branche aînée de la Maison de Savoie après les règnes successifs de trois frères comme en France la branche des Capétiens directs, celle de Valois et la branche aînée des Bourbons.

Charles-Albert, nommé régent en l'absence de Charles-Félix, avait proclamé la Constitution espagnole; mais le roi, à son arrivée en Piémont, publia un manifeste pour la rejeter et dirigea des troupes contre les factieux

---

une université, des mesures avaient été prises pour son installation ; le mauvais vouloir et les exigences de l'évêque de Grenoble empêchèrent la réalisation de ce projet. Il prétendait être le chancelier de cette université, en nommer les professeurs, y conférer les grades et y exercer les droits de visite et de juridiction.

qui, atteints à Novare, furent vaincus avec l'aide des Autrichiens. L'annonce de l'envoi des troupes autrichiennes en Savoie y causa une vive agitation qui ne fut calmée qu'à la venue de la brigade de Savoie.

Le calme rétabli, Charles-Félix régna paisiblement pendant dix ans, s'occupant de la prospérité de ses Etats et d'œuvres d'intérêt général. La loi sur les hypothèques (1822) rétablit les garanties légales de la propriété. Il vint plusieurs fois visiter la Savoie (1824-26-28-30) à laquelle il était très attaché, fit reprendre les travaux de diguement de l'Arve, de l'Isère et de l'Arc (1823) et ouvrir la route du Mont-du-Chat, restaura l'abbaye d'Hautecombe. Il établit le système métrique pour les monnaies, les douanes et les travaux publics (1826). La même année, la chapelle du château de Chambéry fut rendue au culte, les évêchés d'Annecy (1822), de Saint-Jean de Maurienne et de Tarentaise (1825-1826) furent rétablis; le roi assista aux fêtes célébrées à Annecy lors de la translation des reliques de saint François de Sales et de sainte Chantal.

De 1822 à 1830, le général comte de Boigne, revenu en Europe, avec une fortune considérable, après avoir rendu de grands services militaires à Sindiah, un des principaux chefs Mahrattes, dont il a élevé le royaume à un haut degré de puissance et de richesse, concourt à l'embellissement de Chambéry et y fonde plusieurs établissements charitables.

Charles-Félix mourut en 1831, n'ayant pas eu d'enfant de sa femme Marie-Christine de Bourbon.

Charles-Albert (1831-1849).

Né en 1798, de Charles-Emmanuel, sixième descendant du prince Thomas, souche de la branche de Carignan, Charles-Albert partit secrètement de Turin après la révolte militaire survenue à la suite du manifeste de Charles-Félix monté sur le trône en conséquence de l'abdication de son frère, prit part à l'expédition d'Espagne et se distingua au siège de Cadix et à la prise du fort du Trocadéro. Reçu par Charles-Félix à Chambéry en 1828, il résida dès lors à la Cour.

Devenu roi, Charles-Albert d'abord lié à la politique de la Sainte-Alliance, déçut les espérances qu'avait fait naître son accession au trône, en n'accordant pas l'amnistie aux personnes compromises en 1821. Mais il ne tarda pas à comprendre le danger de sa situation et à faire des concessions à l'opinion publique. Les réformes judiciaires et politiques qu'il accomplit pendant son règne lui valurent la reconnaissance du pays. Il réprima un mouvement séditieux à Gênes (1833) qui eut un contrecoup en Savoie. L'année suivante, une insurrection venue de l'étranger fut arrêtée à Annemasse et aux Echelles. Les communes de Conflans et de l'Hôpital furent réunies et formèrent la ville d'Albertville (1835).

Le Code civil, reproduisant en grande partie le Code civil français, fut promulgué en 1837 et mis en vigueur en 1838, le Code pénal en 1840 et le Code de commerce en 1843. Dès 1840, de grands progrès sont réalisés dans l'instruction primaire.

Vers la fin de 1847, Charles-Albert, en publiant les lois organiques, introduisait, dans l'administration, des réformes, prélude du Statut ou Constitution.

Le Sénat de Savoie fut supprimé en 1848 et remplacé par une Cour d'appel. Le gouverneur général du duché fut remplacé par les intendants généraux des provinces de Chambéry et d'Annecy. Les membres des Conseils municipaux furent nommés par les électeurs, et le syndic (maire) choisi dans le Conseil; les provinces administrées par les intendants avec le concours des Conseils divisionnaires. L'établissement des registres de l'état-civil indépendants de ceux tenus par le clergé, et, mesure plus appréciée, la suppression des commandants de place et la police enlevée à l'autorité militaire furent accueillis avec joie en Savoie.

La fête du roi (4 novembre) fut une manifestation enthousiaste de la reconnaissance publique dans toute la Savoie. Le pays tout entier était dans la joie et dans l'attente de la Constitution désirée depuis si longtemps. Le 9 février 1848, à 8 heures du soir, la malle de Turin apporte, à Chambéry, la nouvelle de la promesse de la Constitution; en un instant la ville est illuminée et la population se porte en foule au Château au chant de la *Savoisienne* et aux cris répétés de : *Vive le Roi, vive le Statut, vive la Savoie*. Le lendemain, malgré la pluie, une adresse au roi est placée sur des tables sous les Portiques et sous les porches des églises et se couvre de signatures. Un volontaire s'offre pour la porter à Turin, il est accompagné jusque hors de la ville par la population et la musique. Le 13, le drapeau bleu est arboré place de Lans, au milieu d'une foule enthousiaste et les faubourgs, échangeant leurs bannières, renoncent à leurs anciennes rivalités. Le 17, des banquets et des fêtes ont lieu dans toues les communes. Le 4 mars, le Statut est promulgué, établissant le régime constitutionnel avec deux chambres : un Sénat inamovible et une Chambre des députés renouvelable tous les cinq ans ; consacrant l'égalité de tous devant la loi, la liberté de la presse et la garde nationale. L'enseignement fut enlevé aux pères de la Compagnie de Jésus qui furent dépossédés de leurs établissements et durent sortir du royaume sans qu'aucune mesure eût été prise pour le rapatriement de leurs nombreux pensionnaires.

Jusqu'en 1848 Charles-Albert reste allié à l'Autriche, mais un soulèvement du parti radical se produit à Milan et à Venise, chasse les Autrichiens et fait appel au roi qui déclare la guerre le 23 mars. L'armée piémontaise remporte d'abord quelques avantages, mais arrêtée au siège de Mantoue, elle est battue à Custozza et obligée de se replier sur Milan (1). Un armistice est conclu et

(1) Durant cette campagne, la brigade de Savoie maintint son antique réputation de valeur; des nombreux faits de guerre, dans lesquels nos braves savoyards se distinguèrent, je rappellerai seulement deux actes de courage et de dévouement accomplis par de simples soldats. Le soldat Perrier, de la Bridoire, voyant son lieutenant s'élancer le premier à l'attaque d'une ferme occupée par les Autrichiens, se jette au-devant de lui, arrache la porte et tombe criblé de balles en s'écriant : Je meurs content, j'ai sauvé la vie à mon lieutenant. Le 22 juillet, deux pièces de 4 ont été abandonnées sur le bord de l'Adige; deux artilleurs savoyards : Barrot et Saunier s'offrent à aller les reprendre. Ils vont charger l'une des pièces sur leurs épaules, l'emportent, font de même pour la seconde, puis vont

Charles-Albert est forcé de se retirer devant l'émeute. Pendant que la brigade de Savoie se distinguait sur les champs de bataille de Lombardie, Chambéry subit une invasion révolutionnaire; les autorités piémontaises et les troupes l'avaient abandonné à l'annonce de la venue d'une colonne républicaine partie de Lyon, sous le nom de Voraces. Celle-ci envahit la Savoie par la Balme, Yenne et le Pont-de-Beauvoisin et entre à Chambéry (3 avril). Trompé par des affidés, exagérant sa force et annonçant qu'elle était suivie de troupes françaises, le Conseil de ville n'osa pas organiser la résistance. La journée se passe morne, les voraces errent isolés dans la ville et se renferment aux casernes. Le lendemain, à l'appel du tocsin, la population s'arme, pompiers, gardes nationaux et volontaires s'emparent des postes établis en ville, assiègent les casernes; la lutte, après deux heures d'une fusillade qui blesse une dizaine de ces malheureux (deux furent tués, l'un en ville, l'autre au poste des Capucins par un pompier qui vengeait la mort d'Alisan, son camarade), est rapidement terminée et les voraces sont fait prisonniers avant l'arrivée des bandes armées des villages voisins (1). Quelques malheureux fugitifs furent tués dans les environs.

Au faubourg Maché, un groupe d'hommes énergiques

enlever les affuts et achèvent leur courageuse entreprise sans avoir été atteints par le feu meurtrier que l'ennemi ne cessa de diriger sur eux de l'autre rive.

(1) Le récit de cette journée par M. de Saint-Genis est absolument erroné (p. 292, t. III, *Hist. de Savoie*). Ses nombreuses inexactitudes ont été relevées dans les observations critiques de M. Avet.

s'opposa à l'entrée des voraces dans leur quartier, le roi décerna cinq médailles d'or et, en 1849, ordonna, par décret, la rectification de la rue Sainte-Barbe. Le soir même, un bataillon piémontais entrait en ville et couchait sous les portiques où l'on avait apporté de la paille ; le lendemain, le gouverneur et le général rentraient suivis des autorités piémontaises et de deux régiments. Quelques jours après, les voraces détenus furent reconduits à la frontière française, l'autorité usant ainsi de la plus grande modération à leur égard et s'abstenant de toutes recherches contre les complices qu'ils avaient à Chambéry.

L'année suivante, Charles-Albert, poussé par l'opinion, passe de nouveau le Tessin et rencontre Radetzky à la tête d'une armée bien supérieure en nombre ; le 23 mars son armée est battue près de Novare malgré les efforts du roi et de ses fils ; Charles-Albert, désespéré, abdique en faveur de son fils aîné et part pour le Portugal où il meurt quelques mois après.

Marié à Marie-Thérèse d'Autriche, il eut deux fils : Victor-Emmanuel et Ferdinand, duc de Gênes.

Victor-Emmanuel II (1849-1860).

Monté sur le trône après l'abdication de son père, Victor-Emmanuel II avait reçu une éducation militaire et s'était vaillament comporté pendant la campagne de 1848 et avait combattu près de son père en 1849. Au début de son règne il dut signer, avec l'Autriche, un armistice bientôt suivi de la paix, consentie sans cession de territoire, moyennant le seul payement des frais de la guerre. Les charges à supporter pour y faire face devinrent considérables en impôts et en emprunts; en 1855, la taxe énorme des patentes causa de vives récriminations augmentées par la publication des rôles des impôts sur les bâtiments, le mobilier, le personnel et les voitures; impôts qui, pour Chambéry, de francs 14,000 en 1848, s'élevaient à francs 305,249 en 1855, près de vingt fois supérieurs. Le roi vint en Savoie, en 1850, recevoir son frère, le duc de Gênes et sa jeune épouse, et visita Chambéry, Annecy et Bonneville.

La guerre terminée, le commerce avait repris et son développement avait été favorisé par la création de la Banque de Savoie (1851), au capital de 800,000 francs, porté successivement à deux et à quatre millions, remplaçant la Banque d'Annecy remontant à 1840. En deux ans, elle tripla par ses opérations le mouvement commercial du pays; son privilège fut acquis par la Banque de France, en 1864, moyennant quatre millions.

Le 20 janvier 1853 avait été échangée la première dépêche télégraphique entre Chambéry et Turin et le 14 mai de la même année, le chemin de fer de Savoie avait été voté par la Chambre et le Sénat. Dès que la nouvelle en parvint, elle donna lieu à des fêtes et à des illuminations à Chambéry, à Annecy, à Saint-Jean, etc.

Après le vote et la mise à exécution de la loi contre les couvents (1855), en Savoie, les Capucins de Chambéry, Conflans, la Roche et Yenne, les Carmélites de Chambéry, les Pères d'Hautecombe et les Augustines du Pont-de-Beauvoisin eurent les portes de leurs couvents fracturées afin qu'il fût procédé à l'inventaire de leurs biens. Au retour de Paris et de Londres en 1855, Victor-Emmanuel passa en Savoie et fit un court séjour à Chambéry (11 décembre) dont les habitants éprouvèrent une profonde déception en apprenant du ministre Cavour la prochaine jonction du chemin de fer de Savoie à la station de Culoz et l'abandon du projet direct sur Lyon par la montagne de Lépine, d'un si grand intérêt pour le pays.

Le retour des Savoyards ayant pris part à la campagne de Crimée fut, le 26 juin 1856, fêté à Chambéry où ces braves soldats reçurent de la population l'accueil le plus sympathique. Le 20 octobre eut lieu l'ouverture, entre Aix et Saint-Jean de Maurienne, du chemin de fer, qui n'eut d'abord que deux trains par jour. Au mois d'août 1857, Victor-Emmanuel vint en Savoie ; après avoir mis le feu aux premières mines du tunnel du Fréjus, il assistait à Chambéry (le 31), à la bénédiction des locomotives par l'archevêque de Chambéry assisté de l'archevêque de Gênes et des évêques de Savoie, et à la pose (le 1er septembre) de la première pierre détachée du Fréjus, du pont sur le Rhône, et (le 2) de celle de la nouvelle façade de l'établissement thermal d'Aix. Le 18 mars 1858 eut lieu la jonction du chemin de fer à Culoz, la ligne fut ouverte au service public le 24 septembre.

Victor-Emmanuel ne cessait de penser à la revanche de la défaite de Novare, apportant un soin incessant à la réorganisation de son armée. Secondé par d'habiles ministres et surtout par le comte de Cavour, il avait, par d'utiles alliances, préparé la réalisation de l'unité italienne et pris place dans le règlement des affaires de l'Europe, par l'envoi d'une petite armée en Crimée combattant avec celles de la France et de l'Angleterre. Le roi parvint à conclure un traité avec l'empereur

Napoléon III, lui offrant la cession de la Savoie et de Nice en échange du concours de son armée pour la conquête du Milanais et de sa neutralité dans les luttes avec les princes italiens. Le mariage de la princesse Clotilde avec le prince Napoléon fut un des prodromes de l'alliance Franco-Sarde. Au milieu des cris d'indépendance qui retentirent dans toute la Péninsule, Napoléon vint joindre son armée à celle du roi et les Autrichiens, vaincus à Magenta et à Solferino, livrèrent la Lombardie au roi de Sardaigne (1859).

Après la paix de Villafranca, Napoléon traversa la Savoie (16 juillet), accueilli sur son parcours par les acclamations des populations accourues sur son passage, ce qui lui fit dire : La Savoie est déjà à demi française, parole qui dissipa toute incertitude sur l'annexion. Peu après Parme, Modène, Florence chassent leurs souverains, proclament Victor Emmanuel II roi d'Italie. La mort du roi des Deux-Siciles (1859), laissant ses Etats en révolution aux mains de son jeune fils, fournit à Victor-Emmanuel et à son ministre l'occasion de réaliser une nouvelle annexion. Garibaldi et ses volontaires allèrent soulever les Deux-Siciles, bientôt après occupées par les troupes du roi. Capoue, Messine et Gaëte résistèrent seules plusieurs mois; ainsi fut formée l'unité italienne.

Au mois de mai 1859, la duchesse de Gênes et ses enfants étaient restés quelque temps au château de Chambéry; le prince de Piémont et le duc d'Aoste vinrent faire, au mois d'août, un voyage en Savoie, comme un adieu au berceau de leur Maison, mais que l'on crut une mesure destinée à réveiller le parti dynastique représenté par les libéraux opposés à l'union à la France impériale.

Cependant le parti français s'organisait sur l'initiative de l'avocat Berlier et du docteur Denarié qui posa la question savoisienne. Douze députés, réunis à Annecy, déclarent s'abstenir de toute démarche se rattachant à la question de nationalité et vouloir se renfermer dans l'étude des besoins pratiques dérivant de la situation exceptionnelle du pays, de son épuisement, du sentiment de son autonomie : ils décident en conséquence de recourir aux voies légales pour obtenir la décentralisation, le dégrèvement des impôts et l'exemption des frais de guerre. Une pétition au roi, imprimée à Lyon, est colportée dans les communes, se couvre de signatures, elle se résume en cette idée que la fondation d'une nationalité italienne, nettement dessinée par les Alpes, par le langage, les mœurs et la race de ceux qui en doivent faire partie en exclut la Savoie : la Savoie n'est pas Italienne, elle ne peut pas l'être.

Pour arrêter ce mouvement séparatiste, les journaux français sont arrêtés à la frontière, le droit de pétition est taxé de révolte par les Piémontais qui agitaient la Toscane, la Romagne et les légations. Les articles des journaux et les publications sont soumises au visa de l'intendant, le *Courrier des Alpes* est saisi à la poste, suspendu et poursuivi pour *délit d'État* et condamné à l'amende pour ses articles annexionistes et supprimé (19 novembre 1859). Le 1er décembre il reparait, ensuite de la nouvelle loi sur la presse, reprenant sa polémique et de nombreuses brochures (37) pour et contre l'annexion se succèdent du 16 juillet 1859 au 14 juin

1860, période pendant laquelle les populations de la Savoie vivent dans les émotions de la politique et du sort réservé à leur pays, se livrant avec ardeur à la lecture des papiers publics.

Au commencement de 1860, les idées opposées font explosion, le parti démocratique fait une manifestation anti-française. Le 19 janvier, un dimanche, par la neige, 4 à 500 personnes se rendent du Verney au Château haranguer le gouverneur, ne faisant naître sur leur passage qu'un sentiment de curiosité. Le soir, au théâtre, ils eurent le succès qui leur avait fait défaut dans la rue, se répandant en menaces et en provocations contre les annexionistes

Le 15 février 1860, quinze notables de Chambéry, afin de combattre les manœuvres de l'Angleterre, de la Suisse et du Cabinet de Turin en vue d'un partage de la Savoie, rédigent une déclaration, à laquelle quarante-trois adhésions viennent ajouter un appui moral considérable, repoussant comme un crime de lèse-patrie toute idée de morcellement de l'antique Savoie qui détacherait de son territoire le Chablais, le Faucigny et une partie du Genevois pour les réunir à la Suisse. Des milliers de signatures couvrirent les listes et les angoisses du Comité se changèrent en une indicible satisfaction quand il vit les plus importantes communes des vallées de la Dranse et de l'Arve répondre largement à son appel. Le 26 février, Monseigneur Billiet et le clergé protestaient à leur tour contre tout démembrement, et l'opinion publique se ralliait aux vœux d'annexion complète si unanimement exprimés. La presse de tous les pays et les journaux officieux du Piémont révélaient l'accord définitif prouvé par ce fait que les classes de 1820 à 1833, rappelées sous les drapeaux, reçurent contre-ordre sous le spécieux prétexte du mauvais état des routes.

Le 8 mars, le Conseil provincial de Chambéry, par 29 voix contre 8 abstentions, et celui d'Annecy, par 23 voix contre 7 abstentions, protestaient en faveur de l'unité indivisible de la Savoie. Le 10, une proclamation du gouverneur Orso Serra laissait entendre que le Cabinet Sarde donnait son consentement à la cession de la Savoie.

Une députation de quarante notables, ayant à sa tête le comte Greyfié de Bellecombe, se rendait à Paris présenter à l'Empereur l'expression des désirs du pays ; reçue en audience solennelle le 21 mars, elle apprenait de Napoléon III que la Savoie et Nice seraient réunies à la France du libre consentement de leur souverain appuyé par l'adhésion populaire. Il ajoutait que devant la répulsion manifestée contre le démembrement du territoire il ne contreviendrait pas, au profit de la Suisse, aux vœux des populations et terminait par ces paroles : *Je tiendrai à honneur de réaliser toutes vos espérances.* Les délégués, à leur retour, apprirent le départ du gouverneur (23 mars), du régiment des Chevaux-Légers (26) et l'entrée des premières troupes françaises revenant d'Italie.

Le traité de Turin (24 mars) est affiché à Chambéry, Annecy et Paris, le 25, jour de d'élection des députés du Parlement sarde; le 26, la *Gazette militaire* sarde publie un adieu de l'armée à la brigade de Savoie ; le 28, les régiments français traversent la Savoie et sont accueillis partout comme des frères.

Une proclamation de Victor-Emmanuel délie ses sujets du serment de fidélité et le 2 avril, en ouvrant la session législative, à laquelle 16 députés savoyards s'abstiennent de siéger, il s'écrie, avec une émotion partagée par l'Assemblée : *Par reconnaissance pour la France..... il y avait un sacrifice à faire ; j'ai fait celui qui coûtait le plus à mon cœur.*

A la même date, le président Dupasquier et le docteur Lachenal étaient nommés gouverneurs-régents à Chambéry et à Annecy ; le 9, M. Dupasquier adressait un appel au peuple savoisien expliquant qu'il aurait par *Oui* ou par *Non* à approuver le traité qui devait le réunir à la nation française. Le vote eut lieu par commune à l'appel nominal, par bulletins secrets, le 22 avril ; il se fit au milieu d'un grand calme dans les campagnes et dans les villes, par groupements de corps de métier, de confréries, de membres du clergé, etc. Le résultat fut proclamé par la Cour d'Appel le 29 avril : sur 135,449 électeurs, il y eut 130,839 votes dont 130,533 oui, 235 non et 71 bulletins nuls. Cette presque unanimité déplut à Turin où le Ministère retarda la présentation au Parlement du traité du 24 mars. L'opinion publique s'émut en Savoie : le 17 mai, le docteur Denarié, dans un véhément article, s'écriait : La Savoie ne peut plus attendre. Le 22, le Conseil divisionnaire de Chambéry proteste contre ces lenteurs et, sur la proposition du marquis Costa, invite celui d'Annecy à prendre séance à Chambéry le 27 pour adopter en commun une ligne de conduite. Le Comité français faisait afficher le 25 mai, à 10 heures du matin, un appel à la concorde et à l'énergie ; six heures plus tard, le Ministère déposait le traité sur le bureau de la Chambre des députés et en demandait l'examen d'urgence. Le 29, l'adoption du traité est votée par la Chambre, le 10 juin par le Sénat, le 12, il est sanctionné par le roi et ratifié à l'unanimité par le Sénat français à la réception de la dépêche annonçant la signature du décret royal.

La France, par une fête nationale, célébra (14 juin) le retour de 600,000 Français à la mère-patrie ; le président Dupasquier signait le procès-verbal de la remise de la Savoie au représentant de l'empereur et le sénateur Laity en prenait possession au nom de la France et confiait l'administration des deux nouveaux départements de la Savoie et de la Haute-Savoie aux préfets, MM. Dieu et Petetin. Des fêtes se succédèrent dans les villes et les communes du 14 au 18 juin ; des feux de joie brillèrent sur toutes les montagnes.

Les lois françaises furent mises en vigueur le 14 juin, le 1er août et le 1er novembre.

Le 27 août, l'empereur et l'impératrice viennent à Chambéry ; le 30, ils vont à Annecy.

La Savoie, dès son entrée dans la grande famille française, a pris part à ses joies et à ses malheurs ; son histoire se confond dès lors avec celle de la France. Nous nous sommes donc arrêté à cette date mémorable de l'annexion et avons réuni dans une chronologie les faits particuliers de l'histoire de Savoie, des origines à nos jours, en leur donnant un peu plus de développement pour l'époque moderne ou plutôt contemporaine.

BIBLIOGRAPHIE
DE LA TROISIÈME PARTIE

AVET (Antoine). *L'Histoire de Savoie par M. Victor de Saint-Genis. Observations critiques sur sa partie contemporaine.* Moûtiers, 1873; in-8°.

BIANCHI. *Storia della Monarchia Piemontese dal 1753 al 1814.* Turin ; 4 in-8°.

BOISSAT (Le Chanoine). *Histoire de la Maison de Savoie.* Chambéry, 1851 ; in-12.

COSTA DE BEAUREGARD (Marquis Henri). *Mémoires historiques sur la Maison de Savoie.* 3 vol., Turin, 1816 ; le 4°, Chambéry, 1888; in-8°.

DESSAIX (Joseph). *La Savoie historique et pittoresque.* Chambéry, 1854 ; in-4°.

DUBOIN. *Raccolta delle leggi, editti etc. emanati negli stati Sardi sino all'8 dicembre 1798.* T. XIV. Pubblica istruzione et passim dans les autres volumes. Turin, 28 T. en 30 vol. et 1 de table.

FOLLIET (André). *Les Volontaires de la Savoie (1792-1799). La légion allobroge et les bataillons du Mont-Blanc.* Paris, 1887; in-8°.

GRILLET (Le Chanoine). *Dictionnaire historique du Mont-Blanc et du Léman.* Chambéry, 1807; 3 in-8°.

GUICHENON (Samuel). *Histoire généalogique de la royale Maison de Savoie.* Turin, 1778 ; 5 in-f°.

Recueil des actes du gouvernement. Chambéry, années 1816, 1822, 1835.

Lefort et Lullin. *Régeste Genevois : Souveraineté impériale dès 1032. Les évêques de Genève.* Genève, 1866 ; in-4°.

Saint-Genis (Victor de). *Histoire de Savoie dès son origine à l'annexion de 1860.* Chambéry, 1869 ; 3 in-18.

Tardy (Joseph). *La Savoie de 1814 à 1860.* Mâcon, 1896 ; in-8°.

Tredicini de Saint-Séverin (Marquis). *Le Régiment provincial de Savoie en 1792.* Genève, 1881 ; in-4°.

— *Souvenir de 1814. Le général comte Janus de Gerbaix de Sonnaz d'Habères et les volontaires savoyards.* Genève, 1890 ; in-8°.

QUATRIÈME PARTIE

LES COMTES & LES ÉVÊQUES DE GENÈVE

Les Comtes de Genevois. — Les Barons du Faucigny.
Entreprises de la Maison de Savoie pour s'emparer
du pouvoir dans Genève.

Les Comtes de Genevois.

L'origine de la Maison de Genève, presque aussi ancienne que celle des princes de Savoie, est entourée de la même obscurité. Les comtes de Genève prétendaient descendre de deux héros du cycle carolingien, Olivier et Renier son père, dont les exploits sont racontés dans diverses chansons de geste. Cette tradition erronée remonte à l'auteur de la *Chronique de Turpin*. L'étendue et la position de leur comté expliquent l'importance de son rôle sous les monarchies Burgonde et Franque et lorsqu'elle se fut constituée un Etat indépendant. Celui-ci comprenait le Genevois (arrondissements d'Annecy et de Saint-Julien et le massif des Bauges), le pays de Gex, une partie du Bugey, du Grésivaudan, du Valais et des fiefs dans les Etats voisins; les châteaux de Genève, d'Annecy, de Clermont, de Thônes, de Chaumont, de Ternier, de Rumilly, d'Alby, de Mornex, de Duingt, de Rumillysous-Cornillon, de Cessens, de Cruseilles, de la Balme-de Sillingy, de Grésy-sur-Aix, de Châtel, de Gaillard, de la Roche et de Faverges ; dans le Faucigny : de Charousse et la vallée de Chamonix, et dans le Chablais : de Balaison et de Beauregard. Ces princes ont conservé le nom de la ville dans laquelle ils avaient exercé un certain pouvoir, bien que les évêques en fussent les véritables souverains, et non celui du comté dans lequel se trouvaient leurs principales possessions.

L'acte de fondation de l'église de Pellionnex (de 1012 à 1019), bien que leur nom patronymique n'y figure pas, contient la première mention des comtes de Genève : Conrad I, Robert et Conrad II. Dans une donation faite à ce même monastère par Amédée II de Genève, ce prince rappelle que sa fondation et sa dotation sont l'œuvre de ses ancêtres. Conrad II, marié à Berthe de Flandres, (conjecture de Guichenon admise comme probable par le comte de Foras,) eut deux fils : Conon, évêque de Maurienne (1088-1117), et Gérold, comte dans la région de Genève (1034-1061).

A partir de Gérold, marié à Tetberge, veuve de Louis de Faucigny, la filiation directe de cette famille est certaine. Gérold lutta contre l'empereur Conrad le Salique, auquel il dut se soumettre (1034) ; il subit le même sort avec l'empereur Henri III (1045). Il eut trois enfants : Conon (1061-1080), Aimon I (1080-1128), qui lui succédèrent, et Jeanne, mariée à Amédée II de Savoie. Aimon, marié à Ita, eut quatre fils ; Gérold, Guillaume, Roboald et Amédée I qui lui succéda. Il fonda en 1090 le prieuré de Chamonix ; son fils Gérold, Guillaume et Amédée de Faucigny, ses frères utérins, intervinrent dans l'acte.

Les Evêques et les Comtes de Genève.

A partir du xɪɪᵉ siècle, les évêques de Genève furent seigneurs temporels de Genève, de sa banlieue, de trois châtellenies dans son voisinage, de Viuz-en-Salaz et du mandement voisin de Thiez, dont le château est aujourd'hui détruit, sous la suzeraineté de l'empereur. L'investiture des droits régaliens et le titre de prince de l'Empire leur avaient été accordés vers 1032 par Rodolphe III, dernier roi de Bourgogne. Les comtes de Genève étaient vassaux de l'évêque et lui devaient hommage ; ils possédaient un château dans Genève (1215) et y exerçaient quelques droits ; en outre, leurs possessions et celles des seigneurs de Gex et de Faucigny, leurs vassaux, enclavaient le territoire de l'évêché. Celles des comtes de Savoie en étaient éloignées, à l'exception du Chablais.

Les comtes de Genève étaient les délégués de l'évêque pour l'exercice de la justice criminelle, recevaient en compensation quelques revenus et une partie des bans et des amendes et avaient le titre de Vidome qui, devenu héréditaire, constitua en fait une puissance, opposée à celle de l'évêque, que des empiètements sans cesse renouvelés rendaient rivale de celle de l'évêque.

De graves différends s'élevèrent entre Aimon I de Genève et l'évêque Humbert de Grandmond (entre 1120 et 1124) au sujet de la souveraineté et de la juridiction dans Genève inféodées au comte par l'évêque Guy de Faucigny, prédécesseur de Grandmond, et que celui-ci se refusait à reconnaître. Leurs contestations furent réglées par l'archevêque de Vienne, délégué spécialement par le pape Calixte II au plaid de Séyssel (1124). Celui-ci décida que l'évêque aurait la justice et la seigneurie dans Genève, le droit de battre monnaie, les biens des voleurs confisqués et les obventions des étrangers ayant demeuré un an et un jour dans la ville ; que le comte ne pourra y élever un fort que du consentement de l'évêque à qui il ferait hommage, à la seule réserve de celui qu'il devait à l'empereur. Au plaid de Saint-Gervais, qui régla de nouveaux droits controversés (de 1124 à 1134), l'arbitre confirme et maintient tout ce qui avait été convenu précédemment.

Amédée I de Genève (1128-1178) dut, comme Aimon I son père, transiger avec l'évêque Arducius de Faucigny à la suite d'usurpation de pouvoir. Aussi, pour arriver de vassal à devenir suzerain, il acquit (1162), de Berthod IV de Zœringhen, le vicariat de l'Empire sur Genève que celui-ci avait reçu avec ceux sur Lyon et Lausanne en 1155. L'évêque recourut à l'empereur Frédéric ; celui-ci déclara qu'il n'y aurait pas d'autorité intermédiaire entre l'empereur et Genève, annula la donation et la vente et remit l'évêque en possession des régales.

Guillaume I, fils d'Amédée I (1178-1195), parvint à recouvrer divers fiefs enlevés à son père et en reconnaissance dota la chartreuse de Pomier ; ses entreprises pour s'emparer de nouveaux droits dans Genève le firent mettre au ban de l'Empire sans l'amener à abandonner ses prétentions. Guillaume, marié à Béatrix, eut quatre fils et une fille, Béatrix, femme de Thomas, comte de Savoie.

Humbert (1195-1225) et Guillaume II (1219-1252) lui succédèrent, le premier seul d'abord, puis avec son frère dès 1219. En 1210, Humbert accorda des franchises à Arbonne et à Cruseilles, en 1228 à Flumet et en 1232 Guillaume à Rumilly. Le dernier, pour un motif resté inconnu, resta ensuite maître du comté du vivant de son frère; il en reçut l'investiture de l'évêque Pierre de Cesson, à qui il prêta hommage à la suite d'un accord réglé en 1224. C'est peut-être sous le règne de ces deux princes que doit remonter la construction du château de Genève, dit le château de Bourg-de-Four, dont il n'est pas question antérieurement. L'évêque Pierre de Cesson fit élever, en 1215, le château de l'Ile, sur le Rhône, afin d'arrêter les incursions dans la ville des comtes de Genève, à qui il contestait le droit d'élever un mur de leur château de Genève, à l'encontre des transactions passées avec ses prédécesseurs. Après la mort d'Humbert (1225), Guillaume II (1220-1252) conserva le pouvoir au préjudice de son neveu Ebal; celui-ci se retira et mourut en Angleterre après avoir transmis à Pierre de Savoie tous ses droits sur le comté de Genevois.

Quelques années auparavant, le comte de Savoie Thomas I avait fait un traité avec Berthod de Zæringhen; l'évêque Bernard Chabert craignant qu'il ne tentât d'obtenir de ce dernier les régales de Genève, se rendit auprès de lui à Lugrin (1211). Il le requit par la fidélité qu'il lui devait, pour divers fiefs compris dans les limites de son diocèse, de ne rien entreprendre contre Genève. Le comte acquiesça à sa demande, assurant qu'il n'eût pas accepté les régales lors même qu'elles lui auraient été offertes. Ce fut en se substituant à l'ancienne famille indigène des comtes de Genève que les comtes de Savoie acquirent des droits sur Genève, d'abord à titre provisoire comme créanciers nantis des biens et des droits que les comtes de Genève, leurs débiteurs, possédaient dans cette ville.

Pierre de Savoie fut le premier de sa Maison à exercer quelque autorité dans Genève, soit comme avocat de l'église, soit comme protecteur des citoyens avec qui il passa des conventions. Rentré dans la vie laïque à la mort de son père (1233), il épousa, l'année suivante, Agnès, unique héritière du Faucigny, se rapprochant ainsi de Genève qu'il joignit de l'autre côté en obtenant l'hommage des sires de Gex. Des démêlés avec les comtes de Genève amenèrent une de ces guerres si fréquentes à cette époque, bientôt suivie d'une trève. Rodolphe et Henri, fils de Guillaume II, la rompirent, attaquant Pierre de Savoie à l'improviste, le blessant et le faisant prisonnier. Cette violation de la foi jurée ne fit qu'envenimer la lutte; celle-ci fut terminée par l'arbitrage du comte Amédée IV (1242) qui condamna Guillaume à une amende de 20,000 marcs d'argent (équivalent à plus d'un million valeur actuelle), somme qu'il eût été à peu près impossible de réaliser à cette époque où l'argent était d'autant plus rare que presque toutes les redevances féodales étaient acquittées en nature.

Aussi le comte de Genève ne pouvant satisfaire son créancier, Pierre revendiqua par les armes la réparation de l'injure qu'il avait subie en occupant successivement plusieurs châteaux des comtes de Genève dans le pays de Vaud, le Chablais et le Genevois et celui qu'ils possédaient à Genève et s'emparant de tous les droits dont ils jouissaient dans cette ville. La guerre, interrompue par des trèves, se continua jusqu'en 1260.

Son frère Philippe, archevêque de Lyon, chargé d'un nouvel arbitrage, réduisit à 10,000 marcs l'amende encourue et fixa comme gage de cette dette, outre le château de Genève, ceux de Ballaison, des Clées, de Rue, le fief de Langin et les possessions du comte de Genève entre l'Arve et la Dranse et entre la cluse de Gex et le pont de Banges. La remise de ces châteaux et territoires fut exécutée aussitôt par les comtes de Genève qui durent prêter hommage au comte Pierre. Par là s'accrut la puissance de celui-ci ; la somme convenue ne fut jamais payée et tous les gages, dont la perte fut l'origine du déclin de la famille de Genève, vinrent agrandir l'étendue de ses Etats.

Pendant un de ses séjours en Angleterre, Pierre obtint d'Ebal, fils d'Humbert de Genevois, la cession, par testament, de tous ses droits à la succession de son père et de son frère sur le comté de Genevois (1259) contre Rodolphe et tous autres prétendants. L'année suivante, par un nouvel arbitrage, il fut déclaré que le château de Charousse (aujourd'hui détruit, près Passy-en Faucigny) serait du fief de Pierre à qui Rodolphe promit de payer 3,000 livres genevoises en nantissement desquels il lui laissera tout ce qu'il possédait audelà du Rhône, de Seyssel à Lausanne, et qu'après le payement les parties garderaient tous leurs droits relativement à la cession qu'Ebal avait faite à Pierre.

Devenu comte de Savoie à la mort de Boniface, son neveu (1263), Pierre vit s'accroître son influence à Genève, où il exerçait tous les droits des comtes de Genève, en se créant un parti parmi les citoyens, en se faisant le protecteur et le promoteur de leurs libertés et de leurs franchises au préjudice du prince-évêque à qui son père avait laissé par testament tout le fief, recommandant à Amédée IV de lui en donner l'investiture et de le défendre. Rodolphe de Genève (1253-1265) dut lui faire hommage des fiefs qu'il tenait de lui en vertu de sa nouvelle dignité.

C'est à cette époque que les Genevois commencèrent à s'organiser en corporation et à avoir des chefs, premier acte politique des habitants qui appelaient le comte de Savoie leur seigneur et protecteur parce qu'il leur paraissait plus puissant que tout autre prince et plus capable de les soutenir contre leur évêque. En droit, le comte Pierre était l'avoué ou le défenseur civil de l'Eglise, chargé de faire exécuter les sentences criminelles. Propriétaire du château du Bourg de Four, qu'il habitait ordinairement, il ne pouvait l'augmenter ou élever de nouvelles maisons-fortes sans l'assentiment de l'évêque. Il amena les Genevois à faire avec lui un traité par lequel il les prenait sous sa protection et garde à charge de réciprocité. L'évêque, Henri de Bottis, fit opposition à cet acte, un arbitrage eut lieu à Versoix, l'évêque dut reconnaître et approuver les foires et marchés qui sont déclarés être dans ses droits, le comte dut abandonner, pour lui et ses successeurs, la seigneurie et protection accordée aux bourgeois et promettre de ne plus traiter avec eux à l'avenir. Pierre renonça également à l'exercice du droit de garde et à quelques autres de moindre importance moyennant 2,250 livres genevoises (1267). Il mourut l'année suivante, faisant remise à Aimon II de Genève (1265-1280) de 2.000 livres sur les 10.000 qu'il lui devait, tout en conservant les gages qui en étaient la garantie.

Le comte Philippe I de Savoie continua à posséder le château de Genève dont la garde était confiée à un châtelain, assisté de 12 clients d'armes et de 4 gaites, qui jouissait de divers revenus en censes, tailles et d'un tiers des amendes et des bans.

Amédée II de Genève (1280-1308, frère et successeur d'Aimon II, avait obtenu de Béatrix, dame de Faucigny, et de Jean, dauphin, son petit-fils, de renoncer à la gagerie consentie en 1250 par Guillaume II et Rodolphe en faveur du comte Pierre. Cette concession donnant une apparence de justice à ses prétentions sur Genève, il s'efforçait d'y reprendre pied grâce à l'appui de Robert II de Genève, son oncle, élu évêque en 1281. Celui-ci favorisait sa maison au préjudice des droits de l'évêché et du peuple, mais se sentant incapable de tenir tête au comte de Savoie, il entra dans une ligue formée par Amédée II, Béatrix de Faucigny et Jean, son fils. La mort de ce dernier étant arrivée la même année fit rompre la coalition (1282), Béatrix nomme son petit-fils Hugues son héritier et successeur. L'évêque, pour obtenir la paix, dut promettre en son nom et en celui du chapitre et des habitants de ne porter aucun appui aux ennemis du comte Philippe. Après la mort de celui-ci, les Genevois, pour sauvegarder leurs libertés, demandèrent protection et secours à Amédée V de Savoie (1285). Le comte pénètre dans Genève à la tête d'une troupe armée, s'en rend maître au détriment de l'évêque et les habitants s'obligent à défendre lui et son château. L'évêque Robert II s'éleva contre cette entreprise qui ruinait son pouvoir et demanda l'intervention amicale de l'évêque de Lausanne ; grâce à laquelle un traité fut conclu le 29 septembre 1285. Amédée V promit de rendre la ville à l'évêque, de ne plus entrer en armes dans Genève, de délier les citoyens de leurs engagements et de commander à son châtelain de respecter les droits de l'évêque. Deux jours après, le comte faisait un nouvel accord avec les Genevois, promettant de protéger et défendre eux, leurs biens et leurs franchises contre tous.

Robert II meurt (1287) après avoir préjudicié aux intérêts de l'évêché sans avoir réalisé, par sa politique, les projets formés en faveur de sa famille.

Pendant la vacance du siège, comme le château de l'Ile était occupé par deux chanoines et des gens du comte de Genevois et du Dauphin dont ils soutenaient les droits, autorisés par le Chapitre de Genève, Amédée V, en bon vassal de l'Eglise, l'enleva de vive force, fit relever les fortifications et y établit un châtelain. Ce château resta dès lors en possession de la Maison de Savoie tant qu'elle conserva dans Genève le pouvoir qu'elle y avait acquis. Un traité de paix avec le dauphin de Viennois et le comte de Genève, dont la durée ne fut que d'un an, suivit cette prise de possession.

Le nouvel évêque, Guillaume de Duing, dit de Conflans (1287-1295), demanda au comte la restitution du château de l'Ile ainsi que des divers droits usurpés par lui, lançant une excommunication non pas contre Amédée V, mais contre les usurpateurs des biens de son église en général. Par une transaction, le comte rend à l'évêque le droit de pêche et le péage sur le pont du Rhône dont il s'était emparé ; celui-ci lui reconnaît en fief le vidomat, soit l'exercice du mère empire et de la juridiction criminelle en son nom et comme son vicaire pour lui et ses successeurs. Au cas où les évêques qui seront après lui ne voudraient pas confirmer le vidomat, le comte rentrerait dans tous ses droits. Quant au château de l'Ile, le comte de Savoie se refusa à le rendre à moins d'être dédommagé de ses dépenses s'élevant à 40,000 marcs d'argent. La solution du litige devra être soumise au jugement de nouveaux arbitres; en attendant, le chatelain du comte sera tenu d'y garder les prisonniers de l'évêque. Cette transaction est le premier titre qui donne pied à la Maison de Savoie dans Genève sous une forme légale, lui reconnaissant le vidomat, office en apparence subordonné, dont Amédée V parvint à faire un magistère, lui permettant d'exercer dans la ville une partie de la police et la juridiction criminelle qu'il conserva après avoir restitué au comte de Genevois le château de Bourg-de-Four (1287) et divers droits auxquels Pierre II avait été subrogé.

Amédée II de Genève voulut récupérer le vidomat et toutes les prérogatives possédées dans Genève par ses prédécesseurs; allié au dauphin, il pénètre dans la ville à la tête de nombreux gens d'armes qui en brûlent une partie et en renversent les murailles. L'évêque vient le supplier à genoux et en larmes de ne point occuper et exterminer sa ville dont les habitants refusent de se soumettre. Le comte, du château de Bourg-de-Four, fait lancer d'énormes pierres contre Saint-Pierre; enfin, repoussé par les habitants, il se retire en dévastant le Faucigny, pillant les dîmes, ravageant les biens de l'Église et empêchant le transport à Genève des produits de leurs terres. Amédée V vient au secours de son parti, resté le plus fort, s'empare du château du Bourg-de-Four, arme de balistes le château et la ville et fait le siège du château de Corbières qu'il réussit à prendre. Un arbitrage défend au comte de Genève de faire alliance avec les citoyens au préjudice du comte de Savoie et décide que le château du Bourg-de-Four ne lui sera restitué qu'à titre de fief et moyennant l'engagement de protéger les citoyens de Genève dans son comté.

Amédée II de Genève, approuve, avec Robert, évêque de Genève, les franchises accordées à Cruseilles par Guy, évêque de Langres, seigneur de cette ville, confirme les franchises de Rumilly (1291), rappelant celles accordées en 1252 par Guillaume II et en accorde à Seyssel en 1285, à Cluses en 1293, à Alby en 1297 et au Châtelard en 1301.

Amédée V, pour consolider en faveur de sa descendance les droits de la couronne, obligeait (1294) le comte de Genève, Amédée II, à rendre, par anticipation, hommage à Édouard, son fils aîné, pour les fiefs soumis à son pouvoir; trois ans après, ils convenaient du mariage de Guillaume II de Genève avec Agnès de Savoie, et le comte de Genève assurait sa succession à Guillaume ou à son premier né.

Guillaume de Conflans résista avec courage bien que sans succès aux empiétements successifs d'Amédée V dans Genève; Martin de Saint-Germain, son successeur, paraît avoir évité toute difficulté avec le comte. Aimon du Quart, nommé évêque en 1304, fait un accord avec le prince relativement à l'exercice et à la juridiction du vidomat, mais se refuse à ratifier le fait de la possession par le comte en vertu de la concession faite en 1290 par Guillaume de Conflans.

Quatre jours après, il convoque le comte et, en présence de témoins, lui demande la restitution du château de l'Ile et du vidomat; sa réponse négative éloigna l'évêque du parti de Savoie pour le jeter dans celui de Genève et de Faucigny. Amédée V était en France, Edouard hors des Etats, leurs ennemis en profitèrent pour former, avec le concours tacite de l'évêque, une ligue (1307) dans laquelle entrèrent Amédée II de Genève, qui y associe son fils pour le soustraire à l'influence d'Amédée V, Hugues, dauphin, Jean de Châlon, le sire de Faucigny. Au mois de juin, ils arrivent à l'improviste par le pont d'Arve, pénètrent dans Genève par la porte d'Yvoire et se dirigent vers le palais épiscopal, mais assaillis furieusement par le parti de Savoie, ils sont chassés, laissant de nombreux morts et des prisonniers. Ils reviennent au mois d'août, coupent les vignes et les arbres et brûlent les maisons en dehors de Genève, s'emparent du château de Villelagrand appartenant à l'évêque, Aimon du Quart, que le parti savoyard avait obligé à s'éloigner. La mort d'Amédée II de Genève mit fin à la ligue. Guillaume III (1308-1320), gendre d'Amédée V, accepte une trêve suivie d'un traité de paix (1308) par lequel il laissa le comte de Savoie garder le château de l'Ile et le vidomat et lui fit hommage des fiefs qu'il tenait de lui. Il ne chercha plus à intervenir à Genève qu'à la fin de son règne, excité par les agissements du comte de Savoie qui, après avoir obtenu de l'évêque la garde du château de Bourg-de-Four, l'avait pris et démoli.

Guillaume de Genève, avec Agnès de Chaumont, concède des franchises à Chaumont en 1310 et, peu après, à Sallanches; le 19 mai 1320 il accorde aux bourgeois de Rumilly le droit de couper du bois et de faire du charbon dans la montagne et de nommer un forestier.

Amédée III (1320-1367), son fils, se ligua contre le comte Edouard avec les seigneurs de Faucigny, de Gex et de Joinville et prit part à la bataille de Varey. Après la mort d'Edouard il se rapprocha du comte Aimon, son successeur, combattit avec lui et fut parrain puis tuteur d'Amédée VI avec Louis de Vaud. Il négocia avec le roi de France l'échange des possessions dauphinoises de la Maison de Savoie contre le Faucigny, ce qui n'empêcha pas Amédée VI (1355) de prétendre par suite de cette acquisition, à l'hommage sur tout le comté de Genevois et de contester le droit de battre monnaie accordé à Amédée III par Charles IV en 1338. Un accord régla ces différends et nous voyons que le comte de Genève fut le premier des quinze chevaliers nommés à la création de l'ordre de l'Annonciade.

L'empereur Charles IV confirma à Amédée III le droit de battre monnaie (1367). A l'encontre des oppositions du comte de Savoie et des contestations de l'évêque de Genève en possession des régales dans son diocèse, lui et ses fils continuèrent à maintenir en activité leur atelier monétaire d'Annecy. Amédée III accorda des franchises à la Roche en 1339 et approuva en 1350 (20 septembre) les statuts de Thônes. Marié à Mathilde d'Auvergne, dite de Boulogne, il en eut 5 garçons et 6 filles : Aymon III, Amédée IV, Janus et Robert qui lui succédèrent ; Marie, qui épousa Humbert VII de Thoyre-Villars et apporta le comté de Genevois à cette maison à la mort de son frère Robert (1394), dernier mâle de la famille de Genève ; son fils, Humbert VIII de Thoyre-Villars devint comte de Genevois.

Aymon III (1367) avait été fait prisonnier par les Anglais à la bataille de Lans (novembre 1361), les États généraux de Genevois votèrent des subsides pour son rachat et celui de plusieurs nobles de sa suite. Il mourut en Grèce.

Amédée IV (1367-1369) confirme les franchises d'Annecy (1367). L'empereur Charles IV le déclare vassal immédiat de l'Empire, l'exempte de la juridiction des comtes de Savoie, lui confirme le droit de battre monnaie et le fait comte palatin, il meurt sans enfants.

Jean ou Janus (1369-1370) a un règne très court, institue son frère Pierre son héritier universel, lui substituant l'évêque Robert, son frère.

Pierre (1370-1392), règne vingt-quatre ans ; le 17 septembre 1372 il confirme les franchises de Cruseilles avec Robert, évêque de Genève, du consentement de Mathilde de Boulogne, leur mère ; avec celle-ci, le 4 novembre 1372, ils établissent à Rumilly les droits d'affouage, de vente du blé en gros et en détail et accordent aux habitants de ne pouvoir être mis en accusation qu'après une plainte ou dénonciation établie par la commune renommée ; le 8 novembre 1376 ils concèdent à cette ville l'impôt sur le blé ; le 22 mai 1383 la fixation des limites de la commune et l'interprétation de la clause d'acquisition de la bourgeoisie par an et par jour. Le comte autorise la ville d'Annecy, dont il confirme les franchises, à établir la gabelle du vin pendant dix ans pour la réfection des murailles ; il y frappe monnaie de 1374 à 1391. Il aida Amédée VI à soumettre le comte de Beaujeu et l'accompagna en Italie (1383) pour soutenir le pape Clément VII et la Maison d'Anjou contre Duras. Par son testament fait à Avignon (1392), le comte demande à être enseveli à Annecy, dans la chapelle de Notre-Dame, laisse à sa mère l'usufruit des terres de Genevois et institue son héritier universel Humbert II de Villars, son neveu.

Robert (1392-1393) (le pape Clément VII) succède à Pierre, malgré son testament, se refuse à prêter hommage au comte de Savoie, puis reconnaît les droits d'Humbert de Villars. De nombreux prétendants font alors valoir des droits sur le comté de Genevois ; l'affaire est portée au conseil du comte de Savoie qui prononça (1397) la main-levée du comté de Genevois en faveur d'Humbert de Villars (1394-1400). Celui-ci, à défaut de fils posthume, institue son héritier, son oncle Odon de Villars.

Odon de Villars (1400-1401). Le comte Amédée VIII renonça en sa faveur à tous ses droits sur le comté de Genevois, à la condition qu'il lui prêterait hommage pour le comté et qu'un certain nombre de châteaux reviendraient à lui ou à ses descendants au cas où il mourrait sans enfant. En 1401, Odon s'étant rendu à Paris pour assister au mariage d'Amédée VIII consentit, à la sollicitation de Jean, fils du roi de France, à céder au comte de Savoie tous ses droits sur le comté de Genevois, moyennant 45.000 livres d'or, et la cession de la seigneurie de Châteauneuf en Valromey. Rumilly fut cédé au comte de Savoie en 1411 (14 septembre) par Marguerite de Joinville, veuve de Pierre de Genève, il en confirme les privilèges. Pour un sacrifice minime, Amédée VIII obtenait l'ensemble des Etats de la famille de Genève presque aussi ancienne que la sienne et qui, pendant plusieurs siècles, avait rivalisé d'influence avec elle et lutté vainement contre sa prépondérance croissante. Dès lors, à l'exception des domaines toujours convoités de l'évêque de Genève, tout le territoire entre le Léman et les Alpes lui appartenait. En 1405, il prête hommage à l'évêque de Genève pour le comté de Genevois et traite avec Jean de Châlon qui lui avait intenté un procès devant la cour impériale comme petit-fils de Jeanne, fille d'Amédée III de Genève.

Les comtes de Savoie avaient toujours échoué dans leurs fréquentes tentatives (1311-1430) pour obtenir la cession légale des droits de seigneurie et de justice qu'ils exerçaient dans Genève. Ils cessent de recourir aux transactions légales alors que leurs Etats et leur puissance ont acquis tout leur développement et font nommer les cadets de leur famille au siège épiscopal de Genève et réunissant ainsi la domination spirituelle et temporelle, parviennent à y établir leur autorité d'une façon toujours plus absolue. L'élan du peuple Genevois vers la liberté, pour laquelle ils ont obtenu, à l'origine, l'appui des comtes de Savoie contre leurs évêques, l'amène à supprimer l'autorité des évêques par l'adoption de la réforme et à secouer une domination que trois siècles d'efforts n'avaient pu assurer.

Les dernières et vaines tentatives des princes de Savoie pour s'emparer de Genève qui devait être la défense avancée de leurs Etats ont été exposées dans l'*Histoire de Savoie*; nous nous abstiendrons de les relater de nouveau à partir de l'époque ou ils n'ont plus à lutter que contre le pouvoir épiscopal

Comtes et Ducs de Genevois de la Maison de Savoie.

Postérieurement à la réunion du Genevois aux possessions de la Maison de Savoie (1401), ce comté fut donné en apanage au second fils du duc régnant, l'aîné recevant le Piémont avec le titre de prince. Le premier titulaire fut Louis, deuxième fils d'Amédée VIII, nommé après 1422; il reçut en outre du Genevois les baronnies de Faucigny et de Beaufort dont il réunit les Etats-Généraux composés de représentants de toutes ses chatellenies. Lors de sa nomination à la lieutenance générale du duché de Savoie, en 1434, Philippe Monsieur, son cadet, lui succéda dans son apanage. Le 28 mars 1441, il confirma les franchises de Cruseilles et posséda le Genevois jusqu'à sa mort (1444).

Le duc Louis le donna alors à son fils Louis, plus tard roi de Chypre et, en 1463, à son troisième fils Janus. Celui-ci, lorsqu'à la suite de la maladie d'Amédée IX, Yolande eut été nommée régente sans que ses frères et lui eussent été appelés à prendre part à la direction des affaires de l'Etat, résolut, d'accord avec Jacques, comte de Romont, et Philippe-Monsieur, de s'emparer de la duchesse. Ils vinrent assiéger Montmélian où elle s'était retirée avec son époux, laissant son fils Jacques-Louis à Chambéry, sous la garde de Jean-Louis de Savoie, évêque de Genève, qui lui donna tout son appui, et s'en emparèrent (17 juin 1471). Mais Yolande réussit à s'échapper avec ses enfants puis, grâce à l'aide de ses sujets et à l'appui du roi de France, put maintenir son autorité tout en accordant à ses beaux-frères une place dans le Conseil. A la mort d'Amédée IX, ils firent une nouvelle tentative pour s'emparer du pouvoir, mais la duchesse, prévenue par son beau-frère, l'évêque de Genève, qui avait mis cette ville en état de défense contre les Bernois, avait pris des mesures de résistance qui les firent renoncer à leur projet et licencier leurs troupes.

Le 30 avril 1491, le duc avait autorisé la bourgeoisie d'Annecy à élire un conseil composé de douze membres et un capitaine pour veiller à la sûreté des habitants; il mourait la même année dans cette ville où il faisait sa résidence. Marié à Hélène de Luxembourg, il n'en eut qu'une fille. Annecy, devenu le séjour habituel des comtes de Genève qui, à la suite des luttes de 1307 et de 1308, avaient cessé de résider à Genève, fut ensuite celui des comtes et des ducs de Genevois qui n'auraient pu s'établir à Genève sans l'autorisation de l'évêque et des syndics. Les franchises d'Annecy furent également confirmées par les comtes de Savoie : Charles I (1er octobre 1482), Philippe II (1496), Philibert le Beau (1498).

La fille de Janus épousa Jacques-Louis, fils d'Amédée IX, qui porta le titre de comte de Genevois du vivant de son beau-père à qui il appartint de nouveau après sa mort (1435). Philippe, troisième fils de Philippe et chef de la branche de Savoie-Nemours, qui devait être investi par François Ier du duché de Nemours en 1528, reçut de Charles III, son frère (1514), l'inféodation du Genevois, du Faucigny et de Beaufort. Il résida à Annecy où il transféra le Conseil résident du comté, établi jusqu'alors à Rumilly, à la suite de l'incendie de cette ville. Marié à Charlotte d'Orléans, il en eut un fils, Jacques, qui lui succéda. Il mourut à Marseille en 1533.

Jacques de Savoie, duc de Nemours et de Genevois, colonel-général de la cavalerie légère et gouverneur d'Auvergne, succéda à son père. Emmanuel-Philibert érigea en sa faveur le Genevois, le Faucigny et Beaufort en duché (1564). En 1562 il confirma les franchises de Cruseilles et en accorda à Saint-Jeoire (Faucigny) (27 février 1565). Marié l'année suivante à Anne d'Este, veuve de François de Lorraine, duc de Guise, il en eut deux fils : Charles-Emmanuel et Henri Ier qui lui succédèrent; il mourut à la Cassine-Chastelier, près Montcalier, en Piémont(1585), et son corps fut transporté à Annecy.

Charles-Emmanuel, gouverneur d'Auvergne et du Lyonnais pour le duc de Mayenne, son frère utérin, abandonna ses prétentions à la couronne de France, à la conversion d'Henri IV et s'efforça de s'assurer de la suzeraineté de l'Auvergne et des provinces de son gouvernement, dont le siège était à Lyon. Ce dessein ne se réalisant pas à son gré, il se retira à Annecy où il mourut en 1595, à l'âge de 28 ans.

Henri Ier, son frère, échoua dans sa tentative pour se rendre maître de la Savoie, excité par l'Espagne et aidé par les troupes qu'elle avait dans la Franche-Comté et s'aliéna à la fois la France et la Savoie. Ce prince prit sous son patronage spécial l'Académie Florimontane fondée par saint François de Sales et le président Favre. Marié à Anne de Lorraine (1618), il en eut trois fils qui lui succédèrent, et mourut à Annecy en 1632.

Louis prit le pouvoir sous la tutelle de sa mère et mourut en 1642, à l'âge de 22 ans; Charles-Amédée, marié à Elisabeth de Vendôme, ne laissa qu'une fille, il fut tué en duel en 1652 ; Henri II, marié à Marie d'Orléans, en eut troi fils et deux filles morts avant lui. En lui s'éteignit (1659) la branche de Savoie-Nemours.

Jeanne-Baptiste, fille de Charles-Amédée, hérita de tous ses biens. Cet apanage rentra dans le domaine de la Maison de Savoie après 113 ans ; la dernière descendante étant mariée à Charles-Emmanuel II, Annecy perdit sa cour princière et cessa d'être un centre politique, mais resta le siège de l'évêché, transféré dans cette ville en 1535 après l'adoption de la réforme par Genève. Le titre de duc de Genevois ne fut plus attribué dès lors qu'à Charles-Félix, puis à Victor-Emmanuel, fils de Victor-Emmanuel II.

Les Barons de Faucigny.

L'origine de la Maison des sires de Faucigny, moins puissante que celles de Savoie et de Genevois, est aussi incertaine. Lors de l'affaiblissement du pouvoir des rois de Bourgogne, ces princes créèrent comme eux un État indépendant, bien que soumis à rendre hommage aux comtes de Genevois pour certaines seigneuries comme l'étaient les comtes de Genève à l'évêque de cette ville et au comte de Savoie. Outre le Faucigny (arrondissement de Bonneville), moins la vallée de Chamonix, dépendant du comté de Genevois, ils possédaient des seigneuries en Genevois, en Chablais, en Bresse et en Bugey. Les sires de Faucigny, dont les possessions se trouvaient enserrées entre celles de la Savoie et du Genevois, eurent des contestations et des luttes sans fin à soutenir avec leurs puissants voisins, malgré de fréquentes alliances avec ces deux familles. Cet état de guerre continuel était inhérent aux enclaves de leurs possessions réciproques et à la rivalité entre Savoie et Genève qui obligeait les Faucigny à s'allier à l'un ou à l'autre, suivant les occurrences. Béatrix, fille de Pierre de Savoie, dernière héritière du Faucigny, par son mariage avec Guigue VII, dauphin de Viennois, fit passer ce pays à cette Maison, ce qui suscita une longue suite de débats et de luttes armées avec la maison de Thoire et Villars, appuyée par Philippe de Savoie, qui devinrent le pivot de la politique de ces contrées pendant la fin du XIIIe siècle. Dès lors, le Faucigny prit part aux luttes contre les princes de Savoie et les sires de Thoire et Villars jusqu'au traité de 1355, par lequel le roi Jean échangea avec Amédée V le Faucigny contre les possessions de la Maison de Savoie en Dauphiné.

L'histoire de ces princes est peu connue. Aimerard (entre 1002-1025) est le premier baron de Faucigny dont le nom paraisse dans une charte. Son fils Louis, lui succéda (1030-1060); après sa mort, Tetberge, sa veuve, épousa Gérold de Genève, ce qui établit un lien de parenté entre les deux familles. La succession directe se continue pas. Willelme I ou Guillaume (vivant en 1083 et en 1124), qui eut 5 fils de sa femme Utilie : Gérold, évêque de Lausanne, Amédée, évêque de Maurienne, 2 fils morts sans postérité et Rodolphe Ier qui lui succéda. Guy de Faucigny, évêque de Genève, son frère, donne, en 1083, au monastère de Cluny l'église de Sainte-Marie de Contamine sur Arve et, dans une confirmation de cette dotation (1119), réserve à son neveu Rodolphe et à ses successeurs l'avouerie de l'église du château de Faucigny (1re mention du château de Faucigny).

Rodolphe Ier (vivant en 1094), sire de Faucigny en 1119, dont l'alliance n'est point connue, eut 6 fils. Aymon lui succéda.

Aymon Ier (vivant vers 1138, mort avant 1168), fonda la chartreuse de Bellevaux en 1136 et accompagna Amédée III de Savoie à la deuxième croisade avec son fils Rodolphe (1147). Après son retour de Terre-Sainte, il fonda la chartreuse du Reposoir (22 juin 1151). Marié à Clémence de Briançon, il en eut 5 fils : Rodolphe et Henri qui lui succédèrent, trois fils morts sans postérité et une fille, religieuse.

Rodolphe II (vivant en 1150), sire de Faucigny en 1168, mourut sans laisser de postérité.

Henry, son frère, prévôt de Genève, lui succède (1178) ; cette même année, il réunit les États-généraux des châtellenies de Faucigny. Marié à Coutesson, fille d'Amédée Ier de Genève, il en eut deux fils qui lui succédèrent : Willelme II et Aymon II et une fille, Béatrix, qui épousa Berlion, vicomte de Chambéry. Il mourut vers 1197.

Willelme II, sire de Faucigny (de 1197 environ à septembre 1202).

Aymon II, sire de Faucigny (1202 à novembre 1253), marié à Béatrix, fille d'Etienne II, comte de Bourgogne, dont il eut deux filles : Agnès, dame de Faucigny, son héritière universelle, mariée à Pierre de Savoie, et Béatrix, femme d'Etienne de Thoyre-Villars. En 1228, il accorde des franchises à Flumet. Il eut des différends avec Guillaume de Genève, réglés le 10 mai 1225 et terminés par un traité de paix le 24 mars 1229. Il dut se reconnaître homme-lige du comte et, le 20 avril suivant, lui céda tous ses droits sur Chamonix. Dans un compromis passé le 12 juin 1250 entre Pierre de Savoie et Guillaume de Genève et ses fils, ces derniers exceptent des gages à remettre le fief qu'ils possèdent sur le seigneur de Faucigny.

Agnès, dame de Faucigny (1253-1268), mariée à Pierre de Savoie, le Petit-Charlemagne (1234), lui avait donné par testament (6 novembre 1262) le château de Faucigny, le mandement, la juridiction et tous les châteaux qui en dépendent. La part héréditaire de sa fille Béatrix ne doit consister qu'en terres; la mort de Pierre (1268) annula ces dispositions. L'année suivante (7 juin 1263), elle déclare que c'est par sa volonté que le comte a construit ou fortifié les châteaux de Flumet, de Sallanches, de Châtillon, de Faucigny, de Taninges, de Credo et de Pont-sur-Arve et a droit à être indemnisé de ses dépenses par elle ou par ses héritiers. Elle mourut en août 1268, quatre mois après son époux, et le Faucigny passa aux dauphins de Viennois.

Béatrix, la grande dauphine, dame de Faucigny (1268-1304), mariée à Guigues VIII, comte d'Albon et dauphin de Viennois (vers 1250), dont elle n'eut qu'une fille, le mit en possession du Faucigny à la mort de sa mère (1268). Guigues mourut l'année suivante. Cette princesse concède de nouvelles franchises à Bonneville (1289), en accorde à Chamonix (1292), fonde, la même année, la chartreuse de Mélan et approuve les ordonnances adoptées par les bourgeois de Sallanches, l'année suivante. En 1291, à la suite des voies de fait et des dévastations commises par le dauphin de Viennois et le comte de Genève contre Genève et le comte de Savoie, elle fait donation à Amédée V du château de Faucigny que celui-ci lui rétrocède sous la condition de lui prêter hommage. Dans une sentence de 1271, rendue entre Béatrix de Thoyre-Villars et Béatrix de Viennois, les arbitres décident entre autre que la baronne de Faucigny fera hommage au comte de Savoie de tout ce qu'elle possède entre le lac Léman et Flumet.

De leurs trois enfants, Jean Ier, dauphin, et Anne, dame de Faucigny, se succédèrent dans la possession du Dauphiné.

Humbert Ier, baron de la Tour-du-Pin, marié à Anne, fille de Guigues VIII et de Béatrix, eut la baronnie de Faucigny (1273-1307) et le Dauphiné en 1281, à la mort de Jean Ier. Il forma une ligue contre Amédée V, allié au baron de Vaud, au seigneur de Gex, et l'abbé d'Ambronay ; les hostilités durèrent jusqu'en 1293 et se terminèrent par un accord ; Humbert Ier reconnut les droits d'Amédée V à l'hommage du Faucigny, celui-ci ayant renoncé à son hommage pour la baronnie de la Tour-du-Pin.

Hugues, fils d'Humbert Ier, devenu baron de Faucigny par la donation que lui fit sa grand'mère Béatrix, en 1304, succéda à son père en 1307-1321. La même année, il confirme et développe les franchises de Flumet. A la suite d'une de ces contestations incessantes entre Faucigny et Savoie, un traité de paix fut signé à Montmélian (1308) entre Amédée V, stipulant pour son fils Edouard et Béatrix et Hugues, représentant le seigneur de Gex et les bannis de Genève, par l'intervention de Guillaume III de Genevois. Il fut convenu qu'Amédée conserverait le château de l'Ile, le vidomat et tout ce qu'il possédait dans Genève et son district ; le château de Faucigny fut reconnu de son fief ainsi que ceux de Bonneville, de Monthoux, de Chatelet de Credo, d'Allinges le Vieux et de Lullin, ainsi que les fiefs de Rouvrée, de Nernier, de Gex, de Villars, de Montfaucon et généralement tous ceux tenus par les vassaux de Faucigny au-delà du lac Léman, de Seyssel à Fribourg. Hugues reconnut les tenir de lui et lui en devoir l'hommage. La paix ne fut pas de longue durée et ne devint définitive qu'après une suite d'hostilités et de dévastations dans le Grésivaudan, qu'en 1314, sanctionnée par le mariage d'Amédée V avec Alix de Viennois. Hugues épousa Marie-Catherine, fille d'Amédée V dont il n'eut pas d'enfant ; par un traité de 1321, il transmit le Faucigny à ses neveux Guigues VIII et Humbert II, fils de Jean II, dauphin de Viennois. Hugues accorda des franchises à Cluses, à Saint-Oyen de Lullin, à Sallanches et à Bonne (1310, 4 mai, 11 juin, 10 et 14 août), s'attachant par là ses sujets et s'assurant leur concours dans ses luttes avec les comtes de Savoie.

Guigues VIII et Humbert II, qui se succédèrent comme dauphins de Viennois, furent co-barons de Faucigny, de 1321 à 1333, et Humbert II (1333-1349), seul après la mort de son frère tué à l'assaut du fort de Laperrière. Humbert II, se trouvant alors à Naples, le comte Aimon renonça à venger le massacre des défenseurs de Laperrière, en son absence, les hostilités furent suspendues et un traité de paix signé (1334). Le 14 mars 1349, Humbert II accorde une charte d'affranchissement général aux habitants du Faucigny ; ayant perdu cette même année son fils unique, il projeta de remettre ses États à un prince étranger; gagné par les promesses du roi de France, Philippe VI, il les lui céda sous certaines réserves, entr'autres que le Faucigny ne serait jamais aliéné. Malgré cette réserve de l'acte de cession, le dauphin Charles, assisté du roi Jean II, échangea le Faucigny avec Amédée VI contre les possessions que la Maison de Savoie avait en Dauphiné (traité du 5 janvier 1354). Le comte de Savoie, par son habile négociation, obtenait une cession dont tout le bénéfice était pour lui et éloignait tout sujet de discussion et de querelle avec son nouveau voisin. Mais après avoir été obligé d'acheter des châtelains, se prétendant créanciers du dauphin, les châteaux de Bonne, d'Hermance, de Flumet, etc., il dut soumettre par la force les montagnards du pays soulevés et soutenus par le comte de Genève et comptant sur l'appui secret du roi de France et du duc de Bourgogne. Après avoir réuni une armée de 16,000 hommes, le comte commença le siège d'Hermance qui ne fut prise qu'après quatre mois. Il avait inutilement essayé, dans l'intervalle, de s'emparer du Faucigny, mais la résistance des rebelles fut telle qu'il eut un insuccès complet. Des négociations eurent lieu à Paris, l'obstination des montagnards rendit ces démarches inutiles. Amédée dut entreprendre une seconde expédition; à la tête d'une armée deux fois plus forte que la précédente, il réussit, dans le courant de juin 1355, ses troupes avaient occupé toutes les places fortes et les châteaux et brisé la résistance de ses nouveaux sujets.

BIBLIOGRAPHIE
DE LA QUATRIÈME PARTIE

Adriani (Giovanbatista). *Ginevra, i suoi Vescovi. — Principi e i conti di Savoia* (dal secolo X al XVI), Turin, 1877.
Demole (Eugène). *L'atelier monétaire des comtes de Genevois à Annecy.* Genève, 1883; in-4°.
Fleury (le Chanoine). *Histoire de l'Eglise de Genève.* Genève, 1880, 3 in-8°.
Foras (le comte Amédée de). *Armorial et nobiliaire de Savoie.* Grenoble, 1863-1899; 3 in-f°.
Jullien (John). *Histoire de Genève aux jeunes genevois.* Genève, 1855; in-12.
Mallet (Edouard). *Mémoire sur le pouvoir que la Maison de Savoie a exercé à Genève.* (Mémoires de la Société d'Histoire et d'Archéologie de Genève). T. VII, VIII et XVI; in-8°.
Masse (André). *Histoire de l'annexion de la Savoie à la France en 1792.* 3 in-8°; Grenoble, 1891-1895.
Ménabréa (Léon). *De l'organisation militaire au moyen-âge. Conquête du Faucigny.* (Mémoires de l'Académie de Savoie, 2° série, t. I, p. 183).
Perrin (André). *Histoire de la vallée et du prieuré de Chamonix du X° au XVIII° siècle.* Chambéry, 1887; in-8°.

Revue Savoisienne. Publication de la Société Florimontane (passim). Annecy, 1851 à 1884; in-8° et in-4°.

SECRETAN (Edouard). *Etablissement et premières acquisitions de la Maison de Savoie dans l'Helvétie romane.* (Mémoires de l'Académie de Savoie), 2ᵉ série, t. VIII, 1866.

VERNEILH (DE). *Statistique générale du Mont-Blanc.* Paris, 1807; in-4°.

CINQUIÈME PARTIE

CHRONOLOGIE
DES PRINCIPAUX FAITS
DE L'HISTOIRE DE SAVOIE
des origines à nos jours.

CHRONOLOGIE
des principaux Faits de l'Histoire de la Savoie

TEMPS PRÉHISTORIQUES

AGE DE LA PIERRE

Epoque du Renne : grottes et carrières du Salève.
Epoque de la Pierre polie : plateaux de Saint-Saturnin et de Maurienne, etc.; grotte des Fourneaux ; stations lacustres du Léman, rive Savoie : Thonon et les Eaux-Vives.

AGE DU BRONZE

Stations sur pilotis des lacs d'Annecy : *Annecy, Châtillon, le Roseley*; du Bourget: *Grésine, Châtillon, le Saut, Conjux, les Fiollets, Meimart*; et du Léman : *Hermance, Tougue, Thonon, les Eaux-Vives* et cinq moins importantes sur la rive Savoie.

AGE DU FER

Les Ibères : Cimetières de Saint-Jean de Belleville.

TEMPS HISTORIQUES

LES ALLOBROGES

232 av. J.-C. — Les Boiens, les Ombres et les Sénons recourent aux Gaisdes ou Gesates transalpins pour obtenir leur aide contre Rome.

218. — Passage d'Annibal dans les Alpes. Première mention historique des Allobroges. Brançus rétabli roi.
122. — Les Allobroges ayant donné asile à Tutomalius, roi des Salluviens, et s'étant unis aux Arvernes pour faire la guerre aux Eduens sont défaits par le proconsul Cneius Domitius, allié à ces derniers, à Vindalium.
121. — Les Allobroges et les Arvernes, dont le roi Bituitus avait reformé l'armée, tentent de nouveau de résister aux Romains et sont battus près de la jonction de l'Isère et du Rhône par Q. Fabius Maximus à qui son succès valut le surnom d'Allobrogique.

DOMINATION ROMAINE
120 avant J.-C à 443 après J.-C.

120. — Les Allobroges soumis aux Romains forment le premier noyau de la province transalpine.
Vers 110 ? — Eburo, chef Allobroge.
107. — Le consul Lucius Cassius est vaincu par les Tigurins sur les frontières des Allobroges.
77 à 75. — Les Allobroges et les Volces intentent un procès criminel contre Marcus Fonteius, ancien préteur, qu'ils accusent de les avoir surchargés d'impôts; Cicéron, chargé de sa défense, dépeint les Allobroges comme errants dans le Forum en costume étrange et effrayant le public par leur langage barbare.
Vers 75. — Auscrocus, chef Allobroge.
63. — La conjuration de Catilina est dévoilée par les

députés Allobroges venus à Rome réclamer contre les impôts et l'oppression que subissaient leurs concitoyens ; Cicéron les comble d'éloges sans faire droit à leurs réclamations.

62. — Les Allobroges exaspérés se révoltent, commandés par Catugnat, ils remportent d'abord quelques avantages sur les Romains puis sont vaincus par Promptinus, à Salon, et soumis définitivemen.

58. — César bat les Helvètes à Bibracte et charge les Allobroges de leur fournir du blé.

57. — César ramène sa légion de Martigny chez les Allobroges et y passe l'hiver.

52. — Les Allobroges restent sourds à l'appel de Vercingétorix et établissent des postes pour protéger leur frontière.

49. — César cite deux frères Allobroges : Roxillus et OEgus, fils d'Abducillus, ancien chef de cette nation, comme lui ayant rendu de grands services dans les guerres des Gaules, il les récompense en leur donnant des terres, leur confiant des charges importantes et les faisant entrer au Sénat avant l'âge.

Vers 45. — Donnus, chef Allobroge, père de Cottus.

10. — Strabon donne les notions suivantes sur les Allobroges : Jadis ils ont entrepris des expéditions guerrières, mais maintenant ils cultivent les plaines et les vallées. La plupart vivent dans les villages tandis que les plus distingués occupent Vienne.

Vers 9. — Cottus, chef Allobroge, qui a donné son nom aux Alpes Cottiennes

74 apr. J.-C. — Délimitation entre les Viennois et les

Ceutrons. Inscription du Larioz (Forclaz du Prarion).

212 à 217. — L'Itinéraire dit d'Antonin mentionne, en Savoie, les stations de la route de Milan à Strasbourg.

222 à 233. — La table de Peutinger indique les localités suivantes de la Savoie : Alpes Graia, Bergintrum, Axima, Darantasia, Obilonna, ad Publicanos, Mantala, Lemincum, Laviscone, Augustum.

Avant 364. — Ammien Marcellin, dans sa description des Gaules, est le premier auteur qui parle de la Sapaudia.

406. — Les Vandales, les Suèves et les Alains envahissent la Gaule, une partie de la Savoie est saccagée.

413. — Apparition des Burgondes dans les Gaules.

420. — Saint Jacques sacré évêque des Ceutrons.

PREMIER ROYAUME DE BOURGOGNE
443-534

443. — La Sapaudia est attribuée aux Burgondes et divisée entre eux et les indigènes.

456. — Les Burgondes occupent la Tarentaise, le Genevois, l'Albanais, le Faucigny et le Chablais.

470. — L'empereur Anthème donne aux Burgondes la Savoie-propre (arrondissement de Chambéry).

493. — Théodoric le Grand fonde en Italie le royaume des Ostrogoths dont les conquêtes s'étendent jusqu'en Savoie.

501-507. — Les Francs viennent ravager la Bourgogne et imposent un tribut au roi Gondebault.

513. — Le pape Symmaque confirme la suprématie de

l'église de Vienne sur l'évêché de Tarentaise établie lors de la répartition des diocèses faite par le pape Léon I entre Arles et Vienne.

517. — Promulgation des lois *Gombettes* par Sigismond, roi de Bourgogne.

ROYAUME DES FRANCS
534-888

534. — Les Francs et les Ostrogoths envahissent la Savoie ; les premiers s'emparent du Genevois, du Faucigny et du Chablais, les seconds de la Maurienne, de la Tarentaise et de la Savoie-propre.

536. — Vitigès, roi des Ostrogoths, cède ses conquêtes en Savoie à Clotaire I, roi des Francs.

561. — A la mort de Clotaire, son royaume est partagé entre ses quatre fils, Gontran, roi de Bourgogne et d'Orléans possède la Savoie. Erection de la Maurienne en évêché.

580. — Gontran rebâtit Saint-Jean de Maurienne?

593. — Mort de Gontran qui lègue ses Etats à Childebert II, roi d'Austrasie.

596. — Mort de Childebert II, son royaume est partagé entre ses deux fils : Thierry a la Bourgogne et Orléans.

Vers 603. — Æconius est évêque de Maurienne.

613. — Clotaire II est seul souverain de la France à la mort de son frère Thierry.

628. — Dagobert I succède à son père Clotaire II.

638. — Mort de Dagobert I, ses Etats sont partagés entre ses deux fils. Clovis II a la Savoie.

656. — Mort de Clovis II. Clotaire III lui succède.

670-675. — Childéric II réunit toute la monarchie franque.
675. — Thierry.
691. — Mort de Thierry, son fils Clovis III lui succède.
695. — Mort de Clovis III, Childebert lui succède.
711. — Mort de Childebert, Dagobert II, son fils, lui succède.
720. — Thierry de Chelles, fils de Dagobert II, roi de France.
737-742. — Mort de Thierry de Chelles. Interrègne de cinq ans. Charles Martel, maire du palais, se fait nommer duc des Français, à sa mort, ses fils Carloman et Pépin se partagent ses Etats. La Savoie est à ce dernier qui appelle au trône Childéric III, fils de Thierry de Chelles.
747. — Carloman cède ses Etats à Pépin.
752. — Pépin le Bref est élu roi de France.
755. — Pépin traverse la Savoie par le Mont-Cenis, avec son armée, pour aller combattre le roi des Lombards.
768. — Mort de Pépin, ses Etats sont partagés entre Carloman et Charlemagne.
770. — Création présumée des comtes de Genevois par Charlemagne?
771. — Mort de Carloman, Charlemagne règne seul.
773. — Charlemagne passe le Mont-Cenis avec une partie de son armée pour combattre Didier, roi des Lombards.
779. — Possessor, 19e successeur de saint Jacques, premier archevêque de Tarentaise.
814. — Mort de Charlemagne, Louis le Débonnaire lui succède.

843. — Partage de l'empire entre les trois fils de Louis. Lothaire a la Savoie.

858 à 867. — Bref du pape Nicolas I soumettant à l'église de Vienne les diocèses de Genève, de Tarentaise et de Maurienne.

867. — Donation de Lothaire à sa femme Thiedberge des biens du domaine royal dans laquelle sont compris : Héry-sur-Alby, Seynod, Pringy, Mont-Saint-Martin, Annecy, Balmont, Talloires, Doussard, Marlens, Vergloz.

870. — Charles le Chauve a le territoire de Vienne.

877. — Mort de Charles le Chauve à Avrieux (Maurienne).

877-879. — Règne de Louis le Bègue.

879. — A la mort de Louis le Bègue ses Etats se partagent entre ses fils Louis III et Carloman ; Boson, comte de Provence, se rend indépendant et se fait proclamer roi par le concile de Mantala. La Savoie propre, la Maurienne et partie du Genevois sont comprises dans ce nouveau royaume.

887. — Mort de Bozon, son fils Louis l'Aveugle lui succède.

SECOND ROYAUME DE BOURGOGNE
888-1032

888. — Rodolphe I se fait proclamer roi à Saint-Maurice d'Agaune, se rend maître des contrées entre le Jura et les Alpes et forme le second royaume de Bourgogne, dans lequel le Chablais, le Genevois, le Faucigny et la Tarentaise sont compris.

912. — Mort de Rodolphe I, Rodolphe II lui succède.

15.

916. — Les Sarrasins dévastent la Maurienne et la Tarentaise.

924. — Incursions des Hongrois sur le versant savoyard des Alpes.

930. — Première mention connue de Thonon : villa Donona in pago caput lacense.

933. — Hugues, roi de Provence, cède à Rodolphe II la plus grande partie de son royaume de Provence en échange de sa renonciation à ses droits sur la couronne d'Italie. La Savoie toute entière est comprise dans le second royaume de Bourgogne.

937. — Mort de Rodolphe II, son fils Conrad lui succède.

942. — Les Sarrasins exercent de nouveaux ravages en Savoie.

952. — Nouvelles incursions des barbares en Savoie; ils sont défaits par Conrad le Pacifique.

Après 976. — Les comtes Amédée et Humbert, fidèles de Conrad, roi de Bourgogne.

991-1025. — Echange entre Humbert, évêque de Grenoble, et Manassès et Hermengarde, sa femme, de territoires à Cranves-Salles, Bonne, Fillinges, Lucinge et Machilly contre des possessions de l'évêque dans la ville de Saint-André et le district de Grenoble.

993. — Mort de Conrad, son fils Rodolphe III lui succède.

996. — Rodolphe III, le Fainéant, investit l'archevêque Amiso du comté de Tarentaise. — Naissance de saint Bernard de Menthon.

1000. — Fondation de la ville de La Roche?

1002-1025. — Aimerard, baron de Faucigny.

1011. — Par un acte passé à Aix, Rodolphe donne à Hermengarde des biens de sa propriété dans sa résidence royale d'Aix et son domaine d'Annecy.

1012 à 1019. — Fondation de l'église de Pellionnex. (Conrad I, Robert, Conrad II de Genève).

1016. — Rodolphe III demande à Henri II aide contre les grands de son royaume et le désigne pour son successeur.

1022. — Humbert, comte dans le territoire de Savoie, ses fils Amédée et Burcard évêque donnent à Lambert, évêque de Langres, des biens à Ambilly, à l'exception de ceux de la reine Hermengarde.

1022 ou 1023, juin. — Donation, par Burchard (fils d'Humbert) et par son fils Aymon, à l'église de Saint-André de Vienne, de l'église de Saint-Genix.

1024. — Conrad le Salique s'empare de Bâle pour revendiquer la promesse de succession faite à son père par Rodolphe III, que celui-ci considérait comme annulée par la mort d'Henri II.

1025-1048. — Humbert I aux blanches mains.

1031-1032. — Donation au monastère de Talloires par la reine Hermengarde. Le sceau du comte Humbert y figure le premier.

1032. — Mort de Rodolphe III enseveli à Lausanne.

LES COMTES DE SAVOIE
1032-1416

1032. — A l'extinction des Rodolphiens, la Bourgogne transjurane dut reconnaître la souveraineté du roi de Germanie.

1033. — Conrad le Salique défait les seigneurs qui s'étaient refusés à reconnaître son hérédité politique, entraînés par Eudes de Champagne qui avait des droits sur le royaume de Bourgogne. Le comte de Genève, l'évêque de Saint-Jean de Maurienne et plusieurs autres seigneurs s'étaient joints à lui; Humbert aux Blanches-Mains prit le parti de Conrad et bat Eudes de Champagne.

1034. — Humbert I (1025-1048), reçoit de l'empereur tout ce que les rois de Bourgogne avaient possédé en Savoie, en récompense de ses services. Les comtes de Genève sont dépossédés de la souveraineté du comté de Genevois qui est donnée aux évêques de Genève. Conrad se fait couronner roi de Bourgogne à Genève.

1034-1061. — Gérold de Genève.

1037. — Eudes de Champagne recommence ses hostilités contre l'empereur, pénètre en Lorraine où il est battu. Humbert s'empare de la ville de Saint-Jean de Maurienne et la rase? Il reçoit de l'empereur le bas Valais et le Chablais?

1042. — Humbert I cède au prieuré de Saint-Laurent de Grenoble l'église de Sainte-Marie des Echelles.

1045. — Gérold, comte de Genève, fait sa soumission à Henri III.

1048. — Mort d'Humbert I, Amédée I lui succède.

Avant 1051. — Mort d'Amédée I. Oddon lui succède.

1056. — Le marquis Oddon épouse Adélaïde de Suze qui lui apporte en dot les comtés de Turin, d'Albenga, d'Asti, de Bredulo et d'Oirado.

1060-1078. — Mort d'Oddon, Pierre I lui succède sous la tutelle de sa mère.

1061. — Mort du pape Nicolas II (Gérold de Chevron).

1062. — Adélaïde, duchesse et marquise des Alpes Cotiennes.

1064. — Adélaïde assiste à un plaid avec son fils Pierre I.

1070. — Enlèvement des reliques de la légion Thébaine?

1076 à 1077. — Adélaïde et Amédée II accordent le passage à travers la Bourgogne à Henri IV, qui leur donne une province fertile de la Bourgogne (le Petit Bugey?) et le réconcilient avec le pape Grégoire VII.

1078. — Don fait à l'abbaye de la Novalaise par Adélaïde, Pierre I et Amédée II. Mort de Pierre I.

1078-1120 environ. — Guy de Faucigny, évêque de Genève.

1080. — Mort d'Amédée II.

1080-1091. — Régence d'Adélaïde.

1081. — Mort de saint Bernard de Menthon.

1083. — Guy de Faucigny, évêque de Genève, fonde le prieuré de Contamines-sur-Arve.

1088-1107 environ. — Conon, évêque de Maurienne (frère de Gérold de Genève?).

1090. — Aimon, comte de Genève, et son fils Gérold fondent le prieuré de Chamonix.

1091-1103. — Humbert II (le Renforcé) comte de Savoie. Mort d'Adélaïde.

Après 1091. — Fondation du prieuré de Bellevaux (en Bauges) par Nanthelme, homme très illustre, approuvée par Humbert II.

1094. — Humbert II, Gérard d'Allinges et Gillon de Rovorée fondent l'abbaye d'Aulps.

1097. — Humbert II donne un mas aux moines du

Bourget, le prieur lui fait présent d'une très bonne mule pour son voyage d'outre-mer (1re croisade, il n'y alla pas). On fixe à tort à cette date la prise de possession de la Tarentaise par la maison de Savoie, Humbert II et Oddon y exerçaient déjà certain pouvoir.

1098. — Conrad II, fils de Berthe de Savoie, et le marquis de Saluces, appuyant leurs prétentions à la succession d'Adélaïde, s'emparent de plusieurs comtés du Piémont et d'une partie de celui de Turin au préjudice d'Humbert II. Asti, Chieri et Turin se déclarent villes libres.

1103. — Mort d'Humbert II sépulturé dans Saint-Pierre de Tarentaise.

1103-1148. — Amédée III, son fils, lui succède.

1108. — Fondation de l'abbaye d'Abondance par le chapitre de Saint-Maurice d'Agaune.

1120 environ-1135. — Humbert de Gramont, évêque de Genève.

1124. — Accord passé entre Aimon II de Genève et l'évêque de Genève au sujet de la souveraineté de cette ville.

1128-1138. — Amédée I, comte de Genevois.

Environ 1129. — Naissance d'Humbert III.

1130. — Amédée III s'empare de Turin.

1132. — Amédée III fonde l'abbaye de Tamié.

1136. — Lothaire II, de la maison de Saxe, allant en Italie envahit le territoire d'Amédée III qui fait cause commune avec les vassaux de Provence et de Bourgogne, ennemis de l'empire.

1137. — Fin des différends entre Amédée III et Louis le Gros, roi de France?

1138. — Fondation de la Chartreuse de Vallon par Gérold de Langin, Pierre de Ballaison et Pierre de Cervenc.

1138. — Fondation du prieuré de Bellevaux et de Langin par les seigneurs de Ballaison.

1138. — Amédée III s'empare de Turin sur l'évêque Albert.

1138-1168. — Aimon I, comte de Genevois.

Entre 1139 et 1144. — Amédée III fonde l'abbaye d'Hautecombe, transférée des Paquinots (Cessens) au lieu-dit Charaya.

1140. — Amédée III fonde l'abbaye de Chésery.

1141. — Défaite du dauphin Guigues IV sous Montmélian par Amédée III.

1144. — Fondation de l'abbaye de Sixt.

1148. — Amédée III part pour la croisade avec l'empereur Conrad III et Louis VII, roi de France.

1148. — Mort d'Amédée III à Nicosie, son fils lui succède.

1148-1189. — Humbert III, comte de Savoie (dit le Saint).

1150 environ. — Humbert III confirme la donation de son père au prieuré du Bourget.

1150. — Mort de Saint-Guérin, né en Chablais.

1151. — Amédée I de Genève fonde la chartreuse du Reposoir.

1154. — Humbert III suit le parti de Frédéric Barberousse contre les villes italiennes. — Fondation de l'abbaye d'Entremont en Faucigny.

1155. — Humbert III bat le dauphin Guigues V sous Montmélian. Les évêques de Genève sont créés princes de l'empire.

1155. — Amédée I de Genève transige avec l'évêque de Genève sur les droits qu'il prétendait avoir sur cette ville.

1159. — Frédéric Barberousse annule tous les droits d'Humbert III sur Turin en faveur de l'évêque.

1168-1197. — Rodolphe, sire de Faucigny.

1170 (1183?) — Fondation de la chartreuse d'Aillon par Humbert III.

1172 ou 1173. — Fondation de la chartreuse de Saint-Hugon.

Après 1173. — Humbert III se marie, pour la troisième fois, avec Béatrix, fille de Gérard de Mâcon.

1174. — Frédéric Barberousse brûle Suse pour se venger de la résistance qu'elle lui avait opposée.

1177. — Humbert III soumet le marquis de Saluces. Naissance de Thomas I au château de Charbonnières.

1178. — Henri de Faucigny, prévôt de Genève.

1178-1195. — Guillaume I_{er}, comte de Genevois.

1178. — Mort de saint Anthelme de Chignin.

1179. — Guillaume I de Genève fonde la chartreuse de Pomiers.

1179. — La Roche soutient un siège contre les ennemis du comte de Genève. Fondation de l'abbaye de Sainte-Catherine, près d'Annecy (1189?).

1186. — Guerre entre Humbert III et Henri, roi des Romains.

1187? — Humbert III est mis au ban de l'empire pour avoir pris le parti du Pape contre l'empereur.

1189. — Mort d'Humbert III à Chambéry, son fils lui succède.

1189-1233. — Thomas I, comte de Savoie, sous la tutelle du marquis de Montferrat, Boniface II.

1195-1225. — Humbert II, comte de Genevois. — Dès 1220 avec son frère Guillaume II.

1196. — L'abbé de Saint-Rambert remet à Thomas Ier le château de Cornillon.

1197. — Naissance d'Amédée IV à Montmélian.

1197-1202. — Willelme II, sire de Faucigny.

1198. — Thomas Ier prend le parti de Philippe de Souabe et bat les Milanais et les Astesans partisans d'Othon.

1202-1253. Aimon II, sire de Faucigny.

1203. — Naissance de Pierre de Savoie dit le petit Charlemagne.

1207. — L'empereur Philippe donne à Thomas Ier les villes de Chieri et de Tortone et le château de Moudon dans le pays de Vaud.

1212. — Guerre entre Thomas Ier et Guillaume Ier de Genève, au sujet de quelques droits sur Genève.

1216. — Thomas Ier reçoit l'hommage du marquis de Saluces pour trois villes en Piémont.

1216 ou 1217. — Naissance de Philippe Ier, quatrième fils de Thomas Ier.

1220. — Pignerol se donne au comte de Savoie. — Thomas Ier accorde des franchises aux villes d'Aoste, de Suse, d'Yenne et de Pignerol. Etablissement des Franciscains à Chambéry.

1224. — Traité entre Thomas Ier et Landri, évêque de Sion, qui lui promet de lui fournir des troupes, en cas de guerre, contre la cession de Morges.

1225-1252. — Guillaume II, seul comte de Genève. Investi du comté par l'évêque de Genève en 1219.

1226. — Thomas Ier prend part à la croisade contre les

Albigeois. — Frédéric II le crée vicaire de l'empire en Italie.

1227. Marguerite de Genève, femme de Thomas Ier, fait une donation aux Chartreux, aux Echelles.

1230. — Thomas Ier remporte une victoire signalée sur les Guelfes.

1232. — Thomas Ier achète de Berlion de Chambéry la ville de Chambéry et accorde des franchises à ses habitants. — Thomas Ier marche contre les Turinais révoltés, mais revient en Savoie sans avoir pu s'emparer de leur ville.

1233-1253. — Thomas Ier allant de nouveau assiéger Turin, meurt à Montcaillier. Amédée IV lui succède.

1234. — Amédée IV, ensuite du testament de son père, donne en apanage le bas Valais et une partie du Chablais à son frère Aimon et des terres en Bugey à son frère Pierre.

1235. — Amédée IV fait la paix avec l'évêque et les habitants de Turin. — Guerre avec les Valaisans qui sont battus par le comte. — Thomas II reçoit d'Amédée IV quelques terres en Piémont.

1238. — Entrevue d'Amédée IV et de l'empereur Frédéric II à Turin. Ce dernier érige le Chablais et le val d'Aoste en duchés.

1240. — Amédée IV acquiert les fiefs des Montbel-Entremont. Fondation du chapitre d'Aiguebelle par Pierre d'Aigueblanche.

1241. — Amédée IV acquiert les fiefs des Gerbaix. — Avènement et mort du pape Célestin IV (Geoffroy de Châtillon), né à Châtillon sur le lac du Bourget ?

1242. — A la mort d'Aimon son apanage revient en

partie à Amédée IV et à Pierre, ses frères ; ce dernier hérite du Chablais et du bas Valais.

1242. — Rodolphe et Henri, fils de Guillaume de Genève, ayant rompu la trêve, blessé et fait prisonnier Pierre de Savoie, Guillaume est condamné à une amende de 20,000 marcs d'argent qu'il ne put payer.

1244. — Naissance de Boniface, fils et successeur d'Amédée IV.

1248. — La ville de Saint-André et sept villages sont engloutis par la chute du mont Granier.

1249. — Naissance d'Amédée V, fils de Thomas II, comte de Flandre.

Vers 1250. — Guigues, Dauphin de Viennois, épouse Béatrix, dame de Faucigny, fille de Pierre de Savoie.

1250. — Amédée IV accorde des franchises à Chambéry.

1253-1263. — Mort d'Amédée IV à Montmélian. Son fils Boniface, surnommé le Roland, lui succède sous la régence de son oncle Thomas, comte de Flandre. — Le Faucigny entre dans le domaine de la maison de Savoie par le mariage de Pierre, fils de Thomas Ier avec Agnès de Faucigny.

1253-1268. — Agnès, dame de Faucigny, par la mort de son père Aimon II.

1253-1265. — Rodolphe, comte de Genève.

1254. — Le régent Thomas donne Tournon, Voiron et Boczosel en apanage à son frère Philippe, archevêque de Lyon, et ajoute, à celui de Pierre de Savoie, Charosse et Dorches.

1255. — Boniface dirige les secours envoyés par Thomas à sa belle-mère, Marguerite de Flandre, en guerre contre son fils aîné.

1256-1258. — Guerre entre le Régent Thomas et les Astesans, les Turinais et le marquis de Montferrat. Le prince est battu et fait prisonnier à la bataille de Montebruno et ne recouvre la liberté qu'après avoir signé un traité onéreux.

1259. — Mort du régent Thomas. — Ebal, fils de Humbert, comte de Genève, cède, par son testament, à Pierre de Savoie, ses droits sur le comté de Genevois usurpés par son oncle Guillaume II.

1260. — Béatrix, comtesse de Provence, fait donation à l'ordre de Malte du château et du territoire des Echelles. Par son testament (1263) elle fait une dotation pour y fonder un hôpital.

1260. — Rodolphe de Genève dut remettre en gage à Pierre de Savoie les châteaux de Genève, de Ballaison, des Clées, de Rue, le fief de Langin et ses possessions entre l'Arve et la Dranse et entre la Cluse de Gex et le pont de Barges comme garantie de l'amende de 10,000 marcs, réduction de celle de 20,000 à laquelle Guillaume avait été condamné.

1264. — Etats provinciaux du pays de Vaud.

1263-1268. — Boniface est fait prisonnier sous les murs de Turin et meurt en captivité? Pierre de Savoie, son oncle, lui succède au préjudice des enfants de Thomas, son frère aîné.

1263-1268. — Richard de Cornouailles donne à Pierre de Savoie les possessions du comté de Kibourg. Le comte de Lauffenberg lui conteste cette donation et est vaincu par le comte de Savoie. Pierre prend Berne sous sa protection.

1265-1280. — Aimon II, comte de Genève.

1267. — Pierre de Savoie reçoit d'Henri IV, roi

d'Angleterre, le comté de Richemont et plusieurs terres.

1268-1285. — Mort de Pierre de Savoie au château de Chillon. Son frère Philippe Iᵉʳ lui succède. — Béatrix, fille unique de Pierre, mariée à Guigues VII, dauphin de Viennois, hérite du Faucigny, qui se trouve ainsi détaché des domaines de la Maison de Savoie.

1272. — Philippe Iᵉʳ reçoit d'Odilon, archevêque de Besançon, la souveraineté de Nyon. — La Bresse entre dans les états de Savoie par le mariage d'Amédée V avec Sibille de Baugé.

1273-1283. — Guerre entre Philippe et l'empereur Rodolphe de Habsbourg, au sujet de la possession du comté de Kibourg, auquel Philippe est obligé de renoncer ainsi qu'à son protectorat sur Payerne, Morat et Condamine. — Mort du pape Innocent V (Pierre de Champagny), né à Moûtiers.

1280-1308. — Amédée II, comte de Genève.

1282. — Béatrix à la mort de son fils Jean II, dauphin de Viennois, nomme son petit-fils, Humbert de la Tour-du-Pin, son héritier et successeur.

1282. — Etats provinciaux du duché d'Aoste.

1284. — Naissance d'Edouard, fils et successeur d'Amédée V.

1285-1323. — Mort de Philippe Iᵉʳ ; son neveu Amédée V, surnommé le Grand, lui succède.

1286. — Amédée V donne en apanage à son frère Louis, le pays de Vaud (Moudon et Romont exceptés), Contheys, Sallion et Riddes dans le Valais.

1287. — Guerre entre Amédée V et le dauphin de Viennois, allié au comte de Genève. Le comte de Savoie s'empare du château de l'île à Genève.

1289. — Béatrix de Faucigny accorde des franchises à Bonneville.

1290. — Par un traité avec l'évêque de Genève Amédée V acquiert le vidomat de cette ville enlevé aux comtes de Genève.

1291. — Guerre du Dauphin de Viennois et du comte de Genève, contre Amédée V. Ils pénètrent dans Genève, repoussés par les habitants, ils dévastent le Faucigny. Naissance d'Aimon le Pacifique à Bourg. — Amédée V est mis en possession du protectorat de Payerne, Loyes et Condamine ; Berne se met sous sa protection. — Amédée II, de Genève, accorde des franchises à Rumilly.

1292. — Béatrix de Faucigny, fonde la Chartreuse de Mélan et accorde des franchises à Rumilly.

1293. — Traité de paix entre Amédée V et Amédée II, de Genève.

1294. — Amédée V donne Nyon à son frère Louis contre les villes qu'il avait dans le Valais et remet en apanage à son neveu Philippe de Savoie, fils de Thomas III, le Piémont, à l'exception des vallées d'Aoste et de Suse.

1295. — Amédée V achète le château de Chambéry de Hugues de la Rochette.

1296-1297. — Amédée II de Genève accorde des franchises à la Roche et à Alby.

1301. — Nouvelle guerre entre Amédée V et le dauphin de Viennois, allié du comte de Genève Amédée II.

1304. — Amédée V prend part à la guerre de Philippe le Bel contre les Flamands et se distingue à la bataille de Mons-en-Puelle.

1304. — Hugues, dauphin, devient baron de Faucigny par la donation que lui en fait Béatrix, son aïeule.

1307. — Amédée V bat Amédée II de Genève qui cherchait à le supplanter dans ses droits sur Genève d'où il est chassé par les partisans du comte de Savoie.

1308. — Mort d'Amédée II de Genève; Guillaume III, son fils, gendre d'Amédée V, lui succède.

1310. — Cluses est en partie détruite par le feu. Bonneville devient la capitale du Faucigny. Hugues, baron de Faucigny, frère de Jean II, dauphin de Viennois, accorde des franchises à Cluses, Bonne et Sallanches.

1311. — L'empereur Henri VII donne à Amédée V l'investiture du comté de Savoie, des duchés de Chablais et d'Aoste, du marquisat d'Italie et le crée prince de l'empire.

1313. — Henri VII donne au comte de Savoie Ivrée et le Canavesan.

1314. — Traités de paix entre Amédée V et le dauphin Jean II. — Chambéry avait des écoles.

1316. — L'évêque de Lausanne cède à Amédée V, pour sa vie durant et celle de son fils, la moitié du domaine temporel de Lausanne et de la vallée de Lutry.

1318. — Traité d'alliance entre le baron de Faucigny et le comte de Genève.

1320. — Guerre entre le comte de Savoie et le dauphin, baron de Faucigny, allié au comte de Genève.

1320-1367. — Mort de Guillaume III, comte de Genève; Amédée III lui succède.

1321-1333. — Guigues VIII et Humbert II, dauphins de Viennois, co-barons de Faucigny.

1322. — Trêve entre Amédée V et les co-barons de Faucigny.

1323-1329. — Mort d'Amédée V à Avignon; son fils, Edouard le Libéral, lui succède.

1324. Edouard bat le dauphin de Viennois et le baron de Faucigny, alliés au comte de Genève. Etats généraux à Chambéry. Création du Conseil suprême de justice dans cette ville.

1325. — Bataille de Varey où Edouard est battu par le baron de Faucigny et ses alliés. — Aimon II de Miolans, évêque de Maurienne, s'engage à choisir pour chaque paroisse de la vallée de l'Arve un maître capable d'instruire les enfants.

1327. — Edouard s'empare du château de Ballon. Il porte secours à l'évêque de Maurienne contre les habitants soulevés et, pour prix de ses services, se fait associer à sa souveraineté.

1320. — Edouard prend part à la guerre de Flandres appelé par Philippe de Valois.

1329. — Mort d'Edouard le Libéral au château de Gentilly. La duchesse de Bretagne, sa fille, réclame les Etats de Savoie. Les Etats-Généraux réunis à Chambéry repoussent sa demande et appellent au trône Aimon le Pacifique, frère d'Edouard.

1329-1343. — Aimon fixe à Chambéry le siège du Conseil ambulatoire sous le nom de Conseil souverain.

1330. — Mariage du comte Aimon avec Yolande de Montferrat; origine des premières prétentions des princes de Savoie sur ce pays.

1332. — Aimon assiège et prend Moûtiers révolté. — Guerre entre le comte de Savoie et Guigues VIII, dauphin de Viennois.

1333. — Guigues VIII, dauphin de Viennois est tué au siège de la Perrière.

1333-1349. — Humbert II, dauphin de Viennois, est seul baron de Faucigny.

1334. — Traité passé à Lyon entre Aimon et Humbert II. Naissance d'Amédée VI surnommé le Comte-Vert.

1335. — Amédée III, comte de Genève, accorde des franchises à La Roche.

1336. — Création des assises publiques par le comte Aimon.

1339. — Aimon envoie des troupes au roi de France en guerre avec Edouard III, roi d'Angleterre.

1340. — Les habitants de Cluses saccagent Bonneville.

1341. — Evian a une école.

1342. — Mort d'Yolande, épouse d'Aimon le Pacifique.

1343-1383. — Mort d'Aimon le Pacifique, son fils Amédée VI lui succède sous la tutelle de Louis, baron de Vaud, et d'Amédée III, comte de Genève.

1345. — Peste à Bonneville.

1346. — Les tuteurs d'Amédée VI, moyennant quelques concessions, obtiennent du duc d'Orléans, héritier de la fille d'Edouard le Libéral, de renoncer à ses prétentions sur la Savoie.

1347. — Amédée VI secourt Jacques d'Achaïe contre Visconti, seigneur de Milan, et Jean II, marquis de Montferrat. Ils s'emparent de plusieurs villes et partagent leurs conquêtes.

1348. — Grand tournoi à Chambéry ; Amédée VI y paraît habillé de vert, ce qui le fit surnommer le comte Vert (d'après Cibrario il adopta cette couleur en 1351?). Ligue entre le marquis de Montferrat et le seigneur de Milan contre Amédée VI, arrêtée par la mort de Visconti (1349).

1349. — Traité de paix entre le comte de Savoie et le marquis de Montferrat et le nouveau seigneur de Milan. Le Faucigny passe ainsi que le Dauphiné aux fils aînés des rois de France par la cession faite à Jean, fils de Philippe, par Humbert II, dernier dauphin de Viennois.

1351. — Traité de Villeneuve-les-Avignon, par lequel le roi et le dauphin de France, d'une part, et Amédée VI, de l'autre, s'engagent à n'acquérir, les premiers aucune terre en Savoie, le second, aucune en Dauphiné. Amédée VI rend la Chambre des comptes sédentaire à Chambéry.

1354. — Guerre entre Amédée VI et le dauphin. — Avril. — Bataille des Abrets où Amédée VI bat Hugues de Genève, lieutenant du dauphin. Traité de Paris : le comte de Savoie cède au Dauphin tout ce qu'il possède entre le Guiers, l'Isère et le Rhône, contre le Faucigny et le pays de Gex.

1355. — Mariage d'Amédée VI avec Bonne de Bourbon. Amédée III de Genève obtient de l'empereur Charles IV un diplôme l'autorisant à battre monnaie.

1356. — Ouverture de l'atelier monétaire du duc de Genevois à Annecy, dans le château de l'Ile (in domo de insula).

1359. — Amédée VI acquiert la baronnie de Vaud et le Valromey, de Catherine de Savoie, dernier rejeton de la branche de Vaud.

1360. — Jacques d'Achaïe ayant fait acte de souveraineté est battu et fait prisonnier par Amédée VI et conduit en Savoie. Naissance d'Amédée VII surnommé le Comte Rouge. Ecoles à Annecy.

1361. — Jacques d'Achaïe reçoit plusieurs villes en Savoie en compensation de la perte de ses Etats de Piémont.

1362. — Amédée VI crée l'ordre du Collier.

1363. — Amédée VI soumet le marquis de Saluces qui avait pris part aux troubles du Piémont ; arrêté au retour par une bande de mercenaires, il ne recouvre la liberté que moyennant une forte rançon.

1365. — Le comte reçoit à Chambéry l'empereur Charles IV qui le nomme prince et vicaire perpétuel de l'empire, lui accorde que toutes appellations des sentences des prélats et juges de Savoie seront portées devant lui et non plus devant la chambre impériale. Amédée rend le Piémont à Jacques d'Achaïe.

1366. — Amédée VI va au secours de l'empereur Paléologue, son cousin, en guerre avec Amurat I. Il bat les Turcs à Gallipoli et délivre l'empereur prisonnier en Bulgarie.

1367-1369. — Amédée VI revient dans ses Etats après de nouvelles victoires sur les Turcs. Mort d'Aimon III, comte de Genevois. Premières franchises accordées à Annecy par Amédée IV de Genève.

1369-1370. — Jean, comte de Genevois.

1370-1394. — Pierre, comte de Genevois.

1372-1373. — Ligue entre Amédée VI et le marquis de Montferrat contre Visconti ; le comte s'empare de plusieurs places du marquis de Saluces, allié du seigneur de Milan.

1374. — Pise assiégée par Barnabé Visconti est secourue par le comte de Savoie.

1377. — Ecoles à Thonon et à Chaumont.

1381. — Amédée VI, arbitre entre les Vénitiens et les Génois qui étaient en guerre, rétablit la paix entre les belligérants.

1382. — Amédée VI accompagne Louis d'Anjou qui marche à la conquête du royaume de Naples. Il envoie son fils et des troupes au roi de France en guerre contre les Flamands. Amédée VII se distingue à la bataille de Rosebecq.

1383-1391. — Amédée VI meurt de la peste près de Naples; son fils, Amédée VII, surnommé le Comte Rouge, lui succède. Il prend part à la seconde guerre de Flandre, se distingue au siège de Bourbourg. Naissance d'Amédée VIII, premier duc de Savoie.

1384. — Amédée VII marche contre les Valaisans qui avaient envahi une partie du Chablais et chassé leur évêque. Il rétablit ce prélat après avoir vaincu ses adversaires.

1385. — Amédée VII soumet les marquis de Montferrat et de Saluces qui avaient pris les armes en même temps que les Valaisans.

1388. — Amédée VII pacifie le Canavesan. Nice se donne à lui avec son territoire.

1391-1440. — Mort d'Amédée VII à Ripaille. Son fils, Amédée VIII, lui succède sous la régence de Bonne de Bourbon.

1394-1400. — Mort du pape Clément VII (Robert de Genève) né à Annecy; après avoir reconnu les droits au comté de Genevois d'Humbert VII de Thoire et Villars, marié à sa sœur Marie, et institué héritier du Genevois par les testaments de son père et de son frère.

1398. — Amédée VIII prend les rênes du gouvernement.

1400-1401. — Odon de Thoire et Villars hérite de son neveu Humbert VII du comté de Genevois,

1401. — Odon de Thoire et Villars cède le comté de Genevois, Rumilly, La Roche et Ballaison à Amédée VIII pour 45,000 écus d'or.

1403. — Mort de Bonne de Bourbon, femme d'Amédée VI (19 janvier). Indiquée en 1402 par Guichenon.

1405. — Amédée VIII envoie des troupes au duc de Bourgogne en guerre avec le duc d'Orléans. Naissance de son fils Antoine (2 octobre) mort la même année, indiqué par Cibrario comme son fils aîné.

1406. — Naissance du second fils d'Amédée VIII, nommé Antoine comme son aîné.

1410. — Amédée VIII se rend à Paris avec 500 hommes d'armes pour soutenir le duc de Bourgogne et parvient à obtenir le traité de paix de Bicêtre avec les autres princes français. Ecoles à La Roche, à Bonne et à Gex.

1411. — Naissance à Thonon de Marie, fille d'Amédée VIII, mariée à Philippe-Marie Visconti. Amédée VIII fonde le prieuré de Ripaille.

1412. — Naissance d'Amédée (mort en 1431), troisième fils d'Amédée VIII. Le comte confirme les franchises de La Roche et accorde de nouveaux privilèges à Annecy qui avait été réduit en cendres.

1414, avril. — Réunion des Etats-Généraux à Chambéry ? La Savoie, le Genevois, le pays de Vaud, la Bresse, le Bugey et le pays d'Aoste y sont représentés. Vote de subsides pour le passage de l'empereur Sigismond.

LES DUCS DE SAVOIE
1416-1720

1416. — La Savoie est érigée en duché par l'empereur Sigismond, à Chambéry (19 février).

1418. — Les possessions de la branche de Savoie-Achaïe au-delà des Alpes font retour à Amédée VIII par la mort de Louis, dernier prince de cette Maison.

1419. — Guerre entre le duc de Savoie allié aux Bernois et les Valaisans unis à plusieurs cantons suisses.

1419. — Fabrique de toile à Chambéry, de Michel Gloiro.

1420. — Fin des différends avec la Suisse; paix signée à Evian. Réunion, à Chambéry, du Parlement général des Monnayeurs du saint Empire romain.

1422. — Amédée VIII hérite du Diois et du Valentinois de Louis de Poitiers. Mort à Thonon (2 ou 3 octobre) de Marie de Bourgogne, femme d'Amédée VIII. Pingon fixe sa mort à l'an 1408 et Guichenon en 1428.

Après 1422-1434. — Louis, quatrième fils d'Amédée VIII est comte de Genevois.

1424, 23 juillet. — Le cardinal de Brogny fonde le collège de Saint-Nicolas à Avignon pour les Savoyards.

1426. — Mort du cardinal de Brogny, né à Brogny, près Annecy, en 1342.

1427. — Ecoles à Rumilly.

1430. — Amédée VIII publie les *Statuta Sabaudiæ*, rédigés par Jean de Beaufort et Nicod Festi de Sallanches. Mort de Bonne, fille d'Amédée VIII à Ripaille.

1432. — Etats-Généraux de Savoie réunis à Thonon.

1433 ou 1434. — Mariage du duc Louis avec Anne de Chypre. (Guichenon indique la date de 1431.)

1434-1444. — Amédée VIII donne le comté de Genevois à son fils Philippe.

1434. — Amédée VIII fonde l'ordre de Saint-Maurice à Ripaille. Il se retire dans ce couvent et nomme son fils Louis lieutenant général.

1435. — Naissance d'Amédée IX, fils et successeur du duc Louis (1er février).

1436. — Traité d'alliance entre le duc de Savoie et le marquis de Montferrat, signé à Thonon (12 juin). Naissance de Marie, fille du duc Louis, morte en 1437. Yolande de France, fiancée d'Amédée IX, est amenée à la cour de Savoie pour y être élevée.

1436, novembre. — Etats-Généraux à Evian, la Savoie, le Genevois, le pays de Vaud, la Bresse, le Bugey, le duché d'Aoste et le Piémont y sont représentés. Don pour subvenir à la réception de la chevalerie du prince de Piémont et du comte de Genève.

1437, février. — Etats-Généraux à Thonon. Subvention pour indult d'interdits ecclésiastiques. Instance contre la confiscation des biens des usuriers.

1438. — Naissance de Philippe II, fils du duc Louis et successeur de Charles II, son neveu (5 février).

1439. — Schisme de Bâle. Déposition d'Eugène IV. Amédée VIII est nommé pape sous le nom de Félix V.

1439, décembre. — Etats-Généraux à Genève « pour auchunnes chosses touchans grandement nostre foy. » La Savoie, le Genevois, le pays de Vaud, la Bresse, le Bugey, le duché d'Aoste, le Piémont et Nice y prennent part. Dépenses pour l'*assumpsio* d'Amédée VIII au Pontificat.

1440. — Amédée VIII abdique la couronne en faveur de son fils Louis (6 janvier) et se rend à Bâle.

1440-1446. — Troubles à la cour de Savoie occasionnés par les favoris Cypriotes. Supplice de Guillaume Bolomier, vice-chancelier de Savoie. Les seigneurs révoltés se réfugient à la cour de France.

1444. — Mort de Philippe, comte de Genevois (Guichenon indique 1452).

1444, décembre. — Etats-Généraux à Genève; les représentants de la Savoie, du Genevois, du pays de Vaud, de la Bresse, du Bugey et du pays d'Aoste y assistent. Pour subvenir aux charges du pape Félix et assurer la police dans la ville de Lausanne à sa venue.

1445. Traités entre le dauphin Louis et le duc de de Savoie par lequel le dauphin remet au duc la baronnie de Faucigny pour 3,000 écus d'or, et le duc renonce à ses prétentions sur le Diois et le Valentinois, s'engage à payer 54,000 écus d'or et renonce à son mariage. Loi qui déclare inaliénables les biens domaniaux de Savoie. Mort à Genève, de Jacques, fils du duc Louis (non admis par les historiens, sauf par Cibrario).

1446, mai. — Etats-Généraux à Genève; la Savoie, le Genevois, le pays de Vaud, la Bresse, le Bugey et le duché d'Aoste y prennent part. Remise de l'hommage de Faucigny et approbation du traité du duc avec le roi de France.

1447. — Naissance de Jean-Louis, évêque de Genève, fils du duc Louis (mort en 1482).

1448-1491. — Le Genevois est donné en apanage à Janus de Savoie, troisième fils du duc Louis.

1448. — Réunion des Etats-Généraux à Chambéry ; la Savoie, le pays de Vaud, la Bresse, le Bugey et le duché d'Aoste y sont représentés. Vote des frais de la guerre contre Fribourg. Incendie général de la ville d'Annecy.

1449. — Les Milanais offrent au duc de Savoie de se mettre sous sa protection s'il voulait les défendre contre les compétiteurs au trône ducal. Louis envoie une armée qui est battue par François Sforze. Amédée VIII (Félix V) dépose la tiare pour rétablir la paix dans l'Eglise.

1450. — Traité de neutralité entre le duc Louis et François Sforze qui lui cède quelques châteaux et s'empare de Milan. Mort du savant Aimon de Chissé de Sallanches. Le duc Louis confirme les franchises des communes de la châtellenie de Maurienne (20 mai).

1451. — Mort d'Amédée VIII à Genève (7 janvier). Charlotte, fille du duc Louis, épouse le dauphin de France (Louis XI).

1452. — Différends entre le duc Louis et le roi de France.

1453. — Etats-Généraux de Savoie réunis à Genève.

1454. — Traité de Feurs entre le roi de France et le duc Louis, au préjudice de ce dernier. Fribourg se donne au duc de Savoie.

1458. — Mariage de Louis, second fils du duc Louis avec Charlotte de Lusignan, héritière du royaume de Chypre.

1459. — Etablissement de cours de justice à Bourg et à Turin. Ecole à Hermance.

1460, 26 février. — Erection en comté de la seigneurie de Beaugé en Bresse pour Philippe de Savoie.

1461. — Le duc Louis fournit des troupes et des subsides à son fils Louis, roi de Chypre, en guerre avec le Bâtard de Chypre.

1462. — Troubles à la cour de Savoie. Philippe, comte de Bresse et fils du duc Louis, se met à la tête des mécontents et chassé les favoris de son père. Traité par lequel Charlotte de Chypre cède à la Maison de Savoie ses droits sur ce royaume, après sa mort. Ecole à Cluses.

1463. — Le duc Louis se rend auprès de Louis XI afin de lui demander son aide pour ramener la tranquillité en Savoie.

1465-1472. — Mort du duc Louis à Lyon (29 janvier), son fils, Amédée IX, lui succède. Naissance de Philibert Ier, fils et successeur d'Amédée IX (Chambéry, 7 août).

1467. — Guerre entre Amédée IX et le marquis de Montferrat allié à Galeas Sforze. Les troupes du duc de Savoie sont battues.

1468. — Amédée IX étant affaibli par la maladie, sa femme, Yolande de France, s'empare de la régence. Naissance de Charles Ier, frère et successeur de Philibert Ier. Inondation (*déluge*) de Modane.

1470. — Ligue entre les comtes de Romont, de Bresse et l'évêque de Genève, frères d'Amédée IX, pour

AMÉDÉE IX — YOLANDE — PHILIBERT Ier

enlever la régence à Yolande. Celle-ci se retire dans le fort de Montmélian avec son mari. Naissance de Jacques-Louis, cinquième fils d'Amédée IX (juillet). Guillaume Fichet, du Petit-Bornand, et Jean Heynlin, introduisent l'imprimerie à Paris, à la Sorbonne.

1471. — Yolande assiégée dans Montmélian s'enfuit; Amédée IX est pris par ses frères. La régente signe un arrangement avec ses beaux-frères.

1472. — Mort d'Amédée IX surnommé *le Bienheureux* (Verceil 30 mars). Philibert Ier lui succède sous la régence de sa mère Yolande. Le roi de France et le duc de Bourgogne prétendent à la régence. Yolande, réfugiée à Montmélian, est de nouveau assiégée par ses beaux-frères et, forcée de capituler, fait un second arrangement avec eux.

1474. — Le comte de Romont attaque les Suisses.

1475. — Les Suisses marchent contre le comte de Romont. Charles le Téméraire et Yolande prennent le parti du comte de Romont. Yolande publie un édit qui déclare les fiefs aliénables.

1476. — Batailles de Grandson (9 avril) et de Morat 22 juin) où le comte de Bourgogne est défait par les Suisses. Yolande, après ces désastres, se rapproche de Louis XI. Charles le Téméraire ayant appris ces négociations la fait enlever avec ses enfants. Philibert est sauvé par son gouverneur. Louis XI fait assembler les Etats-Généraux de Savoie qui placent le pays sous sa protection et donne le gouvernement du Piémont au comte de Bresse et celui de Savoie à l'évêque de Genève. Yolande remise en liberté reprend la direction du gouvernement.

1477. — Yolande publie un code de lois. Perrinet du Pin compose sa *Chronique de Savoie*.

1478. Traité conclu entre les Suisses et la régente. Mort de la duchesse Yolande à Montcrivel (29 août). Les États-Généraux, assemblés à Rumilly, laissent à Louis XI le soin de nommer un régent. Le roi nomme le comte de la Chambre gouverneur de Savoie et de Piémont, et le sire de Miolans maréchal de Savoie.

1479. — Louis XI et l'évêque de Genève tentent de faire conduire Philibert Ier en France. Le comte de la Chambre ramène le duc en Savoie et marche contre l'évêque de Genève qui avait pris sa place en Piémont.

1480. — Le roi de France fait arrêter le comte de la Chambre à Turin et donne le gouvernement de la Savoie à l'évêque de Genève et celui de Piémont au comte de Bresse. Naissance de Philibert II, fils et successeur de Philippe II (10 avril).

1482-14... — Mort de Philibert Ier à Lyon (22 avril); son frère, Charles Ier lui succède à l'âge de quatorze ans. Il est retenu en France par Louis XI. Mort de Louis II de Savoie, roi de Chypre et de Jérusalem.

1483. ...ort du cardinal d'Estouteville, évêque de M... enne, bienfaiteur de Saint-Jean

1484. ...tablissement de l'imprimerie à Chambéry.

1485. — ...ariage de Charles Ier avec Blanche de Montfer...

1486. ...aissance de Charles III, second fils de Ph... pe II et successeur de Philibert II, son frère (10 ...tobre).

1487. — La mort de Charlotte de Lusignan, veuve de Louis II, fait passer le titre de roi de Chypre et de Jérusalem à la Maison de Savoie.

1489. — Naissance de Charles II, fils et successeur de Charles Ier (24 juin).

1490-1496. — Mort de Charles Ier à Pignerol (13 mars). Son fils Charles-Jean-Amédée lui succède à l'âge de neuf mois. Lutte entre ses grands oncles et sa mère, Blanche de Montferrat, au sujet de la régence. Les Etats-généraux décernent le pouvoir à Blanche. Cluses est en partie détruite par un incendie.

1491. — Guerre entre la régente et le comte de la Chambre au sujet de l'élection de l'évêque de Genève. Le comte s'empare de Chambéry et met le siège devant Genève ; il est battu près de Lancy par le comte de Bresse, lieutenant-général de Savoie.

1494. — Charles VIII, roi de France, porte la guerre en Italie. Blanche lui accorde le passage de ses troupes dans ses Etats mais garde la neutralité.

1496-1497. — Charles-Jean-Amédée meurt à Montcalier (16 avril), son grand-oncle, Philippe II, lui succède. Ce prince opère quelques réformes judiciaires.

1497-1504. — Mort de Philippe II à Chambéry (7 novembre), son fils, Philibert II, *le Beau* lui succède.

1498. — Mariage de René, bâtard de Savoie, comte de de Villars, avec Anne Lascaris, dite de Vintimille, comtesse de Tende.

1499. — Traité d'alliance entre Louis XII et le duc de Savoie, signé à Genève. Etats-généraux réunis à

Genève. Mort d'Yolande, femme de Philibert le Beau (12 septembre).

1500. — Peste à Annecy.

1504. — Mort de Philibert II en Bugey. Son frère, Charles III, surnommé *le Bon*, lui succède.

1505. — Mort de Michel de Pingon, poète, né à Chambéry.

1506. — Les Valaisans envahissent une partie du Chablais. Charles III signe avec eux un traité honteux. Constitutions de Mgr Louis de Gorrevod, évêque de Maurienne.

1507. — Le duc de Savoie s'allie au roi de France contre les Génois. La Roche est presque détruite par le feu.

1511-1512. — Le duc refuse de faire partie de la ligue formée contre Louis XII entre le pape, Venise, l'Espagne, la Suisse, Henri d'Angleterre et l'empereur Maximilien, et voit ses Etats exposés aux incursions des belligérants.

1513. — Les Suisses battent les Français à Novare, envahissent le Piémont et ne se retirent qu'à prix d'argent.

1514. — Charles III donne le comté de Genevois en apanage à son frère Philippe ; origine des ducs de Genevois-Nemours. Rumilly est en partie détruit par le feu.

1515. — François Ier entre en Italie pour faire la conquête du Milanais. Le duc de Savoie resté neutre voit de nouveau ses Etats saccagés par les deux partis. Deuxième réunion, à Chambéry, du Parlement général des Monnayeurs du saint Empire romain.

1518. — Nouveaux statuts de l'ordre du Collier qui prend le nom de l'ordre de l'Annonciade.

1518. — François Ier, grâce à l'intervention des Suisses, abandonne les prétentions qu'il avait élevées sur plusieurs possessions du duc de Savoie.

1519. — Mort de Blanche de Montferrat, femme de Charles Ier. Sallanches est en partie détruite par le feu (14 avril).

1520. — Mort de Claude de Seyssel, archevêque de Turin, littérateur, né à Aix-les-Bains.

1522. — Etats-généraux de Savoie réunis à Moûtiers.

1524. — Charles III fournit des troupes à François Ier. Mort de René, bâtard de Savoie, comte de Villars, fils du duc Philippe Sans-Terre.

1525. — Après la bataille de Pavie où François Ier est fait prisonnier, Charles III se rapproche de l'empereur. Peste à Chambéry.

1528. — Naissance d'Emmanuel-Philibert, fils et successeur de Charles III (Chambéry, 8 juillet). Réunion des Etats-Généraux à Chambéry.

1532. — Cruseille est réduit en cendres.

1532. — Incendie de la Sainte-Chapelle du château de Chambéry. Le Saint-Suaire est sauvé.

1534. — Genève embrasse la réforme et chasse son évêque. Le chapitre et les vicaires généraux se transportent à Annecy où les évêques ne résidèrent que plus tard.

1535. — Première imprimerie établie à Annecy.

1536. — Guerre entre Charles III et les Genevois alliés aux Bernois, aux Fribourgeois et aux Valaisans. Les Bernois envahissent et pillent le pays de Vaud, le Chablais, le pays de Gex et détruisent Annemasse. Les Fribourgeois s'emparent du comté de Romont, les Valaisans d'une partie du Chablais et du bas Valais. François Ier déclare la guerre à Charles III et s'empare de la Savoie et du Piémont à l'exception d'Aoste, Verceil, Coni et Nice. Conflans, Aiguebelle et Modane sont saccagés par l'armée française. François Ier crée un parlement souverain à Chambéry (6 juin?) Sœur Jeanne de Jussie. Miozingen, poète, né à Annecy.

1537. — Le duc de Savoie, de concert avec les troupes impériales, reprend quelques places de Piémont sur les Français. François Ier, de passage à Saint-Jean de Maurienne, prend possession du canonicat fondé par le duc Charles I en 1489.

1538. — Les Français reprennent les places qui leur avaient été enlevées.

1528. — Entrevue à Nice entre le pape Paul III, l'empereur Charles-Quint, le roi de France François Ier et le duc Charles III; il n'en sortit qu'une trêve de dix ans. Le Saint-Suaire fut transporté au château de Nice à cette occasion.

1541. — Mort de Guy Furbity, théologien, né à Montmélian.

1543. — Nice est prise par les Turcs et le roi de France. Le château seul reste au duc de Savoie. Les impériaux remportent quelques avantages sur les Français. Nice est abandonnée par les Turcs.

1544. — Paix de Crespi entre Charles-Quint et François Ier. Charles III reste dépouillé de ses Etats.

1546. — Mort du P. Favre ou Lefèvre, savant jésuite, né au Grand-Bornand en 1506.

1547. — Mort de François Ier; son fils, Henri II, lui

succède. Le nouveau roi parcourt en souverain la Savoie et le Piémont et se fait recevoir chanoine de Maurienne.

1549? — Eustache Chappuis, d'Annecy, fonde les collèges de Louvain et d'Annecy (où 16 bourses, dont 8 pour la théologie, sont pour les Savoyards).

1551. — La guerre se rallume, en Italie, entre les Français et les Impériaux.

1552. — Mort du P. Le Jay, célèbre jésuite, d'Aise.

1553-1589. — Mort de Charles III à Verceil (16 ou 17 août). Son fils Emmanuel-Philibert, surnommé *Tête-de-Fer*, général en chef de l'armée impériale, lui succède. — Les Français s'emparent de Verceil.

1554. — Claude de Battendier, jurisconsulte, né à Annecy.

1556. — Mort d'Eustache Chappuis.

1557. — Bataille de Saint-Quentin gagnée par Emmanuel-Philibert, à la tête de l'armée espagnole, sur les Français. — Mort de Courtois d'Arcollières (Etienne), maréchal de camp et des logis, grand-prévôt des Maréchaux. Sauva deux fois la vie à François Ier à la bataille de Pavie.

1558. — Bataille de Gravelines, gagnée par les Espagnols sur les Français; Emmanuel-Philibert s'y distingue.

1559. — Traité d'alliance entre Emmanuel-Philibert et Philippe II, roi d'Espagne (26 mars). Paix de Cateau-Cambrésis (3 avril). Emmanuel-Philibert rentre en possession de ses états, à l'exception des pays de Vaud et du Valais et de quelques villes du Piémont occupées par les Français et les Espagnols.

— Le duc de Savoie supprime les institutions établies par les Français et remet en vigueur les anciennes. Création des Sénats de Savoie et de Piémont. — Maintien de l'emploi du français, dans les actes publics, établi par François Ier. — Marc-Claude de Buttet, poëte, né à Chambéry. — Annecy est en partie détruit par le feu.

1559. — Le duc Emmanuel-Philibert épouse à Paris la princesse Marguerite, duchesse de Berry, sœur du roi Henri II (9 juillet).

1561. — (15 janvier) Ordonnance d'Emmanuel-Philibert pour les écoles des communes. — Mort de Mgr Brondolesius de Trottis, évêque de Maurienne.

1562. — Naissance de Charles-Emmanuel I, fils et successeur d'Emmanuel-Philibert (Rivoli 12 janvier). 21 février, ordonnances du Sénat aux maîtres d'école d'enseigner le catéchisme et la doctrine chrétienne.

1562, décembre. — Les Français rendent au duc de Savoie Turin, Chiesi et Chivasse. — Emmanuel-Philibert crée la charge de général des Finances. — Différends entre le duc et les Genevois soutenus par les Bernois.

1564. — Traité par lequel les Bernois restituent au duc le pays de Gex et la partie méridionale du lac de Genève contre le pays de Vaud. — Emmanuel-Philibert crée une petite flotte, fortifie les places fortes de ses Etats. — Peste à Chambéry : le Sénat et la Chambre des comptes se retirent à Aix-les-Bains. — Fondation du collège de Jésuites de Chambéry. Cours de grammaire.

1567. — Edit interdisant aux corporations religieuses d'acquérir des biens sans l'autorisation du souverain.

1568. — Le duc fait construire le fort de l'Annonciade près de Rumilly. — Philibert de Rapin-Thoiras, l'un des chefs des réformés, originaire de Saint-Jean de Maurienne, est décapité par ordre du Parlement de Toulouse.

1568. — Les évêques de Genève fixent leur résidence à Annecy.

1569. — Traité de paix et d'alliance entre le duc de Savoie et les Valaisans. — Fondation du collège de la Roche par Jean d'Angeville, prêtre, qui légua sa maison pour des cours de grammaire. — Mgr Pierre de Lambert, évêque de Maurienne.

1570. — Emmanuel-Philibert envoie trois galères aux Vénitiens en guerre contre les Turcs. — Traité d'alliance entre le duc de Savoie et Berne. — Fondation du collège de Saint-Jean de Maurienne.

1571. — Les galères du duc de Savoie, sous les ordres de Provana, prennent part à la bataille de Lépante ; celui-ci y est blessé et François de Savoie, seigneur de Raconnis, y trouve la mort.

1572. — Emmanuel-Philibert fonde l'ordre des SS. Maurice et Lazare avec l'agrément du pape qui réunit l'ordre de Saint-Lazare à celui de Saint-Maurice.

1573. — Représentation du mystère de la Passion à Saint-Jean de Maurienne en 4 journées.

1574. — Les Français et les Espagnols rendent au duc les dernières villes qu'ils occupaient en Piémont. — (15 septembre). Mort de Marguerite de France, duchesse de Savoie, épouse d'Emmanuel-Philibert. — Fondation par Pierre-Jérôme Lambert, chanoine de Genève, de régents de grammaire à Evian.

1575. — Aix est érigé en marquisat. Emmanuel-Philibert échange avec Renée de Savoie, comtesse de Tende, la seigneurie de Rivoli en Piémont et le comté de Baugé en Bresse, érigé en marquisat, contre le comté de Tende et ce que cette princesse possédait à Oneilles, Vintimille, Pornais et Carpas.

1577. — Traité d'alliance entre Emmanuel-Philibert et les cantons catholiques de la Suisse (8 mai). — Peste à Chambéry. — Pingon publie son *Augusta Taurinorum*.

1579. – Approbation du collège de la Roche.

1579-1630. — Mort d'Emmanuel-Philibert à Turin (30 août). Son fils, Charles-Emmanuel I surnommé *le Grand*, lui succède. — L'évêque Pierre Lambert fonde des écoles de grammaire, d'humanité, de rhétorique et de philosophie à St-Jean de Maurienne.

1581. — Tentatives infructueuses de Charles-Emmanuel I pour s'emparer de Genève.

1583. – Peste à Annecy. — Claude Mermet de Saint-Rambert, poète.

1585-1595. — 11 mars, mariage de Charles-Emmanuel I avec Catherine-Michèle d'Autriche. — Mort de Jacques, duc de Savoie-Nemours. — Son fils Charles-Emmanuel I lui succède.

1587. — Naissance de Victor-Amédée I, fils et successeur de Charles-Emmanuel I (8 mai). — Peste à la Roche. — Mort de Michel Treppier, prédicateur, de Chambéry.

1588. — Charles-Emmanuel I s'empare du marquisat de Saluces en chassant les garnisons françaises sans déclaration de guerre.

1589. — Les Suisses envahissent une partie du Faucigny et du Chablais ; le duc de Savoie les repousse et signe un traité avec eux à Nyon. — Henri III ayant été assassiné, Charles-Emmanuel I veut faire valoir ses droits au trône de France comme fils de Marguerite de Valois.

1590. — Charles-Emmanuel envahit la Provence. — Il signe un traité d'alliance avec l'évêque de Sion et les Valaisans par lequel ces derniers lui remettent les reliques de saint Maurice. — Il érige Aiguebelle en baronnie.

1591. — Lesdiguières s'empare du château des Echelles (5 mars). Il bat le duc de Savoie sous les murs d'Esparron et de Vinon. — Mort de Mgr de Lambert, évêque de Maurienne ; Mgr Philibert Millet lui succède.

1592. — Charles-Emmanuel prend Antibes. — Le duc de Nemours reprend le château des Echelles. — Lesdiguières envahit les Etats du duc de Savoie.

1593. — Le duc de Savoie reprend le fort d'Exilles et se rend maître des forts de Luzerne et de la Pérouse. — Trêve (1er septembre) qui se prolonge tout l'hiver.

1594. — La guerre recommence. Le duc de Savoie prend le fort de Briqueras. — Mission de saint François de Sales en Chablais.

1595. — Lesdiguières reprend le fort d'Exilles et perd Cavour. — Henri de Genevois-Nemours succède à son frère Charles-Emmanuel.

1596. — Lesdiguières s'empare de la Maurienne.

1597. — Le fort de Charbonnières et le château de la Rochette sont pris par les Français. — Le duc de

Savoie fait construire le fort de Barraux. — Fondation du collège de Thonon.

1597. — Mort de Catherine-Michèle d'Autriche, femme de Charles-Emmanuel I.

1598. — Charles-Emmanuel I reprend Aiguebelle battant les Français sous le fort de Charbonnières. — Lesdiguières s'empare du fort de Barraux. — Traité de paix de Vervins, sans résultat pour le duc de Savoie. — Conclusum des députés de Savoie et de la ville de Genève, réunis dans cette ville, sur la possession du bailliage de Gex et de la châtellenie de Gaillard (2 décembre).

1599. — Le duc de Savoie se rend à Paris pour négocier avec Henri IV. — Guillaume d'Oncieu, jurisconsulte et littérateur distingué de Chambéry. — Mort d'Annibal Codret, savant jésuite, de Sallanches.

1600. — Les négociations entre le duc de Savoie et Henri IV ayant été sans résultat, la guerre recommence. La Bresse, le Bugey et la Savoie sont envahis par l'armée française. Prise du fort de Charbonnières par Sully en présence d'Henri IV. Montmélian est pris grâce à la faiblesse de son gouverneur. Le fort des Huilles près de la Rochette est détruit. — Frisat de Moûtiers publie ses poésies latines. — Viallet (Fialetti), célèbre peintre savoyard.

1600. — Traité de Paris, par médiation du pape Clément VIII, entre le duc de Savoie Charles-Emmanuel et le roi de France, stipulant restitution du marquisat de Saluces au roi, et au duc de Savoie de la Bresse, du Bugey et de la Savoie. Délai de quatre mois pour opter entre ces restitutions ou l'échange du marquisat de Saluces contre tout ce qu'il a perdu sur la rive droite du Rhône.

1601. — Traité de Lyon. Charles-Emmanuel I rentre en possession de ses États, à l'exception de la Bresse, du Bugey, du Valromey et du pays de Gex, qu'il cède à la France contre le marquisat de Saluces. — René de Lucinge, négociateur.

1602. — Tentative infructueuse du duc de Savoie contre Genève, connue sous le nom de l'*Escalade*. — Mort de Claude de Granier, évêque de Genève.

1603. — Traité de paix conclu à Saint-Julien, entre les Genevois et le duc de Savoie (21 juillet).

1605. — Claude-Louis de Buttet publie le *Cavali-r de Savoie*.

1606. — Fondation de l'Académie florimontane d'Annecy par Antoine Favre et saint François de Sales. Claude Nouvellet, poète et orateur distingué, né à Annecy.

1608. — Mort de Delbène, abbé d'Hautecombe, évêque d'Alby, auteur estimé.

1610. — Traité de Brussol, par lequel le roi de France, le pape et Venise consentent à former le royaume de Lombardie, au profit de Charles-Emmanuel I et signent une alliance contre l'Espagne. La mort d'Henri IV annule ces traités. — Mort du Père Chérubin, célèbre prédicateur.

1610. — Deuxième traité de Brussol. La succession de Clèves et Jullien donnant prétexte au roi de France de faire la guerre au roi d'Espagne, Louis XIII conclut une alliance avec le duc de Savoie pour la conquête du Milanais qui, une fois faite, demeurera entièrement au duc de Savoie;

celui-ci en échange abandonnera la Savoie au roi de France.

1611. — Traité d'accommodement entre Louis XIII et le duc de Savoie, au sujet du pays de Vaud.

1613. — Guerre pour la succession de Montferrat. — L'Espagne, la France et l'Autriche se déclarent contre Charles-Emmanuel qui s'était déjà emparé de plusieurs places. Le duc est mis au ban de l'empire.

1614. - L'Espagne envoie une armée en Piémont ; Charles-Emmanuel I la tient en respect et remporte quelques avantages sur elle.

1615. — Traité d'Asti. L'Espagne et le duc de Savoie s'engagent à se rendre réciproquement leurs conquêtes laissant à l'empereur le droit de statuer sur la valeur des prétentions de la Maison de Savoie sur le Montferrat.

1616. — L'Espagne rompt le traité d'Asti et recommence la guerre. Le duc de Savoie soutient vaillamment la campagne.

1616. — Traité de paix entre Charles-Emmanuel I, duc de Savoie, et Henry de Savoie, duc de Nemours, ensuite de la révolte de ce dernier, qui rentré dans les bonnes grâces du duc, est rétabli dans la totalité de ses biens et reçoit une augmentation de pension de 45,000 ducatons pour le soulagement de ses affaires.

1617. — Siège et prise de Verceil par les Espagnols. Le duc de Savoie les repousse. Traité de Pavie, négocié par Louis XIII. Traité d'alliance entre Charles-Emmanuel I et Berne ; le duc lui cède tous ses droits sur le pays de Vaud. — Fondation d'écoles à Cluses par François Bochat, curé d'Aïse.

1619, 10 février. — Mariage à Paris du prince héritier Victor-Amédée (Victor Amédée I) avec la princesse Christine de France, fille du roi Henri IV.
— Fodéré, moine historien, de Bessans en Maurienne.

1622. — Mort de saint François de Sales, né à Thorens, en 1567.

1623. — Traité entre le roi de France, Venise et le duc de Savoie, au sujet de la Valteline occupée par les Espagnols en 1620.

1624. — Mort du président Favre, né en 1557.

1624-1625. — Guerre de la Valteline entre l'Espagne et l'Autriche contre la France et le duc de Savoie. Celui-ci avec le concours de Lesdiguières, s'empare en trois mois de 74 places ou châteaux.

1626. — Traité de Monçon par lequel la Valteline reste aux Grisons.

1628. — Seconde guerre pour la succession du Montferrat, l'Autriche, l'Espagne et le duc de Savoie alliés contre la France. Charles-Emmanuel I remporte un avantage sur les Français.

1629. — Louis XIII s'empare du pas de Suse; il signe un traité de paix dans cette ville, avec le duc de Savoie. Traité de Rossolin entre la France et Charles-Emmanuel I pour le partage du Montferrat entre les ducs de Savoie et de Mantoue.

1630. — Tous les articles du traité de Suse n'ayant pas été ratifiés par ses alliés, Charles-Emmanuel rompt avec la France et la guerre recommence. La Savoie est envahie, Montmélian assiégé, le fort de l'Annonciade détruit par les Français. Résistance des Rumilliens contre l'armée française.

Charles-Emmanuel I meurt à Savigliano (24 juillet).

1630-1637. — Son fils, Victor-Amédée I lui succède. Paix de Ratisbonne. Le traité n'est pas accepté par les Espagnols et les hostilités recommencent. Peste à Annecy, à Chambéry, à Moûtiers, en Maurienne et en Piémont.

1631. — Traité de Cherasco par lequel Victor-Amédée I acquiert des villes et des terres du Montferrat; la France garde Pignerol, son territoire, la vallée de la Perrouse et le fort de Sainte-Brigitte.

1632. — Le duc de Savoie prend le titre d'*Altesse royale*. Naissance de François-Hyacinthe, fils et successeur de Victor-Amédée I (Turin, 14 septembre).

1632-1633. — Mort d'Henri de Savoie-Nemours, à Annecy, son fils Charles-Amédée lui succède à l'âge de huit ans.

1634. — Naissance de Charles-Emmanuel II, fils de Victor-Amédée I et successeur de François-Hyacinthe.

1635. — Traité d'alliance entre Victor-Amédée I et Louis XIII pour la conquête du Milanais. Le duc est nommé généralissime de l'armée d'Italie. Il assiège inutilement Valence. Succès du duc de Rohan dans la Valteline.

1636. — Victoire de Victor-Amédée I sur les Espagnols à Tornavento. Mort de Jean-François de Sales, évêque de Genève.

1637-1638. — Victor-Amédée I bat les Espagnols à Verceil et à Montebaldone. Il meurt à Verceil le 7 octobre. Son fils, François-Hyacinthe, lui succède à l'âge de cinq ans, sous la régence de sa mère, Christine de France.

1638. — Traité d'alliance entre la duchesse Christine et Louis XIII contre l'Espagne. Mort de François-Hyacinthe à Turin (4 octobre). Son frère, Charles-Emmanuel II lui succède à l'âge de quatre ans, sous la régence de sa mère. Ses oncles Thomas et le cardinal Maurice conspirent pour s'emparer de la régence et combattre l'influence française. Le père Monod, de Bonneville, habile conseiller de la régente est emprisonné pour le soustraire à la haine de Richelieu.

1639. — Les princes de Savoie entrent en Piémont à la tête d'une armée et s'emparent de plusieurs places. La régente envoie son fils à Chambéry et reste à Turin qui est pris par surprise par le prince Thomas, mais la citadelle reste au pouvoir des Français qui avaient occupé plusieurs villes. La régente se rend à Grenoble pour une entrevue avec Richelieu.

1640. — Le général d'Harcourt bat le général espagnol devant Casal et reprend Turin. Traité, entre la France et le prince Thomas, pour la restitution des places-fortes occupées par les Français et les Espagnols.

1641. — Le traité est rompu, le général d'Harcourt assiège en vain Ivrée et prend Ceva et Coni.

1642. — Traité de Turin. Les princes de Savoie renoncent à la régence et s'unissent aux Français pour chasser les Espagnols du Piémont. — Mariage du cardinal Maurice de Savoie avec sa nièce Louise-Christine de Savoie (13 août).

1643. — Le prince Thomas, nommé généralissime des armées du roi de France, en Italie, reprend plusieurs villes aux Espagnols. Mort du père Monet, savant jésuite, né à Bonneville en 1566.

1644. — Fondation du collège de Sallanches.

1645. — Traité du Valentin, entre les régentes de Savoie et de France, pour la restitution des places tenues par les Français en Piémont (3 avril).

1648. — Charles-Emmanuel II prend les rênes du gouvernement (20 juin).

1648. — Traité de Westphalie. Le duc de Savoie est confirmé dans tous les droits établis par le traité de Quérasque.

1650. — Mort de Vaugelas, né à Meximieux en 1585. Fondation d'écoles à Rumilly par Philibert de Juge; sur le refus de son héritage par les Barnabites, la ville charge 3 ecclésiastiques d'établir ces écoles et appelle les Oratoriens à les diriger (1651-1729).

1652. — Mort de Pierre Fenouillet, évêque de Montpellier, né à Annecy. Mort du duc de Genevois-Nemours, Charles-Amédée, tué en duel. Henri II lui succède.

1654. — Mort de Louis de Sales, militaire et écrivain distingué, né en Chablais.

1652. — Guerre du duc de Savoie contre les *Vaudois* du Piémont, qui se termine par un accord le 21 juillet.

1656. — Mort du prince Thomas, grand maître de France, célèbre général et premier prince de Carignan. Mort de Mgr Paul Millet, évêque de Maurienne.

1657. — Mort du prince Maurice de Savoie, frère du prince Thomat. Mgr Hercules Berzetti, évêque de Maurienne.

1659. — Paix des Pyrénées, la Maison de Savoie rentre en possession de tout ce qu'elle possédait avant les hostilités. Mort du dernier duc de Genevois-Nemours, Henri II; le duché de Genevois rentre dans les États de Savoie.

1660. — Mort de Charles-Auguste de Sales, évêque et écrivain, né en 1606. Mort d'Alexandre Fichet, savant jésuite, né au Petit-Bornand.

1662. — François de Capré publie son *Traité historique de la Chambre des comptes de Savoie*.

1663. — Mort de la régente Christine de France. Naissance du prince Eugène de Savoie.

1663. — Mariage du duc Charles-Emmanuel II avec la princesse Françoise d'Orléans (4 mars).

1664. — Mort de Françoise d'Orléans, duchesse de Savoie.

1665. — Mariage de Charles-Emmanuel II avec Jeanne-Baptiste de Savoie-Nemours, fille et héritière de Charles-Amédée. — Mort de Guichenon, historien de Savoie et d'Hilaire Leyat, paléographe, prieur de Lémenc.

1666. — Naissance de Victor-Amédée II, fils et successeur de Charles-Emmanuel II (14 mai). — Mort de Charles de Sales, commandeur de l'ordre de Malte et vice-roi des possessions françaises en Amérique, né à Thorens.

1668. — Thomas Blanc publie un *Abrégé de l'histoire de la Maison royale de Savoye*.

1670. — Jean-Louis Rochex publie la *Gloire de l'abbaye de la Novalèse*.

1672. — Guerre entre Charles-Emmanuel II et les Gênois.

1673. — Paix entre Charles-Emmanuel II et les Génois, dictée par Louis XIV.

1675-1730. — Mort de Charles-Emmanuel II à Turin (12 juin), son fils Victor-Amédée II lui succède à l'âge de neuf ans, sous la tutelle de sa mère, Jeanne-Baptiste de Nemours.

1676, 19 juin. — Fondation du collège de Thônes (Grammaire et rhétorique), par Jacques Avrillon, prêtre.

1678. — Mort du père Milliet de Challes, jésuite, célèbre mathématicien, né à Chambéry.

1679. — Gaspard Bally publie son *Recueil des édits et règlements de Savoie*. Projet d'établissement d'une université à Chambéry empêché par les prétentions de l'évêque de Grenoble qui veut en avoir la direction.

1681. — Le bourg d'Alby est érigé en marquisat.

1682. — Traité d'alliance entre la régente de Savoie et la France. — La Roche est érigée en marquisat, résistance opiniâtre des Rochelois à cette inféodation. — Thônes est érigé en marquisat.

1684. — Victor-Amédée II prend les rênes du gouvernement. 16 février. — Il épouse Anne-Marie d'Orléans.

1685. — Luttes entre le duc de Savoie et les Vaudois. Traité d'alliance du duc avec Soleure.

1686. — Traité d'alliance de Victor-Amédée II avec les catholiques du canton de Glaris (16 octobre) et l'abbé de Saint-Gall (30 novembre). — Lucinge d'Arenthon, écrivain.

1687. — Passage en Maurienne des Vaudois expulsés de la vallée de Luzerne sur les instances de Louis XIV. — Mgr F.-H. Valperga de Masin, évêque de Maurienne.

1689. — Mort du sénateur de Ville, jurisconsulte. — Les Vaudois regagnent leur pays en traversant les cols du Bonhomme, de l'Iseran et du Mont-Cenis.

1690. — Victor-Amédée II entre dans la ligue d'Augsbourg. Louis XIV lui déclare la guerre et envahit la Savoie. Catinat bat les troupes piémontaises à Staffarda.

1691. — Catinat s'empare du comté de Nice. Montmélian est assiégé et pris. Siège de Coni dont l'héroïque résistance oblige les Français à se retirer. — Victor-Amédée II pénètre dans le Dauphiné; mis à feu et à sang par les troupes de la ligue. — Mort de Vichard de Saint-Réal, historien, né à Chambéry en 1639, et de Philibert Bally, d'Alby, écrivain et l'un des premiers membres de l'Académie littéraire fondée en 1678 par Madame Royale.

1693. — Catinat bat les troupes impériales à la bataille de Marsaglia. — Mort de Bertrand de la Perrouse, prédicateur savoisien.

1695. — Mort de Jean d'Aranthon d'Alex, évêque de Genève.

1696. — Traité de paix entre le duc de Savoie et la France. Victor-Amédée II unit ses troupes à celles de Catinat.

1697. — Traité de paix de Riswick, le duc de Savoie reste en possession de tous ses États.

1699. — Disette en Savoie. — Cluses est érigé en marquisat.

1701. — Le duc de Savoie se joint à la France, dans la guerre pour la succession d'Espagne. — Naissance de Charles-Emmanuel II, fils et successeur de Victor-Amédée II (27 avril).

1702. — Batailles de Luzzara et de Guastalla où les Impériaux sont battus.

1703. — Victor-Amédée II rompt avec la France et s'allie avec l'empereur Léopold I. — La Savoie est envahie par une armée française. Siège d'Annecy.

1704. — L'armée française s'empare d'une partie du Piémont. — Traité d'alliance entre Victor-Amédée II et l'Angleterre contre la France.

1705. — Prise de Montmélian par les Français ; ce fort est démantelé. — Traité entre les Etats généraux des Pays Bas, et le duc de Savoie qui accepte le traité d'alliance contre la France. — Les Etats généraux ratifient le traité de 1703, entre le duc et l'empereur.

1706. — Siège de Turin par les Français. Dévouement de Pietro Mica. — L'armée française mise en déroute sous les murs de Turin se retire du Piémont.

1707. — Victor-Amédée II pénètre en Provence avec l'armée impériale.

1709. — Le comte de Thaun reprend une partie de la Savoie, mais se retire bientôt.

1710. — Le comte de Thaun fait de nouveau plusieurs tentatives infructueuses pour s'emparer de la Savoie. — Mort de Charles-François Gaillard de Tournon, cardinal et patriarche d'Antioches, né en Savoie.

1711. — Les Français se maintiennent en Savoie. — Victor-Amédée essaye en vain de les repousser. — Inondation d'Annecy.

1713. — Traité d'Utrecht (11 avril). La France rend à Victor-Amédée II tout ce qu'elle lui avait pris, et lui cède les vallées d'Oulx, de Sezane, de Bardonnèche, de Fenestrelles, de Pragelas, de Château-Dauphin et le fort d'Exilles, en échange de Barcelonnette; enfin, on lui assure le royaume de Sicile, qui place le diadème sur la tête des ducs de Savoie; il est couronné à Palerme comme roi de Sicile. — L'abbé de Genève (Claude-François), savant, né à Thonon. — Mellarède (Pierre de), négociateur.

1717. — Par le traité de Rastadt, le Montferrat, Valence, Alexandrie, Vigevano et la vallée de la Sesia, sont unis aux états de Savoie. Victor-Amédée II se rend en Sicile, où il rencontre l'opposition la plus forte contre les améliorations qu'il veut y introduire. — Mort de Marie-Louise-Gabrielle de Savoie, reine d'Espagne, fille de Victor-Amédée. — Découverte des mines de Pesey.

1717. — Les Espagnols envahissent la Sardaigne et la Sicile.

1718. — Traité de la quadruple alliance, formée contre l'Espagne, entre la France, l'Angleterre, l'Autriche, et la Hollande : par ce traité, Victor-Amédée II reçoit l'île de Sardaigne en échange de la Sicile.

1720. — Remise de l'île de Sardaigne à Victor-Amédée II, qui prend, dès lors, le titre de Roi de Sardaigne. — Traité de suspension d'armes, sur mer, entre le roi de Sardaigne, l'empereur d'Allemagne, la

France, l'Espagne et l'Angleterre. — Ballalou introduit l'horlogerie à Cluses.

1722. — (15 février) Mariage du prince Charles-Emmanuel III avec la princesse Christine-Louise de Bavière, morte le 12 mars 1723. — Garanties signées par les plénipotentiaires de France et d'Angleterre, en faveur du roi Victor-Amédée II, pour le royaume de Sardaigne.

1724, 2 juillet. — Deuxième mariage de Charles-Emmanuel III avec la princesse Policène Christine de Hesse-Reinfels.

1725. — Mort de Paul de Rapin de Thoiras, historien français, originaire de la Savoie.

1726. — Naissance de Victor-Amédée III, fils et successeur de Charles-Emmanuel III (Turin 26 juin).

1727. — Convention entre le roi de Sardaigne et le pape Benoît XIII, relative aux bénéfices ecclésiastiques.

1728. — Mort (le 26 août) d'Anne-Marie d'Orléans, duchesse de Savoie, puis reine de Sardaigne. — (21 mars) Arrivée de J.-J. Rousseau à Annecy.

1729. — Publication du code *Victorin*.

1729 12 août. — Deuxième mariage (secret) de Victor-Amé II avec Anne-Thérèse Canalis, veuve du comte de Saint-Sébastien, qui reçut le titre de marquise de Spigno.

1730. — Abdication de Victor-Amédée II (3 septembre) son fils *Charles-Emmanuel III* lui succède. — Mort de Louis Hocquiné, né à la Roche, vers 1688, savant docteur de Sorbonne.

1731. — Victor-Amédée II tente de reprendre le pouvoir, mais, arrêté par les ordres de son fils, il est enfermé dans le château de Montcalier. — Les dépenses des écoles des principales localités des états sont mises à la charge des royales finances.

1732. — Mort de Victor-Amédée II (31 octobre).

1733. — Guerre pour la succession de Pologne entre la France et l'Autriche. Charles-Emmanuel III se range du côté de Louis XV et s'empare du Milanais.

1734. — Les Impériaux sont battus à Bitonto par le général espagnol Montemar, à Parme et à Guastala par le roi de Sardaigne et l'armée française.
— Mort de Mgr Rossillon de Bernex, évêque de Genève.

1735. — Préliminaires de paix, signés à Vienne par la France et l'Autriche; l'on offre au roi de Sardaigne les provinces de Novare et de Tortone.

1736. — Accession de Charles-Emmanuel III à ce traité; il reçoit de l'empereur Charles VI les provinces de Novare et de Tortone. — Mort du prince Eugène de Savoie.

1738. — (15 septembre) Edit de la péréquation des tailles. — Traité de paix de Vienne confirmant les cessions faites au roi de Sardaigne (18 novembre).

1741. — Concordat avec le pape Benoît XIV reconnaissant aux rois de Sardaigne le droit de nommer aux bénéfices ecclésiastiques, de les faire régir par des économes et de leur faire supporter l'impôt foncier.
— MM. Windham et Pochoke font connaître les premiers la vallée de Chamonix.

1742. — Charles-Emmanuel III prend le parti de Marie-Thérèse dans la guerre pour la succession d'Autriche. Il s'empare des Etats du duc de Modène et repousse les Espagnols de la Lombardie. Une armée espagnole envahit la Savoie ; repoussée par le roi elle reprend bientôt ses positions.

1743. — Bataille de Campo-Santo, où le général savoisien d'Apremont trouve la mort. Traité de Worms entre Marie-Thérèse et le roi de Sardaigne (15 septembre). Pour prix de son alliance, ce dernier reçoit divers territoires, mais renonce à tous droits sur le Milanais. Les rois de France et d'Espagne déclarent la guerre à Charles-Emmanuel III, pénètrent en Savoie, mais échouent dans l'attaque des postes fortifiés des Alpes. Le château de Chambéry est en partie détruit par le feu (28 février).

1744. — L'armée franco-espagnole pénètre dans le comté de Nice, s'empare de Villefranche, de Demont et met le siège devant Coni. Bataille de Notre-Dame de l'Orme perdue par le roi de Sardaigne.

1745. — Les Génois arment contre Charles-Emmanuel III. Les armées combinées de France, d'Espagne et de Naples s'avancent jusqu'au centre de la Lombardie et battent l'armée austro-sarde à Bassignana.

1746. — L'armée austro-sarde reprend Asti et Alexandrie, bat les Français et les Espagnols à Plaisance et les oblige à se retirer au-delà des Alpes.

1747. — Bataille de l'Assiette gagnée par l'armée austro-sarde. — Création de la bibliothèque publique d'Annecy par le chanoine Dumax.

1748. — Paix d'Aix-la-Chapelle qui met fin à la guerre de la succession d'Autriche. Charles-Emmanuel III ne reçoit qu'une partie de ce qui lui avait été promis par le traité de Worms.

1749. — Fondation de l'œuvre des Petits Savoyards, à Paris, par l'abbé Montbriant. 28 août, J.-B. Marin, plébain, fonde une école de filles à Thônes.

1750, 20 mai. — Mariage de Victor-Amédée III avec Marie-Antoinette de Bourbon-Anjou. Le village de Randens est enseveli sous un éboulement de la montagne.

1751. — Naissance de Charles-Emmanuel IV, fils et successeur de Victor-Amédée III (24 mai).

1754. — Traité de Turin par lequel l'indépendance de Genève est formellement reconnue par le roi de Sardaigne.

1755. — Mort de Royer, compositeur savoisien.

1756. — Mort du peintre Lange (F.-J.-Dominique), né à Annecy en 1676.

1757. — Mort de Dulac, officier d'artillerie, né à Chambéry. Mgr C.-J. Philippa de Martiniana, évêque de Maurienne.

1759. — Naissance de Victor-Emmanuel Ier, fils de Victor-Amédée III et successeur de Charles-Emmanuel IV. Besson, curé de Chapeiry publie les *Mémoires sur l'histoire ecclésiastique de Savoie*.

1760. — Traité de délimitation entre la France et la Sardaigne.

1762. — Charles-Emmanuel III abolit le droit de *mainmorte* dans ses domaines particuliers.

1754. — Mort de Guer (Jean-Antoine), littérateur, né à Sallanches en 1713.

1765. — Naissance de Charles-Félix, frère et successeur de Victor-Emmanuel I. Affranchissement des droits féodaux des communes de la mestralie de Saint-Michel et de la châtellenie de Maurienne.

1766, 24 août. — Création d'un conseil de réforme des études à Chambéry et de réformateurs à Annecy, Saint-Jean, Moûtiers, Thonon et Rumilly.

1768, — Charles-Emmanuel III érige Aiguebelle en principauté en faveur des évêques de Maurienne.

1769. — Edit du roi de Sardaigne qui supprime les *corvées*.

1770. — Publication des *Royales Constitutions*. — 8 février, fondation des écoles de Carouge par l'évêque Biord (J.-P.).

1771. — Edit ordonnant le rachat des rentes féodales. — Mort de Cochet (Jean), recteur de l'Université de Paris, né à Faverges.

1772. — Louis Merlinge fonde une école de filles à à Bonneville. — Création de la Société d'agriculture de Chambéry. — Mort à Moûtiers du chanoine Rivaz, écrivain érudit, né en Valais.

1773-1796. — Mort de Charles-Emmanuel III (20 février). Son fils, Victor-Amédée III, lui succède. — Mort de Frézier (Amédée-François), ingénieur et voyageur célèbre, né à Chambéry en 1682.

1775. — Victor-Amédée III en Savoie. — Le pape Pie VI démembre le décanat de Savoie de l'évêché de Grenoble et en confie l'administration au cardinal Gerdil (15 juillet). — 17 août, Mariage du Prince Royal (Charles-Emmanuel IV) avec la princesse Marie-Clothilde de Bourbon ratifié à Chambéry le 6 septembre.

1778. — Fondation de l'Académie des sciences de Turin, par Victor-Amédée III.

1779. — Création de l'évêché de Chambéry. — Les Cordeliers sont transférés aux Jésuites (Notre-Dame), leur église et leur couvent devenant la Cathédrale et l'évêché.

1780. — Mgr Michel Conseil sacré évêque de Chambéry (30 avril). — Mort du P. Roissard, prédicateur, né à Chambéry. — Fondation de la Bibliothèque de Chambéry par l'abbé Mellarède (Amédée Philibert de) qui lègue à la ville sa bibliothèque et ses collections d'histoire naturelle.

1782. — Victor-Amédée III, par sa médiation, ramène la paix dans Genève en proie à la guerre civile. Acte de garantie entre la France, Berne et le roi de Sardaigne touchant la pacification de Genève.

1783. — Alex est érigé en comté.

1785. — Mort de Mgr Biord (Jean-Pierre), évêque de Genève, né en Faucigny en 1719.

1786. — Carouge est érigé en ville par Victor-Amédée III. — (31 janvier), création du collège de Carouge. — Paccard et Balmat font la première ascension du Mont-Blanc.

1787. — De Saussure fait l'ascension du Mont-Blanc. — 17 avril. Deux écoles sont ouvertes à Aime sur les revenus de l'hôpital des Pèlerins et de l'Aumône.

1789. — Révolution française. — 25 avril, mariage du prince Victor-Emmanuel avec Marie-Thérèse de Lorraine, archiduchesse d'Autriche-Este.

1790. — Le général de Boigne dans les Indes. Mouvements populaires à Thonon et à Chambéry.

1791. — Victor-Amédée III repousse l'alliance de la France, refuse de recevoir l'ambassadeur Sémonville et traite avec l'Autriche.

1792. — Invasion de la Savoie et de Nice par les Français (nuit du 21 au 22 septembre). Entrée du général Montesquiou à Chambéry (24 septembre). L'Assemblée nationale des Allobroges, réunie à Chambéry, demande l'annexion de la Savoie à la France. La Convention nationale érige la Savoie en département français (Mont-Blanc).

1793. — Les commissaires de la Convention nationale décident que le Mont-Blanc ne formera qu'un diocèse dont le siège sera à Annecy (8 février). — Panisset François-Thérèse est nommé évêque du Mont-Blanc par les électeurs (7 mars). — Victor-Amédée III, avec l'armée austro-sarde, essaye en vain de reconquérir la Savoie. — Mgr Michel Conseil meurt prisonnier dans son palais épiscopal (29 septembre).

1794. — Prise du Petit-Saint-Bernard (24 avril) et du Mont-Cenis (14 mai) par le général de Bagdelonne. — Traité entre le roi de Sardaigne et l'empereur d'Autriche contre la France. — Bataille de Loana, où les Français battent l'armée des alliés.

1796. — Bonaparte, général en chef de l'armée d'Italie, gagne les batailles de Montenotte, de Millesimo, de Mondovi, de Lodi et d'Arcole. Armistice de Cherasco. — Traité de Paris par lequel la Savoie et Nice sont cédés à la France (15 mai). — Mort de Victor-Amédée III (16 octobre). Son fils, Charles-Emmanuel IV, lui succède. — Création d'une école centrale à Chambéry.

1797. — Traité d'alliance entre Charles-Emmanuel IV et la France, signé à Turin le 5 avril. 9 novembre, passage de Napoléon à Chambéry.

1798. — La France fait signer à Charles-Emmanuel IV un acte de renonciation à tous ses États de terre ferme (6 décembre). — Le roi quitte le Piémont. — Naissance de Charles-Albert, successeur de Charles-Félix (2 octobre). Le Département du Mont-Blanc est démembré : les provinces septentrionales constituent avec Genève, annexé à la France, le département du Léman.

1799. — Charles-Emmanuel IV se retire en Sardaigne. — Succès des armées russe et autrichienne, la France perd le Piémont. Le roi de Sardaigne revient sur le continent et publie une protestation contre l'acte de renonciation de 1798. — Mort de Daviet de Foncenex, mathématicien, né à Thonon en 1734.

1800. — Bonaparte passe le Grand-Saint-Bernard ; il s'empare de Milan ; Lannes bat les Autrichiens à Montebello. — Bataille de Marengo. Le Piémont est reconquis par les Français. — Mort du général Doppet (François-Amédée), né à Chambéry en 1753.

1801. — Bonaparte rétablit l'hospice du Mont-Cenis.

1802. — Publication du Concordat. — Mgr Réné des Monstiers de Mérinville est nommé évêque de Chambéry et de Genève (démissionnaire en 1805, 8 mai). Abdication de Charles-Emmanuel IV en faveur de son frère Victor-Emmanuel I (4 juin). Mort du célèbre cardinal Gerdil, né à Samoëns en 1718, et de Gavard (Hyacinthe), anatomiste, né à Montmélian en 1758. — Albanis-Beaumont publie sa *Description des Alpes grecques et cottiennes*. — Mort de la reine de Sardaigne, Marie-Clotilde de Bourbon.

1804, 15 novembre. — Passage du pape Pie VII à Chambéry.

1805. — Mgr Yves de Solles nommé évêque de Chambéry. — Création d'une compagnie de pompiers à Chambéry.

1806. — Victor-Emmanuel I se retire en Sardaigne.

1807. — Mort de Fontaine (Claude), littérateur, né à Talloires en 1715. — 6 avril, mariage de Charles-Félix avec Marie-Christine de Bourbon-Anjou, princesse des Deux-Siciles. — 28 février, débordement du lac d'Annecy et inondation de quelques quartiers de la ville.

1809. — Mort de Crétet (Emmanuel), président du Conseil des Anciens, directeur général des ponts et chaussées, gouverneur de la Banque de France, ministre de l'intérieur, né au Pont-de-Beauvoisin en 1747.

1812. — Mort du chanoine Grillet (Jean-Louis), historien, né à la Roche en 1756 ; Michaud (Joseph-François), écrivain, historien, né à Albens en 1707.

1814. — Les alliés pénètrent en France. — Le général Dessaix, de Thono , ombat victorieusement les Autrichiens en Savoie. — Traité de Paris (30 mai). La France reprend ses anciennes limites. — Victor-Emmanuel rentre en possession de ses Etats, à l'exception d'une partie de la Savoie ; Gênes lui est cédé. — Mort du général Decouz (Pierre) (au combat de Brienne), né à Annecy en 1775.

1815. Napoléon quitte l'île d'Elbe et débarque en France. La guerre se rallume. Le roi de Sardaigne entre dans la coalition. — Bataille de Waterloo. — Dernier combat à Conflans (Albertville) par le colonel Bugeaud qui, malgré l'armistice, bat un corps d'armée austro-sarde. — Traité de Vienne par lequel la Savoie est rendue intégralement au roi de de Sardaigne. — Mort de Daquin (Joseph), médecin-écrivain, né à Chambéry en 1732.

1816. — Traité entre le roi de Sardaigne, la Confédération Suisse et Genève. — Mort de Ducis (Jean-François), poète célèbre, originaire de la Savoie. — Henri Costa de Beauregard publie *les Mémoires historiques sur la Maison Royale de Savoie*

1817. — Disette en Savoie. — L'évêché de Chambéry est érigé en archevêché. — 30 septembre, mariage de Charles-Albert, prince de Carignan avec Marie-Thérèse de Lorraine, archiduchesse d'Autriche, princesse de Toscane.

1818. — Etablissement du premier timbre-poste sur papier timbré, dans les Etats sardes. — Mort du comte de Thiollaz (Emmanuel), général en Saxe, né à Chaumont en 1748.

1819. — Mort du roi Charles-Emmanuel IV à Rome. — Fondation de la Société académique de Savoie. — Vignet (G.-M.), Raymond, le comte de Vignet, littérateurs. — Ouverture de la Bibliothèque de Chambéry dans l'église des Antonins.

1820. — Naissance de Victor-Emmanuel II, fils et successeur de Charles-Albert. — Mort de Tochon (Jean-François), numismate, né à Metz, près d'Annecy, en 1772; de Sallier de la Tour (Amédée-Joseph), né à Chambéry en 1735, maréchal de Savoie.

1821. — Conspiration en Piémont, Charles-Albert de Carignan est choisi pour chef par les conspirateurs. Mouvement insurrectionnel qui amène l'abdication de Victor-Emmanuel I en faveur de son frère, Charles-Félix, absent de ses Etats;

confiant la régence à Charles-Albert. Ce dernier quitte Turin. — Défaite de l'armée constitutionnelle piémontaise, à Novare, par l'armée austro-sarde. Charles-Félix entre à Turin. Les principaux chefs de l'insurrection sont condamnés à mort ou à la prison perpétuelle. — Mort de de Maistre (Joseph), né à Chambéry en 1753.

1822. — Rétablissement de l'Evêché d'Annecy. — La Sainte-Chapelle de Chambéry est rendue au culte. Mort du comte Berthollet (Claude-Louis), chimiste, né à Talloires en 1748.

1823. — Charles-Albert au Trocadéro. — Démission de Mgr Yves de Solles, archevêque de Chambéry.

1824. — Mort de Victor-Emmanuel I (10 janvier). Charles-Félix en Savoie. — Mgr François-Marie Bigex est nommé archevêque de Chambéry.

1825. — Rétablissement des Evêchés de Saint-Jean de Maurienne et de Tarentaise. — F. Blanc, de Saint-Julien, jeune poète distingué. — Mort de Marin (Anthelme), né à Chambéry vers 1760, député, membre du Conseil des Cinq-Cents, jurisconsulte, peintre et botaniste.

1826. — Charles-Félix en Savoie. — Mgr Alexis Billiet est sacré évêque de Maurienne et Mgr Antoine Martinet évêque de Tarentaise. — L'abbé Frézet, historien. — Mort de Pillet (C.-M.), littérateur, né à Chambéry en 1769, et du général Chastel (Balthazar), né à Veigy-en-Faucigny en 1774.

1827. — Accord entre le roi de Sardaigne et le Directoire fédéral suisse, relatif à l'établissement des sujets d'un pays dans l'autre (12 mai). - Mort de Mgr Bigex (François-Marie), archevêque de Chambéry, né à la Balme-de-Thuy en 1751, et du comte Gerbaix de Sonnaz d'Habères (Joseph), lieutenant-général d'armée, né à Habères en 1746.

1828. — Charles-Félix en Savoie. — Mgr Rochaix (Antoine) nommé évêque de Tarentaise. - Mort du comte Roget de Cholex (Gaspard), premier secrétaire d'Etat de l'intérieur, né à Bonneville en 1771.

1830. — Charles-Félix en Savoie. — J. Mouton, poète, né à Burdignin, en Faucigny. — Mort du comte de Boigne (Benoît Leborgne), né à Chambéry en 1751.

1831. — Mort de Charles-Félix (27 avril), dernier prince de la Maison de Savoie enseveli à Hautecombe. Charles-Albert, son neveu, lui succède (1831-1849).

1832. — Troubles à Chambéry à la suite des prédications de l'abbé Guyon. — Mort de Mgr de Thiollaz (Claude-François), premier évêque d'Annecy, né à Chaumont ; de la reine de Sardaigne, veuve du roi Victor-Emmanuel ; de l'abbé Borson (Etienne), naturaliste et écrivain, né à Saint-Pierre d'Albigny en 1758.

1833. — Mazzini organise un mouvement séditieux pour soulever la Savoie ; il échoue.

1834. — Expédition manquée des réfugiés polonais, italiens et allemands entrés en Savoie par Annemasse et Les Echelles, sous le commandement de Ramorino (3 février). — Charles-Albert en Savoie (3-30 juin). — Mort du général Songeon (Jean-Marie), né à Annecy en 1771 ; de Dessaix (Joseph-Marie), général de division, né à Thonon en 1764 ; du comte Guillet de Monthoux (Joseph), lieutenant général, né à Genève en 1759 ; de Balmat

(Jacques), premier ascensionniste du Mont-Blanc, né à Chamonix en 1762.

1835. — Mort de Fodéré (Joseph-Benoit), médecin, né à Saint-Jean de Maurienne en 1764. — Mort de Mgr Rochaix (Antoine), évêque de Tarentaise. — Réunion de Conflans et de L'Hôpital sous le nom d'Albertville.

1836. — Mort de Falquet (Joseph-Bernard), premier secrétaire d'Etat de l'intérieur, l'un des collaborateurs du Code civil sarde, né à Annecy en 1776.

1837. — Promulgation d'un Code civil par Charles-Albert. — Mort du comte de Mouxy de Loche (François), né à Chambéry en 1775, major général, historien, entomologiste, l'un des fondateurs de l'Académie de Savoie.

1838. — Mgr Turinaz (Jean-François-Marcellin) nommé évêque de Tarentaise. — Etablissement d'une usine à gaz à Chambéry. — Premier bateau à vapeur de Lyon à Port-Puer. — Charles-Albert et Victor-Emmanuel en Savoie ; inauguration du tramway sur bois de Chambéry au Bourget ; pose de la première pierre du pont de la Caille. — Tramway en bois d'Albertville à Aiguebelle ? — Inauguration du monument de Boigne à Chambéry (10 décembre).

1839. — Promulgation d'un Code pénal par Charles-Albert. — Construction du pont de la Caille. — Mort de Michaud (Joseph-François), écrivain, membre de l'Académie Française, né à Albens en 1767 ; de Raymond (Georges-Marie), professeur, écrivain, né à Chambéry en 1769, l'un des quatre fondateurs de l'Académie de Savoie.

1840. — Traité relatif aux postes entre la France et la

Sardaigne. — Incendie de Sallanches, le jour de Pâques. — Mgr Billiet (Alexis) nommé archevêque de Chambéry (27 avril). — Renaissance littéraire en Savoie.

1841. — Veyrat (Jean-Pierre) publie sa *Coupe de l'Exil*. — Mgr Vibert (François-Marie) évêque de Maurienne.

1842. — Promulgation d'un Code de commerce par Charles-Albert. — Les deux régiments de Savoie à Chambéry. — Mort de Mgr Rey (Pierre-Joseph), évêque d'Annecy, né à Mégevette. — Mariage de Victor-Emmanuel avec la princesse Marie-Adélaïde de Lorraine, archiduchesse d'Autriche.

1843. — Convention entre la Sardaigne et la France, en faveur de la propriété littéraire et artistique. — Mort de Nicollet (Jean), astronome, secrétaire-bibliothécaire de l'Observatoire de Paris, membre du bureau des longitudes, né à Cluses en 1786; de Bouvard (Alexis), membre de l'Institut, célèbre astronome de l'Observatoire de Paris, né à Contamines-sur-Arves en 1767.

1844. — Deuxième incendie de Sallanches. — Mort du comte de Vignet (Xavier), littérateur, né à Chambéry en 1780, et du comte de Viry (Jean-Henri-Georges), commandant général de la marine, né en Angleterre en 1792. — Naissance du prince Humbert (roi d'Italie). — (25 août) Inauguration à Annecy de la statue du chimiste Berthollet.

1845. — Les deux régiments de Savoie quittent Chambéry. — Mort du comte de Bellegarde (Henri), général en chef au service de l'Autriche, né à Chambéry en 1760. — Édit rendant obligatoire le système métrique décimal pour les poids et mesures, à dater du 1er janvier 1850.

1846. — Inauguration du jardin botanique de Chambéry. — Inauguration des orgues de la Métropole. — Chambéry éclairé au gaz (50 becs).

1847. — Réformes politiques faites par Charles-Albert (29 octobre). — Proclamation d'un Code de procédure criminelle.

1848. — Demande du Statut (3 janvier). — Promesse du Statut (8 février). — Arrivée du courrier de Turin à Chambéry; illumination (10 février). — Le drapeau tricolore (rouge, blanc, vert) place de Lans (13 février). — Bannières portées à la cathédrale (17 février). — Rappel des classes de 1810 à 1824 (1er mars). — Les Sénats transformés en Cours d'appel. — Expulsion des Jésuites (5 mars). — Départ du régiment de Casal (21 mars), de l'artillerie (le 28). — Déclaration de guerre à l'Autriche, entrée de l'armée sarde en Lombardie (29 mars). — Expédition des Voraces en Savoie: à Yenne et au Pont le 1er avril, à Chambéry le 2; vaincus et fait prisonniers le 4. — Cinq habitants de Maché reçoivent la médaille d'or pour avoir empêché les Voraces de pénétrer dans leur faubourg. — Proclamation du prince Eugène de Savoie-Carignan aux habitants de la Savoie. — L'armée sarde, après avoir battu les Autrichiens en avril et mai, pris Peschiera et remporté la victoire de Goïto, reste dans l'inaction. Radetzki, après avoir occupé toutes les places fortes et réparé ses pertes, repousse l'armée sarde en divers combats (juillet), la bat devant Milan qui est forcé de capituler. — Combat de Volta, où la brigade de Savoie fait en vain des prodiges de valeur (26 juillet). — Armistice signé à Milan le 9 août. — Décret d'établissement du Collège-pensionnat national de Chambéry (2 octobre). — La Société royale académique de Savoie est érigée en Académie royale de Savoie.

1849. — Rupture de l'armistice (12 mars). L'armée sarde, après quelques avantages, est vaincue à la bataille de Novare (23 mars). — Abdication de Charles-Albert en faveur de son fils Victor-Emmanuel II. — Armistice. — Traité de paix entre la Sardaigne et l'Autriche. — Mort de Charles-Albert, à Oporto, et de la reine Marie-Christine, veuve du roi Charles-Félix. — La construction d'un Palais-de-Justice à Chambéry et d'un Hôtel-de-Ville à Annecy est décidée.

1850. — Victor-Emmanuel II en Savoie, à Chambéry, à Annecy, à Bonneville. - Pose de la première pierre du Palais-de-Justice (27 mai). — Pose de la première pierre de l'église de Jacob-Bellecombette par Humbert I (30 mai).

1851. — Février. Fondation de la Société florimontane d'Annecy.

1852. — Mort de Xavier de Maistre, écrivain (Saint-Pétersbourg, 12 juin), né à Chambéry en 1763. — Adjudication de l'asile d'aliénés de Bassens.

1853. — Première dépêche télégraphique échangée entre Chambéry et Turin (20 janvier). — Vote du chemin de fer de Savoie (14 mai). — Mort de Mlle Bernard (Jenny), poëte, née à Chambéry en 1795.

1854. — Adjudication des gares de Chambéry et d'Aix.

1855. — Exécution de la loi Siccardi ; bris des portes des couvents à Chambéry, Hautecombe, Pont-de-Beauvoisin, La Roche et Yenne. — Inauguration de la statue de Notre-Dame de Myans (18 octobre), du Palais-de-Justice de Chambéry (17 novembre). Mort de la reine de Sardaigne Marie-Thérèse, mère du roi Charles-Albert ; de la reine de Sardaigne, Marie-Adélaïde, épouse du roi Victor-Emmanuel ; d'Avet (Hyacinthe-Fidèle), organisateur du Conseil d'Etat, collaborateur du code civil né à Moûtiers en 1788.

1856. — Ouverture du chemin de fer d'Aix à Saint-Jean de Maurienne (20 octobre), 2 trains par jour.

1857. — Vote de la percée du Fréjus. — Victor-Emmanuel en Savoie. Inauguration de la percée du Fréjus, bénédiction des locomotives à Chambéry. — Pose, par le roi, de la première pierre du pont du Rhône et de l'Etablissement thermal d'Aix (1er et 2 septembre). — Mort de Ménabréa (Léon-Camille), historien, né à Bassens en 1804. — (3 août) Mort d'Eugène Sue, aux Barattes, près d'Annecy.

1858. — Jonction du chemin de fer à Culoz, ouvert le 24 septembre. — Mort de Sallier de la Tour (Victor-Amédée), marquis de Cordon, né à Chambéry en 1774, maréchal de Savoie, ministre des affaires étrangères.

1859. — Guerre d'Italie, l'armée française et l'armée sarde remportent les victoires de Magenta et de Solferino. Paix de Villafranca. L'Autriche cède la Lombardie au Piémont. — Août, voyage en Savoie du prince Humbert et du duc d'Aoste.

1860. — (29 janvier) Réunion, au Verney, des antiséparatistes qui se rendent au château pour protester près du gouverneur contre la cession de la Savoie. La Savoie et le comté de Nice sont cédés à la France (24 mars). — Mort de Pillet-Will, bienfaiteur de Montmélian. — Vote de l'annexion de la Savoie à la France (22 avril). Résultats proclamés le 29 : 130,933 oui et 235 non sur 131,170 votants. — Le gouverneur Dupasquier remet ses pouvoirs au sénateur Laity (14 juin). — Remise du duché par l'envoyé sarde au représentant de la France (15 juin).

1861. — Mise en vigueur des lois françaises (1er janvier).

1864. — Mort du marquis Costa de Beauregard (Léon), historien et écrivain distingué, une des plus grandes figures de la Savoie contemporaine, né à Marlieux (Isère) en 1806. — Inauguration de la statue du président Favre, à Chambéry.

1866. — Mort de Replat (Jacques), littérateur distingué, né à Chambéry en 1807. — 5 juillet, ouverture du chemin de fer d'Aix-les-Bains à Annecy.

1867. — Mort de Chapperon (Timoléon), historien érudit, né à Chambéry en 1808. — Mort du comte de Gerbaix de Sonnaz d'Habères (Hector), sénateur, ancien ministre, commandant de corps d'armée, gouverneur militaire de Turin, né à Thonon en 1787.

1869, 21 juillet. — Inauguration des galeries des gorges du Fier, à Lovagny, près d'Annecy. — Mort de Mgr Turinaz (Jean-François-Marcellin), évêque de Tarentaise, né au Châtelard en 1786.

1870. — Chute de l'Empire (4 septembre). — Proclamation de la République. Combat de Neuville soutenu par le premier bataillon des mobiles de la Savoie. — 3 décembre, surprise de Châtillon-sur-Seine par les chasseurs des Alpes (18 novembre). — Combat de Beaune-la-Rollande. 2ᵉ bataillon des mobiles de la Savoie (28 novembre). — Mort de Mgr Charvaz (André), archevêque de Gênes, né à Hautecour; de Burnier (Eugène-Didier), juge, historien, né à Chambéry en 1831; du vice-amiral Courtois d'Arcollières (Louis-Philibert), ancien président du Conseil permanent de la marine sarde.

1871. — Les chasseurs du Mont-Blanc à Chevigny (7 janvier). — Combat de Béthoncourt; le 1ᵉʳ bataillon des mobiles de la Savoie (16 janvier). — Combat de Pouilly, le drapeau du 61ᵉ poméranien rapporté par Curtaz, d'Annecy (18 janvier). — Mort du comte Gerbaix de Sonnaz d'Habères (Hippolyte), général d'armée, député, né à Habères en 1783. — 14 décembre, le tunnel de Fréjus est achevé.

1872, 16 octobre. — Ouverture du chemin de fer de Modane à Turin.

1873. — Mort du cardinal Billiet (Alexis), naturaliste, historien, littérateur, né aux Chapelles en 1783.

1876. — Mort de Mgr Vibert (François-Marie), évêque de Maurienne, né à Yenne en 1800. — Mort du comte Bracorens de Savoiroux (Charles-Bernard), lieutenant-général de cavalerie, né à Chambéry en 1811.

1878. — Mort de Lanfrey (Pierre), historien, député, ambassadeur, né à Chambéry en 1828.

1878. — Mort de Mgr Dupanloup (Félix-Antoine-Philibert), évêque d'Orléans, écrivain polémiste, membre de l'Académie Française, né à Saint-Félix en 1802.

1879. — Mort du comte de Viry (Joseph-Marie), contre-amiral, né à Nice en 1825. — Mort de Mgr Magnin (Claude-Marie), évêque d'Annecy, littérateur, né à la Muraz (Haute-Savoie) (1802).

1880, 28 août. —. Ouverture du chemin de fer de Bellegarde à Thonon.

1882, 1er juin. — Ouverture de la section de chemin de fer de Thonon à Evian.

1883. — Inauguration du monument élevé, à Turin, au général de Sonnaz d'Habères (Hector).

1884, 10 septembre. — Ouverture du chemin de fer de Chambéry à Saint-André-le-Gaz. — 8 juin, Inauguration à Annecy de la statue de Sommeiller.

1885. — Mort d'Hugard (Claude-Sébastien), peintre-paysagiste, né à Cluses en 1818.

1886, 1er juin. — Ouverture de la section de chemin de fer d'Evian au Bouveret.

1887, - Inauguration du monument élevé à Balmat et à de Saussure à Chamonix.

1888. — Mort de Philippe (Jules-Pierre-Joseph), écrivain, historien, député, né à Annecy en 1827.

1889. — Mort de Dufour (Charles-Auguste), major général d'artillerie (engagé comme simple soldat), historien, né à Chambéry en 1813.

1890, 1er juin. — Ouverture de la section de chemin de fer de la Roche à Cluses.

1892. — Mort de Dumont (Joseph-Eugène), général, commandant de corps d'armée, né à Saint-Jean-de-la-Porte en 1823; du comte Gerbaix de Sonnaz (Louis-Maurice), lieutenant général, sénateur, né en

1816; de Pacoret de Saint-Bon (Antoine), vice-amiral, ministre de la marine italienne, né à Chambéry en 1828.

1893. — Mort de Martin-Franklin (Ernest), vice-amiral, né à Chambéry en 1829; de Mercier (Georges-Louis), premier président de la Cour de Cassation, né à Saint-Jeoire (Faucigny). — 1er juin, ouverture de la section de chemin de fer d'Albertville à Moûtiers.

1893, 5 mars. — A Paris, mort de Taine (Hippolyte), membre de l'Académie française, inhumé le 9 mars à Menthon, sur les bords du lac d'Annecy.

1894. — Mort de Molin (Benoit), peintre de portrait, professeur, né à Chambéry, en 1810.

1895, 3 janvier. — Mort à Annecy du chanoine Ducis, archéologue et érudit distingué, archiviste de la Haute-Savoie.

1896. — Mort de Vuy (Jules), né en 1815 à Copponex Haute-Savoie), écrivain, poète, président du Grand Conseil de Genève, conseiller d'Etat.

1897. — Mort d'Arminjon (Victor-François), contre-amiral, écrivain, né à Chambéry, le 9 octobre 1830. — (25 août) Inauguration à Annecy de la statue du Président Carnot, qui fut ingénieur dans cette ville en 1868.

1898. — Ouverture de la section de chemin de fer de Cluses au Fayet Saint-Gervais.

1899, 20 août. — Inauguration du monument des deux de Maistre à Chambéry (Ernest Dubois, sculpteur).

TABLE

	Pages.
INTRODUCTION	v

Première Partie

Premiers Habitants de la Savoie

Age de la pierre	1
Age du bronze	3
Age du fer	6
Les Gaulois. — Les Allobroges	7
Les Romains. — Conquête de la Gaule et de l'Allobrogie	16
Les Burgondes. — Premier royaume de Bourgogne	31
Les Francs	36
Deuxième royaume de Bourgogne	40
Bibliographie de la première partie	45

Deuxième Partie

Les Comtes de Savoie

Origine de la Maison de Savoie	47
Les Comtes de Savoie	49
Humbert I aux Blanches-Mains (1033-1048)	50
Amédée I — Oddon — Pierre — Amédée II — Adélaïde (1048-1080)	52
Humbert II le Renforcé (1080-1103)	54
Amédée III (1103-1148)	56
Humbert III (1148-1188)	58

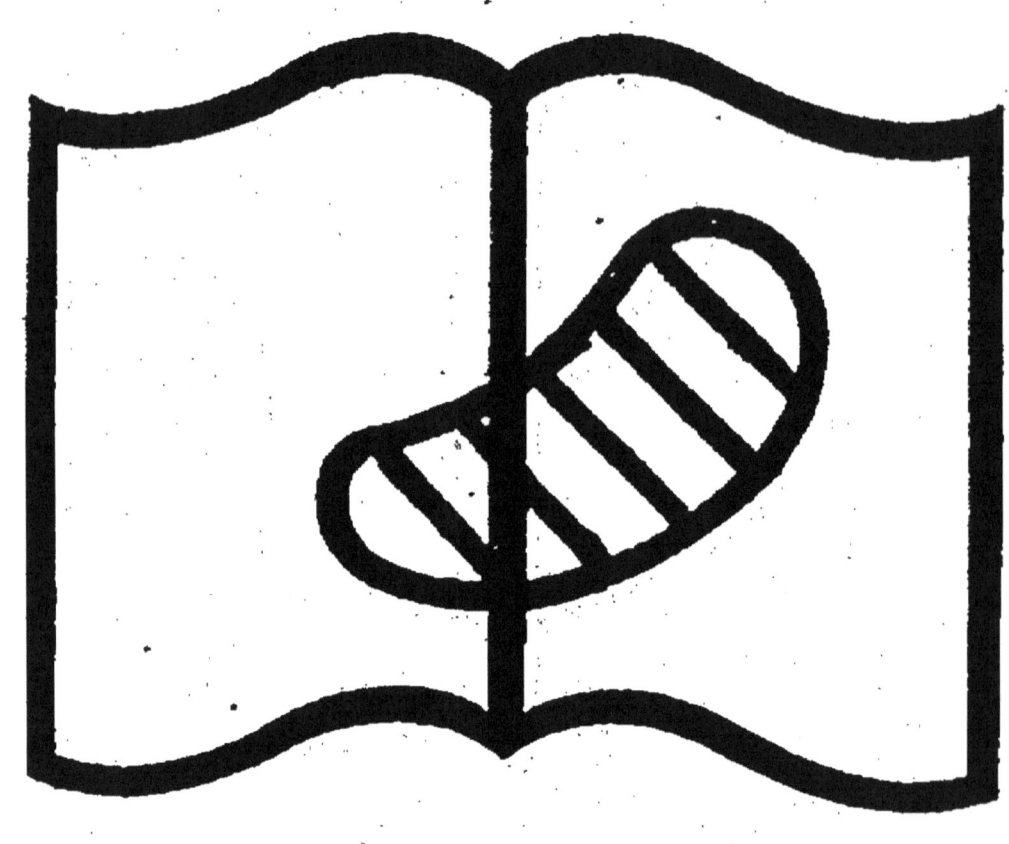

Illisibilité partielle

	Pages.
Thomas (1188-1232)	61
Amédée IV (1232-1253)	64
Boniface (1253-1263)	67
Pierre le petit Charlemagne (1263-1268)	68
Philippe I (1268-1285)	72
Amédée V le Grand (1285-1323)	74
Édouard le Libéral (1323-1329)	77
Organisation des communes. — Chartes et franchises. — Formation du Tiers-Etat	78
Etats généraux et provinciaux	81
Aimon le Pacifique (1329-1343)	85
Amédée VI le Comte-Vert (1343-1383)	87
Amédée VII le Comte-Rouge (1383-1391)	92
La Savoie à la fin du xiv° siècle. — Développement des institutions communales	93
Rapports avec les rois de France	97

Les Ducs

Amédée VIII. — Comte (1391-1416). Duc (1416-1439).	98
Louis (1439-1465)	106
Amédée IX le Bienheureux (1465-1472)	110
Philibert I le Chasseur (1472-1482)	112
Charles I le Guerrier (1482-1490)	113
Charles-Jean-Amédée, dit Charles II (1490-1496)	115
Philippe II, Sans terre (1496-1497)	115
Philibert II le Beau (1497-1504)	116
Charles III le Bon (1504-1553)	117
Emmanuel-Philibert (1553-1580)	120
Charles-Emmanuel I le Grand (1580-1630)	125
Victor-Amédée I (1630-1637)	130
Marie-Christine et François-Hyacinte (1637-1638)	132
Marie-Christine et Charles-Emmanuel II (1638-1675)	132
Bibliographie de la deuxième partie	135

Troisième Partie
Les Rois de Sardaigne

	Pages.
Victor-Amédée II (1675-1730)........................	139
Charles-Emmanuel III (1730-1773)...................	144
Etat de la Savoie au commencement du règne de Victor-Amédée III................................	147
Victor-Amédée III (1773-1796)......................	152
La Savoie française (1792-1815).....................	156
Charles-Emmanuel IV (1796-1802)...................	161
Victor-Emmanuel I (1802-1821)......................	165
Charles-Félix (1821-1831)..........................	169
Charles-Albert (1831-1849).........................	171
Victor-Emmanuel II (1849-1860).....................	175
Annexion de la Savoie à la France.................	183
Bibliographie de la troisième partie...............	185

Quatrième Partie
Les Comtes et les Evêques de Genève.
Les Barons de Faucigny.
Entreprises de la Maison de Savoie contre Genève.

Les Comtes de Genevois...........................	187
Les Evêques et les Comtes de Genève..............	189
Comtes et ducs de Genevois de la Maison de Savoie.	201
Les Barons de Faucigny...........................	207
Bibliographie de la quatrième partie..............	215

Cinquième Partie

Chronologie des principaux faits de l'histoire de Savoie des origines à nos jours................	217

ERRATA

P. 50 : Humbert I (1025-1048).
 Le nécrologe de l'abbaye de Talloires, conservé au Musée britannique, fixe au 1er juillet 1048 la mort du comte Humbert I : « *1048, 1 julii. Obiit Upertus amicus noster.* »

P. 59, ligne 29 : 1047, au lieu de 1050.

P. 81, note, 1re ligne : Après Evian, effacer *de* ; à l'avant-dernière ligne : Ambérieu.

P. 96, 1re ligne du 1er alinéa : Biens-fonds

CHAMBÉRY — IMPRIMERIE SAVOISIENNE
5, rue du Château, 5

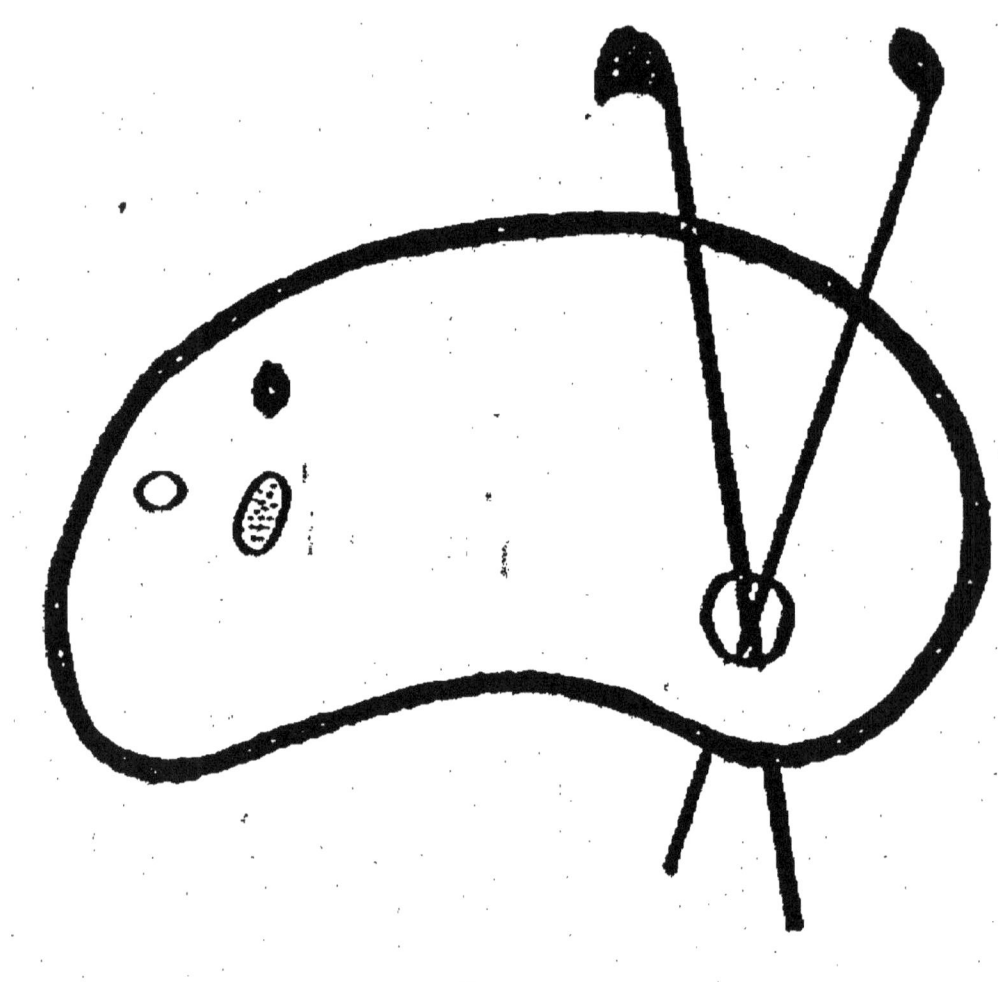

ORIGINAL EN COULEUR
NF Z 43-170-8

www.ingramcontent.com/pod-product-compliance
Lightning Source LLC
Chambersburg PA
CBHW071245160426
43196CB00009B/1167